中国企業対外直接投資のフロンティア
―「後発国型多国籍企業」の対アジア進出と展開―

苑　志佳［著］

創 成 社

はしがき

　2010年，日中間には大きな話題があった。それは，日中間の国内総生産（GDP）規模の逆転である。戦後長い間，日本の経済規模は中国のそれを大きく凌駕していた。「日本は世界2番目の経済大国」というイメージを日本人は長い間に持っていた。日本のGDPが中国に抜かれたことは間違いなく，ほとんどの日本人にとって心理的なショックが大きいはずである。実際，2010年に，このショックの後ろに隠れたもう1つの逆転があった。それは対外直接投資の領域に発生した日中逆転である。2010年まで，「アジア地域における最大の対外直接投資国」という日本の地位は不動であった。ところが，2010年に日本は「アジア最大の対外直接投資国」の地位を中国に譲り渡した。この逆転が起きた3年前の2007年には日本の年間対外直接投資額（フロー額）は中国のその3倍であったのに，わずか3年間で両者は逆転してしまった。しかもそのギャップは100億ドル以上（中国が688.1億ドルに対して日本が562.6億ドル）に開いた。本書は，このように急速に伸びている中国の対外直接投資に照準を合わせ，中国企業のグローバル的展開のメカニズムを実態的・理論的に解明するものである。

　活動拠点を1つの国家に置かずに複数の国にわたって世界的に活動している営利企業を多国籍企業という。多国籍企業の中国語の表現は「跨国公司」であるが，「跨国公司」の意味を読み取れない読者がほとんどであろう。これは語源的に「国境を跨ぐ企業」という意味である。筆者の理解では日本語の「多国籍企業」という表現は「Multinational enterprise」に由来するのに対して中国語表現の「跨国公司」は，「Transnational corporation」に由来したものだといわれる。現在でも国連機関や多くの中国語圏の地域ではこれを使用している（たとえば，UNCTADの関係文書はそうである）。また，筆者の大学院在学時期に「世界経済論」という授業を履修したことがある。当時の授業担当教授の森田

桐郎先生（元東京大学教授，故人）が，多国籍企業の用語について「中国語の表現は面白くて躍動感がある」と褒めたことが記憶にある。現在でも中国の政府関係統計，学術論文などは一致して「跨国公司」の用語を使用している。そして，本書の書名における「フロンティア」という表現も借用したものである。つまり，下記の科研費終了時に出された報告書のタイトルは「中国多国籍企業のフロンティア」であった。確かにわれわれがアジア地域で目撃したのは，この地域に進出した中国多国籍企業の最前線であった。

　本研究のきっかけは，2008年に始まったある海外研究プロジェクトへの参加であった。この研究調査プロジェクトは，2008～2010年度科学研究費補助金（基盤研究B）（研究課題名「海外経営における企業間関係とネットワーク——日中企業比較」課題番号：20402033，代表者：川井伸一　愛知大学教授）の一環として，タイ，ベトナム，インドネシア，フィリピン，インドの5カ国において実施された。そもそも日本企業の海外進出に伴う日本的生産システムの海外移転を研究してきた筆者にとって，「多国籍企業」イコール先進国企業のことはほぼ不動のイメージであった。ところが，アジア現地調査の現場において筆者の目に映った中国多国籍企業の姿は印象に強く残るものであった。一言で言えば，中国多国籍企業はその「特異性」を強く示してくれた。筆者がこれまで研究調査した先進国企業の海外子会社（製造業の場合）は，ほぼ例外なく表面上その強さ——整然とした工場，進んだ生産設備，わかりやすい管理組織，立派な販売網，など——を見せてくれたが，中国企業の海外事業所は必ずしもそうではなかった。調査対象のうち，現地資本に生産を任せる（委託生産）企業もあれば，暗くて雑然とした小工場しか持たなかった企業もあった。それにしても中国企業は現地市場に野心的に参入した。とにかく先進国の多国籍企業と異なる特徴が中国の在外企業に多く見られた。そこで，本書の大きな問題関心の1つが生じた。つまり，対外進出した中国多国籍企業は，必ずしも先進国の多国籍企業と同様な競争優位を持って世界市場で競争するわけではない可能性があるのではないか。そうであれば，中国企業の競争優位は一体，どのようなものか。この単純な問題意識から出発した研究成果が本書である。筆者のアジア現地調査を通して，中国多国籍企業に存在する別の強みも印象に強く残っている。それは，調

査対象の中国企業各社への訪問の時に応接してくれた中国人駐在員たちのやる気とエネルギーである。どの企業でも若々しい責任者が出てきて，精力的に説明を行い，企業の将来に自信を示してくれた。また，彼らはたびたび，われわれにも質問し，謙虚に勉強もした。このようなハングリー精神はおそらく過去の日系企業にもあったであろう。この人的強さとハングリー精神こそ，今後の中国多国籍企業の成長を支える最重要なものであると思われる。

　中国の対外直接投資史はきわめて浅いので，この研究は今後，筆者の長期テーマになるに違いない。これまで，この分野の専門家や有識者にたくさんご教示を頂いた。まず，前記の海外調査研究プロジェクトへの参加を誘って頂いた川井伸一教授（愛知大学）をはじめ，同プロジェクト・メンバー——高橋五郎教授（愛知大学），李　春利教授（愛知大学），佐藤元彦教授（愛知大学），古澤賢治教授（愛知大学），服部健治教授（中央大学），大橋英夫教授（専修大学），田中英式准教授（愛知大学），朱　炎教授（拓殖大学），Eric Harwit 教授（ハワイ大学），金柏松先生（中国商務部国際貿易経済合作研究院研究員），康栄平先生（中国社会科学院世界経済与政治研究所研究員），劉暁慧先生（元愛知大学国際中国学研究センター）——はさまざまな角度からアイデアや専門知識を教示して下さった。また，中国の対外直接投資の分野に先行して貴重な研究業績を掲げた丸川知雄教授（東京大学），中川涼司教授（立命館大学），郭　四志教授（帝京大学）にもご教示を頂いた。さらに，学会や各種の研究会の場でも大勢の方々——木村公一朗先生（日本貿易振興機構アジア経済研究所），渡邊真理子先生（日本貿易振興機構アジア経済研究所），丹沢安治教授（中央大学），姜　紅祥先生（龍谷大学）——にコメントやアドバイスを頂いた。上記の方々に心から感謝の意を表す。そして，筆者が長らく参加している「日本多国籍企業研究グループ」の先生方——安保哲夫先生（元東京大学教授），公文　溥先生（法政大学教授），板垣　博先生（武蔵大学教授），河村哲二先生（法政大学教授），上山邦雄先生（城西大学教授），銭　佑錫先生（中京大学教授），山﨑克雄先生（元静岡産業大学教授），宮地利彦先生（元帝京大学教授），兪　成華先生（元帝京大学），糸久正人先生（法政大学准教授）には継続して知的な刺激を受けた。また，中国経済に関する各種の研究グループに同時に所属し常に研究情報を交換する大学院時代の先輩，後輩の李　捷生氏（大阪市立

大学教授），郝　燕書氏（明治大学教授），呉　暁林氏（法政大学教授），王　東明氏（大阪市立大学教授），王　京濱氏（大阪産業大学教授）にもお世話になった。

　前記の科研費研究プロジェクトの海外調査実施の過程において中国企業の在外子会社および事業所の方々にも大変お世話になった。彼らの貴重な情報や証言がなければ，本書の存在さえもありえない。本書の序章に登場した中国各企業関係者に厚く御礼を申し上げるとともに，彼らの努力と情熱に最高の敬意を払う。

　本研究を支えた前記の科研費以外には，筆者が在籍する立正大学経済研究所からも貴重な経済援助を頂いた。記して感謝する。

　そして，創成社の西田　徹さんと同社の前任担当者の廣田喜昭さんにも大変お世話になった。筆者の怠慢によってもともと約束した入稿時期はたびたび延びることになったにもかかわらず，筆者の不敬をご寛大に許して下さった。心から感謝する。

　最後に私事で恐縮であるが，これまで学問にエネルギーを集中投入することができた最も重要な要素は，家族による全力のサポートである。この場を借りて妻王玲と長男拓野にも感謝する。

2014年2月

千葉・蘇我の自宅において

苑　志佳

目　次

はしがき

序　章 ―――――――――――――――――――――――――― 1
　1　本書の研究課題・目的・意義 ……………………………………1
　2　本書の研究アプローチ，研究対象 ………………………………5
　3　本書の構成 ………………………………………………………12

第Ⅰ部　中国の対外直接投資の現状と理論的アプローチ

第1章　中国の対外直接投資の現状と特徴
――「近隣選好」と「多元目的」型のアジア進出 ――――― 19
　1　はじめに …………………………………………………………19
　2　研究データについての説明 ……………………………………21
　3　中国の対外直接投資の概観 ……………………………………22
　4　アンケート調査からみた中国の対外直接投資の特徴 ………27
　5　まとめ ……………………………………………………………48

第2章　中国の対外直接投資に関する理論的考察
――「後発国型多国籍企業」の仮説 ――――――――― 52
　1　はじめに …………………………………………………………52
　2　多国籍企業に関する理論研究の系譜 …………………………54
　3　中国多国籍企業に関する理論研究の現状 ……………………69
　4　「後発国型多国籍企業」の仮説 …………………………………77

5　まとめ··83

　　第Ⅱ部　中国多国籍企業のフロンティア—東南アジア

第3章　中国多国籍企業の海外進出動機
　　　——「市場獲得型」の対東南アジア進出 ──────── 93
　　　1　はじめに··93
　　　2　検討課題に関する先行研究···94
　　　3　タイ・ベトナムに進出した中国企業に対する調査結果
　　　　　による検証···98
　　　4　まとめ··101

第4章　海外市場における中国多国籍企業の競争力構築
　　　——「レギュラー競争優位」と「イレギュラー競争
　　　優位」の仮説 ───────────────── 105
　　　1　はじめに··105
　　　2　関連概念の説明——「レギュラー競争優位」と
　　　　　「イレギュラー競争優位」···107
　　　3　東南アジアにおける中国多国籍企業の競争力の現状········109
　　　4　海外に進出した中国企業の「レギュラー競争優位」
　　　　　構築の可能性··112
　　　5　まとめ··117

第5章　東南アジアに進出する中国多国籍企業の産業競争力
　　　——自動車，電機・電子産業を中心に ─────── 122
　　　1　はじめに··122
　　　2　予備考察——中国国内における電機・電子産業と
　　　　　自動車産業の競争力の現状···123

3　東南アジアに進出した中国電機・電子，自動車企業から
　　　　みた産業競争力の一般像………………………………………………… 129
　　　4　東南アジアにおける中国の電機・電子と自動車産業の
　　　　国際競争力の現状………………………………………………………… 133
　　　5　まとめ……………………………………………………………………… 142

第6章　東南アジアにおける中国多国籍企業の分業パターン
　　　　──企業内水平・垂直分業とネットワーク ────── 145
　　　1　はじめに…………………………………………………………………… 145
　　　2　研究対象と資料の説明…………………………………………………… 147
　　　3　中国多国籍企業の企業間分業とネットワークの実態………………… 151
　　　4　中国多国籍企業の企業間分業とネットワークの一般像……………… 161
　　　5　まとめ……………………………………………………………………… 164

第7章　東南アジア家電市場における中国多国籍企業の
　　　　現地生産の特徴
　　　　──インドネシアの日系M社とタイの中国系
　　　　ハイアール社の比較を中心に ────────────── 168
　　　1　はじめに…………………………………………………………………… 168
　　　2　研究比較対象の選定と対象企業・工場の概要………………………… 170
　　　3　東南アジアにおける日中多国籍企業の現地生産・経営の
　　　　比較分析…………………………………………………………………… 175
　　　4　まとめ……………………………………………………………………… 188

　　　第Ⅲ部　中国多国籍企業のフロンティア─南アジア

第8章　中国の対インド直接投資の現状と特徴
　　　　──東南アジアとの比較を中心に ─────────── 195
　　　1　はじめに…………………………………………………………………… 195

2　インドへの中国直接投資に関する先行研究 196
　　3　中国の対インド直接投資の環境と現状
　　　　――対東南アジア直接投資との比較 199
　　4　中国企業の対インド直接投資の特徴
　　　　――ハイアールと華為技術の事例を中心に 212
　　5　まとめ 217

第9章　インドにおける中国多国籍企業の現地生産とパフォーマンス
――インドに進出した中国企業4社による検証　221

　　1　はじめに 221
　　2　研究対象4社の概要 222
　　3　インドにおける中国多国籍企業の現地生産とパフォーマンス 223
　　4　まとめ 239

終　章　245

　　1　本書のファクトファインディング 245
　　2　中国多国籍企業の行方 249

索　引　253

図表一覧

図表序-1　中国の対外直接投資の推移（フロー）……………………………………2
図表序-2　調査対象の中国多国籍企業の概要………………………………………11

図表1-1　2010年の世界主要国・地域の対外直接投資比較（フロー）……………20
図表1-2　2010年末における世界主要10カ国の対外直接投資比較（ストック）……25
図表1-3　2010年現在の中国の対外直接投資ストックの地域別分布………………26
図表1-4　2010年末における非金融系企業の対外直接投資シェア（ストック）……27
図表1-5　中国企業の対外直接投資の規模……………………………………………28
図表1-6　中国企業の対外直接投資の時期分布………………………………………29
図表1-7　中国企業の対外直接投資の産業分布………………………………………30
図表1-8　調査対象企業が答えた「対外投資の有利な条件」………………………32
図表1-9　調査対象企業が答えた「対外投資の不利条件」…………………………33
図表1-10　先進国と途上国への直接投資誘因の異同…………………………………34
図表1-11　中国の対外直接投資ストックの産業別分布（2010年現在, 億ドル）……35
図表1-12　製造業と採掘業企業の対外直接投資規模（2010年現在）………………36
図表1-13　製造業と採掘業企業の対外直接投資の地域分布…………………………37
図表1-14　製造業と採掘業企業の対外直接投資の方式………………………………38
図表1-15　製造業と採掘業の対外直接投資の企業所有制構造………………………39
図表1-16　調査対象企業の投資地域の特徴……………………………………………40
図表1-17　今後2〜5年間の対外直接投資の意向……………………………………43
図表1-18　今後の対外直接投資規模……………………………………………………45
図表1-19　今後の対外直接投資の目的…………………………………………………46

図表2-1　途上国対外直接投資の3つの波……………………………………………63
図表2-2　ダニングのIDPモデル………………………………………………………64
図表2-3　異なる多国籍企業のロードマップ…………………………………………80
図表2-4　先発国型多国籍企業と後発国型多国籍企業の比較………………………82

図表 3 − 1	中国企業の対外直接投資の動機	96
図表 3 − 2	中国企業による対外直接投資の動機に関する先行研究	97
図表 3 − 3	タイ・ベトナムに進出した中国企業 6 社の進出動機	99
図表 4 − 1	東南アジア市場における日本企業のライバルの変化	106
図表 4 − 2	海外市場に進出する多国籍企業の持つ 2 種類の競争要素	108
図表 4 − 3	東南アジアに進出した中国系自動車・電機企業の競争力現状	110
図表 4 − 4	東南アジアに進出した中国多国籍企業の競争優位と競争劣位の分布図	111
図表 5 − 1	2010 年の「中国企業 100 強」にランクインした自動車企業	124
図表 5 − 2	2010 年の「中国企業 100 強」にランクインした電機・電子企業	124
図表 5 − 3	2009 年中国輸出企業トップ 20 社の概要	126
図表 5 − 4	中国の主要輸出製品上位 20 品目における電機・電子と自動車製品のシェア（2009 年）	127
図表 5 − 5	中国の主要自動車と電機・電子企業の海外進出の意欲と進出程度	128
図表 5 − 6	調査対象の中国系電機・電子と自動車企業の産業競争力状況	130
図表 5 − 7	インドネシアにおけるトラックの市場状況（2008 年）	134
図表 5 − 8	インドネシアにおける自動車 2 社の競争優位と劣位	135
図表 5 − 9	東南アジア自動車市場における日中（二輪車）企業の競争構図	136
図表 5 − 10	東南アジア電機・電子製品市場における日中韓企業の構図	137
図表 5 − 11	フィリピン CRT テレビ市場シェアの内訳（2009 年）	137
図表 5 − 12	タイの冷蔵庫市場シェアの内訳（2007 年）	138
図表 5 − 13	ベトナムに進出した日中韓電機・電子企業の現地生産品目	139
図表 5 − 14	東南アジアにおける中国自動車産業の競争力評価	140
図表 5 − 15	東南アジアにおける中国電機・電子産業の競争力評価	141
図表 6 − 1	対象企業 10 社の回答	148
図表 6 − 2	東南アジアに進出した中国多国籍企業の企業間関係	161
図表 7 − 1	東南アジアにおける日中電機 2 社の概要	172
図表 7 − 2	東南アジアにおける日中電機 2 社の調査対象工場の概要	175
図表 7 − 3	調査対象工場の経営管理層の人員構成	181
図表 7 − 4	日系 M 社ジャカルタ工場とハイアール社バンコク工場の部品調達状況	186

図表 8 - 1	インドと東南アジアの投資環境の比較	204
図表 8 - 2	インドと東南アジア諸国への中国直接投資の推移（フロー，万ドル）	208
図表 8 - 3	インドと東南アジア諸国への中国直接投資の推移（ストック，万ドル）	209
図表 8 - 4	インドと東南アジアへの中国直接投資の比較	211
図表 8 - 5	タイとインドにおけるハイアール現地事業の概要	213
図表 8 - 6	ベトナムとインドにおける華為技術の現地事業の概要	216
図表 9 - 1	中国多国籍企業トップ50社における対象企業親会社の実績（2010年度，非金融類企業）	223
図表 9 - 2	中国企業4社の進出動機	224
図表 9 - 3	中国企業4社が答えたインドにおける自社のライバル	226
図表 9 - 4	インドにおける中国企業4社の現地R&Dの内容・範囲	229
図表 9 - 5	インドにおける中国企業4社の現地市場シェア	230
図表 9 - 6	インドにおける中国企業4社の現地化状況	233
図表 9 - 7	多国籍企業の各発展段階における親－子会社間関係の変化	235
図表 9 - 8	インドにおける中国企業4社の親－子会社間関係	235
図表 9 - 9	インドにおける中国企業4社が答えた自社の競争優位と競争劣位	237

序　章

1　本書の研究課題・目的・意義

　中国は今，世界有数の対外直接投資国である。UNCTADが公表した「World Investment Report 2011」によると，2010年に世界全体の直接投資フロー金額は，1.32兆ドルに達した。そのうち，中国からの直接投資額は，同国史上最高レベルの688.1億ドルに達し，世界対外直接投資全体の5.2％を占め，伝統的な投資大国の日本，イギリスを超えて世界5位に入った。中国の対外直接投資は2003年以降，急速に拡大した。2003年～11年の対外直接投資額は，28.5億ドルから746.5億ドル（フローベース）に拡大し，わずか8年間で26倍にまで急拡大した。さらに，中国政府（商務省）の公表によると，2012年通年の中国企業による対外直接投資は772.1億ドルとなり，前年の金額を再び上回って拡大した（〔図表序－1〕を参照）。

　このように世界市場に急速に頭角を現している中国の多国籍企業について，当然ながら，さまざまな疑問が生じるであろう。まず，海外進出し始めた中国多国籍企業は，先進国の多国籍企業と比べてどう違うか。違うなら，それはなぜか。そして，世界市場に後発者として進出した中国多国籍企業は，市場に既存した先発者である先進国多国籍企業と，どのように競争することによって生き抜けるか。さらに，これまで存在した多国籍企業理論は，途上国としての中国の多国籍企業の行動・動機・戦略などを説明することができるか。したがって，既存理論がこれらを説明することができなければ，新しい理論もしくは仮説を当然構築する必要がある。

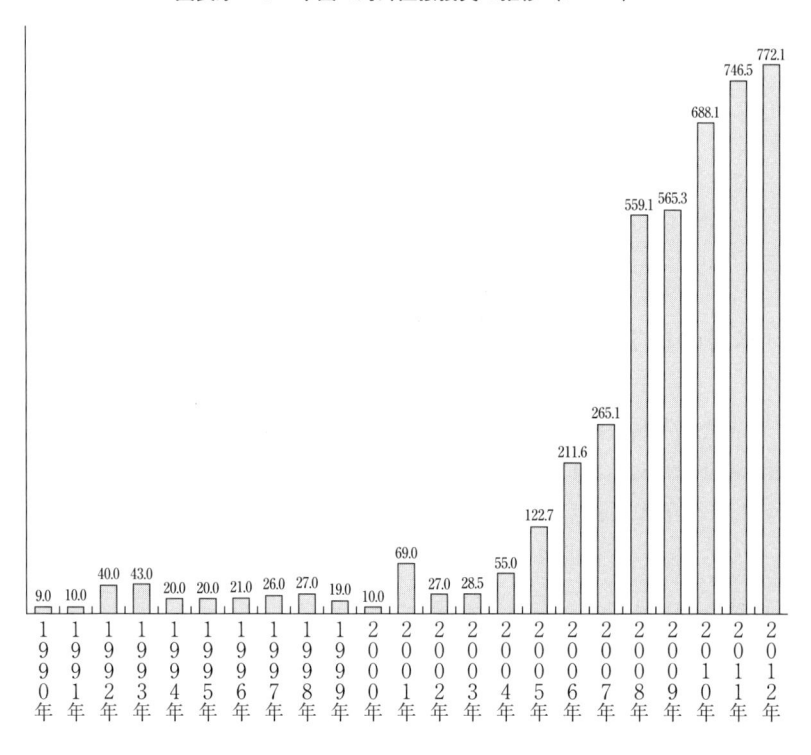

図表序−1　中国の対外直接投資の推移（フロー）

年	金額
1990年	9.0
1991年	10.0
1992年	40.0
1993年	43.0
1994年	20.0
1995年	20.0
1996年	21.0
1997年	26.0
1998年	27.0
1999年	19.0
2000年	10.0
2001年	69.0
2002年	27.0
2003年	28.5
2004年	55.0
2005年	122.7
2006年	211.6
2007年	265.1
2008年	559.1
2009年	565.3
2010年	688.1
2011年	746.5
2012年	772.1

出所：中国商務部『2010年対外直接投資統計公報』および商務部HP。億米ドル。

　本書は，上記の諸問題を強く意識したうえで，急速に伸びている中国の対外直接投資に照準を合わせ，中国企業のグローバル的展開のメカニズムとこれに関わる基本問題――企業多国籍化の背景・要因，海外進出の動機，海外市場における競争優位・劣位，企業間関係とネットワークなど――を実態的・理論的に解明するものである。本書の狙いは下記の諸点にある。

　第1の狙いは，中国の対外直接投資という現象を理論的に解釈する試みである。成熟した工業先進国に比べて中国の対外直接投資は，依然として不明な点が多い。とりわけ，中国企業の対外直接投資という現象を理論的にどう説明するかは，必ずしも明らかにされていない。本書は，これを理論的に解明するた

めのアプローチを提起したい。

　第2の狙いは，中国の対外直接投資の背景と動機を明らかにすることである。いうまでもなく利潤を求める企業はその経営事業を本国だけでなく海外にも展開する，ということが多国籍企業論の原点であるが，これを前提にして企業の対外進出理由を説明するために，多くの多国籍企業理論が生まれた。しかしながら，これらの理論のほとんどは，先進工業国の企業を想定したうえで展開したものである。これに対して移行経済もしくは途上国企業による対外進出の理由を説明するものはきわめて少ない。対内直接投資を受け入れる途上国の企業による対外直接投資の動機は一体何であろうか。ダニングの「直接投資段階説」(Dunning, 1981) によると，低所得国の対外直接投資が，一定水準以上の所得にならないと現れないとされるが，周知のように，中国企業の対外直接投資は低所得の段階からすでにスタートした。したがって，中国は依然として世界有数の対内直接投資を受け入れる途上国であるのに，中国企業は途上国地域だけでなく，数多くの先進国にも直接投資を行っている（いわゆる up-hill FDI）。「その動機は何であろうか」を解明することが第2の狙いである。

　第3の狙いは，海外に進出した中国多国籍企業の競争力の源泉を解明することである。広く知られているように，ハイマー以来の多国籍企業理論を支えるバックボーンは，競争優位論である (Hymer, 1976)。先進国の多国籍企業に比べて中国の企業は必ずしも技術的優位性もしくは資源的優位性を持つわけではないのに，企業の対外直接投資は加速している。「競争優位性を持たない」とされる中国企業は，対外進出の際に世界市場でのライバルとどのように競争するか。「その競争の武器もしくは優位性は何であろうか」を解明しようとするのが第3の狙いである。

　第4の狙いは，中国多国籍企業の企業間関係に関する戦略と行動の性格，特徴を明らかにすることを問題意識とすることと，その一環として中国企業の進出先における企業間分業・ネットワーク構築に注目して分析を行い，その性格，特徴を究明することである。企業の多国籍化，そして国際的分業関係またはネットワーク構築に関しては，すでに多くの研究蓄積がある（深尾［2008］，永池［2008］，国吉・張［2010］など）。本書はこれらの先行研究成果を踏まえつつ

も，海外現地経営における中国企業の事例を分析することで，途上国企業の経験を取り込んだ研究と理論化を目指したい。

以上のように，本書の研究目的は，一般的に知られていない中国多国籍企業の海外進出に関する上記の未知の点を明らかにすることと，その一環として中国多国籍企業の進出先における競争優位の構築と競争劣位の克服に注目して分析を行い，その性格，特徴を究明することである。

上記の研究課題の解明による本書の意義は次の点である。

第1に，本書は海外現地調査を通じて入手したファーストハンドな情報に基づいた，中国企業の海外直接投資に関する実証研究であるという点である。もとより中国企業の海外直接投資に関する研究は増えているものの，そのほとんどは文献研究であり，かつ海外進出の実情についての突っ込んだ分析はみられない。中国多国籍企業に関する先行研究に限ってみれば，本書に関わる海外現地調査は，前例のない本格的な調査研究であることを自負している。

第2に，中国多国籍企業の戦略と行動を検討し明らかにする点である。中国企業が海外進出の市場選択，現地生産，部品調達，製品販売，などの企業機能をどのように構築し，実施しているかを検討し明らかにする。また，後発の中国多国籍企業の海外直接投資における特徴および優位性の有無を明らかにする。それは先進国企業を踏まえたダニングらの多国籍企業理論の射程を広げる意義を持つ。

第3に，多国籍企業の組織論との関連から中国企業の組織のありかた，つまり上述のさまざまな企業機能をいかに組織化しているかを明らかにしている点である。本書は，その具体的なありかたを検証し，明らかにしている。

したがって，次の点が本書の特徴をなす。

第1に，2008年夏から2010年にかけて3年間のタイムスパンで，タイ，ベトナム，フィリピン，インドネシア，インドに進出した中国企業15社に対する調査から入手したフレッシュでファーストハンドな情報に基づく分析が本書の最大の特徴である。既述したように，中国多国籍企業の海外現地生産と経営に関する先行研究はほとんど文献研究にとどまっているなかで筆者は中国多国籍企業の「現場」＝海外子会社の事務所・工場・販売店などに足を運んで実際

に聞き取り調査を実施し，そこから得た信頼できる証言に基づいて本書を仕上げた。つまり，本書を読まれる人は，中国多国籍企業の現場を「目撃」することができる。

第2に，中国の対外直接投資の最大対象地域であるアジアにおける中国企業に対する分析は，中国型多国籍企業の一般像を構築することになる。後述のように，これまで，中国の対外直接投資額から見ると，最大の投資地域はアジアである。その次の投資地域はラテンアメリカである。中国の対外直接投資ストック額全体に占めるこの両地域のシェアは，8割以上に達している。つまり，中国の対外直接投資は，「近隣選好」（アジア向け）と「途上国選好」（ラテンアメリカ向け）の傾向を持っている。このように，中国企業が多数進出した地域を選定し，そこでの企業行動を中国多国籍企業が持つ一般像として浮き彫りにするという点が本書の特徴である。

第3に，中国の対アジア直接投資のなかでは製造業が特別に重要な分野であるが，本書は中国製造業の核心業種——電機・電子，自動車，IT——をカバーする点が特徴である。中国の対外直接投資の産業別分布における最大の特徴は「リースおよび商業サービス」分野が大きな金額を占める点が挙げられる。「リースおよび商業サービス」に続く投資業種は，金融業，卸売・小売業，採掘業，交通運輸・倉庫・郵政業，製造業，建築業，不動産業という順になっている。要するに，製造業は中国の対外直接投資のなかでは必ずしもトップの分野ではない。ところが，中国の対アジア直接投資の産業別特徴は，製造業を中心とするモノづくりの分野が多いという点である（後述）。本書に登場した中国多国籍企業は，アジアに進出した代表的な製造業企業であるので，読者はアジアにおける中国多国籍企業の一般像として，把握することが可能である。

2　本書の研究アプローチ，研究対象

2-1　「後発国型多国籍企業」

世界市場にやってきた後発者としての中国多国籍企業は，先発者の先進国多国籍企業と違う特徴を持つことが考えられるが，これらの特徴を持つ中国の多

国籍企業を筆者は「後発国型多国籍企業」と呼ぶ。

広く知られているように，発展途上国からの対外直接投資は，決して新しい現象ではない。この現象はアルゼンチンが発展途上国の最初の投資国として登場した19世紀後半まで遡るといわれている。第2次世界大戦後の途上国企業の対外直接投資は3回の波に乗って行われてきたといわれている(Gammeltoft, 2008)。このように，途上国の対外直接投資は現象として1960年代以降，持続的に存在しているが，多国籍企業の伝統理論は正面からこれを体系的に捉えようとしなかった。その理由は，世界の対外直接投資額に占める途上国企業の割合が低いためである。ところが，1990年代以降の途上国の対外直接投資の増加を背景にその理論研究対象は広まり，したがって理論的修正が求められるようになった。筆者は，中国企業の対外直接投資と多国籍化を念頭に「後発国多国籍企業の行動様式を主流派伝統理論は説明できるか，後発国多国籍企業の競争優位はどのようなものであるか」という理論問題を提起し，後発国型多国籍企業の理論を構築する。

「後発国型多国籍企業」は，次のように定義することができる。つまり，「後発国型多国籍企業」とは，1990年代以降に現れ，後発国に立地し，先発国多国籍企業と異なる特徴を持ち，本国以外の1カ国以上の国・地域において直接投資を行い，現地生産・経営活動を行う企業である。この「後発国型多国籍企業」仮説は，中国企業による海外進出を説明することができると考えられる。さて，「後発国型多国籍企業」はなぜ現れたか。以下ではそれが現れた背景について説明する。

まず，「後発国型多国籍企業」が登場した第1の背景は，1990年代までに長く存在していた冷戦体制の終結である。広く知られているように，1990年代まで，西側先進工業国の企業を中心とする多国籍企業による対外直接投資は，必ずしも無制限で完全自由に行われたわけではなかった。イデオロギー的なライバルに当たる国・地域への直接投資が政治的な理由によって制限・統制されていた(旧ソ連，東欧などはこのような典型的な地域)。そして，冷戦体制の崩壊以降，直接投資を阻害した上記のハードルはなくなった。同時に，多国籍企業は投資したいところへ投資できるようになったわけである。

次に，冷戦体制の終結以降，国際分業はいっそう深化している。国際分業は，各国の企業が自国の生産条件に見合った商品の生産を行うことにとどまらず，同一商品生産にあたっての工程間分業，完成品と部品間分業，ローエンドとハイエンドのセグメント間分業，開発と量産間の分業などにも細かく及んだ。これによって企業は，商品生産の各プロセスを最適な生産場所（子会社の立地）に持ち込んで完成させる。当然ながら，このような国際分業型の商品生産が先進国企業だけによって行われるわけではなく，途上国企業によっても積極的に行われている。このように，途上国企業は，国際分業の利益を享受するために企業行動の国際化＝多国籍化を推進するようになった。

　第3に，地域統合の要素も途上国企業の多国籍化をプッシュしている。1990年代以降，世界範囲の地域統合は盛んに推進された。地域統合の利益を享受するために統合地域以外の企業は，統合市場へ商品供給する最適な立地を母国以外に選択せざるをえなくなった。このかつてない背景変化は，先進国企業と途上国企業に同様に商品生産の立地の配置を迫っている。

　第4に，冷戦体制の終結以降，製品技術と製造技術を象徴とする「技術」の国際間移転の環境は大きく変わった。広く知られているように，1990年代まで，先進国企業による技術の輸出が政治的な理由によって厳しく統制された。とりわけ，共産圏向けの重要な技術輸出には禁止されたものが多かった。ところが，1990年代以降になると，技術輸出は以前より，かなり自由になったため，後発国企業は比較的容易に技術を導入することができるようになった。これは，先進国と後発国間に存在する技術的ギャップを縮める効果があると考えられる。

　第5に，1990年代に現れたIT（情報技術）革命は，企業間に存在していた情報占有のアンバランス――優位に立つ先進国企業と劣位に立つ途上国企業――を大きく是正する効果をもたらした。かつて先進国企業は，その情報的優位を利用することによって先発者利益を維持したが，現在，途上国企業はIT手段によって急速に先進国企業をキャッチアップしている。これも途上国企業の多国籍化を後押す効果があると考えられる。

　第6に，冷戦体制の終結以降，グローバリゼーションはかつてない勢いで進

展している。このように高まるグローバリゼーションは，企業の多国籍化を阻害するハードルを次々と取り除いた。同時に，多くの国は自国経済発展および工業化のためにさまざまな優遇措置を用意し，外資を積極的に誘致している。これらの背景条件の変化は，企業のグローバル展開を強く推進すると同時に，かつて企業の多国籍化の前提となった「競争優位」の幅を狭くする効果もある。かつて競争優位を持った多国籍企業だけが調達できる経営資源は今日，後発国の企業も調達できるようになった。結局，企業が国境を超えてその商品生産の最適立地を選択することは，かなり容易になってきた。いいかえれば，かつての企業による多国籍化は，その企業成長のための「特殊方式」であったのに対して今日の多国籍化は，企業にとって成長の「一般方式」になってしまった。

　そして，「後発国型多国籍企業」の行動パターンは，1990年代以降にしか見られないものである。つまり，途上国の企業は，国内において多くの競争優位を獲得していないうちに，いきなり海外へ進出する。これらの企業の海外進出理由は，先発国型企業のそれと同様なもの（利益獲得，市場獲得，取引コストの低減，競争ライバルとの競争対策，天然資源獲得，など）もあれば，後発国型企業特有のものもある。その一部として，1) 国際分業に参加すること，2) 地域統合への対策の一環，3) 海外の戦略資産を獲得すること，4) 技術を獲得すること，5) 海外資金を利用すること，6) 本国政府の政策による行動，などが挙げられる。したがって，海外進出した企業は，徐々に競争優位を持つようになる。その競争優位を獲得する理由として，1) 海外で獲得した戦略資産をうまく生かすこと，2) 海外で獲得した先進技術を駆使すること，3) その得意な後進国向けの（製品，製造，生産，管理）技術を駆使すること，4) 進出ホスト国のパートナーとの同盟関係を生かすこと，などが考えられる。したがって，「後発国型多国籍企業」の特徴として，1) 国際分業を重視すること，2) 所在国政府がバックアップすること，3) 競争優位を獲得するために海外に進出すること，4) 在来技術を駆使して市場を開拓すること，5) 近隣地域へ優先して進出すること，などが挙げられる。本書は基本的にこのアプローチによって中国企業の海外進出を追跡していく。

2-2　研究対象

　本書の研究対象地域は，アジア地域である。中国企業の海外進出地域の選択という点は，典型的な「後発国型多国籍企業」の特徴を持っている。これまで中国対外直接投資の地域的特徴は「アジア偏重」である。2010年の対外直接投資フロー金額を例にとると，香港は断トツ1位であり，年間投資総額の56％を占めている。中国企業による香港への集中投資という傾向はこれまで一度も変わることがない。香港以外の投資先として，自由港の英領ヴァージン諸島（61.2億ドル，全体の8.9％）と英領ケイマン諸島（34.96億ドル，全体の5.1％）は2位と3位であった。以上の3地域は，2010年の中国の対外直接投資金額の70％を占めている。残りの30％の投資先は，ルクセンブルク，オーストラリア，スウェーデン，アメリカ，カナダ，シンガポール，その他の順になっている。地域別での対外直接投資のフロー金額をみると，アジア向けのみは，投資金額全体の65.3％（448.9億ドル）を占めている。これまで投資地域別における「アジア選好」という地域的な特徴は変わったことがない。同様に，中国の直接投資ストック金額をみても，「アジア偏重」の地域的特徴は変わらない。2010年末現在，中国の対外直接投資ストック金額では，最大の投資地域はアジアであり，2,281.4億ドルに達している。その次の投資地域はラテンアメリカ（438.8億ドル）である。中国の対外直接投資ストック金額全体に占めるこの両地域のシェアは，それぞれ71.9％と13.8％である。両者だけでストック金額の85.7％を占めている[1]。中国の対外直接投資は，「近隣選好」（アジア向け）と「途上国選好」（ラテンアメリカ向け）の傾向を持っているといえよう。既述したように，「後発国型多国籍企業」の多くは，近隣地域に好んで進出する傾向を示す。この特色は中国多国籍企業がはっきり示している。

　中国企業がなぜアジア地域に優先して進出するかについては，これまでさまざまな見解が見られた。中国国内の学者は，先進国に存在するさまざまな投資障壁が中国からの直接投資を強く阻害していると指摘している（梅〔2011〕）。たとえば，アメリカと欧州地域は中国からの直接投資を政治的もしくは安全保障上の理由によってたびたび公然と制限した。とりわけ，新しい産業分野（IT産業，電気通信，宇宙航空など）や資源産業分野に投資しようとする中国企業を西

側諸国はしばしば国家安全上への脅威とした理由で認可しない。これに対してアジアの途上国地域は，中国からの直接投資をほとんど制限なく歓迎するため，中国企業は自然にアジア地域を投資ターゲットとして選んだ。また，対外進出地域における文化的接近性（cultural proximity）は中国企業のそれらの地域への進出を強く誘発する，という指摘もあった。たとえば，華人・華僑が多く居住する東南アジア地域では，中国企業の進出環境・条件（言葉，人的ネットワーク，関係，コネ，現地の情報伝達など）が用意されているので，対外進出した中国企業が競争優位をより早く獲得することができる（Cheng & Ma, 2007）。そして，ほとんどの中国多国籍企業は，企業特殊的優位（firm-specific advantages）に欠けるが，彼らは「国家特殊的優位」（country-specific advantages）を活用することによってグローバル的展開よりもむしろ，近隣国・地域に展開し，その優位性を獲得しようとする。たとえば，東南アジアに直接投資した中国企業の進出動機には，「国家サポート」が多く挙げられている（Li, 2007）。このように，本書は，中国企業が多く進出した東南アジアと南アジア地域を選定した。

本書の主要研究対象産業は，製造業を中心とする分野である。これまで中国の対外直接投資における製造業の順位は必ずしもトップではない（第7位の業種—2010年）が，アジア地域の事情はそうではない。中国企業による対アジア直接投資の業種における製造業のシェアは高い（全体の13.3%，第3位の業種—2010年）。その理由として，1）アジア市場において中国の製造業企業が一定の競争力を持っていること，2）アジアの工業製品市場が大きく伸びていること，3）中国企業の進出するアジア地域における地元のライバル企業が弱いこと，などが挙げられる。このような理由によって本書は，自動車（2輪車も含む），電機・電子を中心とする製造業を研究の対象産業とする。ただし，製造業を対象とした研究分析は，注意点がある。なぜなら，自動車や電機・電子産業の分析を通じて得られた結論は，これらの産業に限定する可能性があるからである。このように本書は，「自動車，電機・電子産業分野」という限定的な観察角度から中国多国籍企業を分析する。むろん，より広い視野で中国企業の海外進出を分析すると，別の結論に達する可能性があるかもしれない。たとえば，強い「国家競争優位」と「制度的競争優位」を持つ国有石油企業の海外進出は，すでに

図表序－2　調査対象の中国多国籍企業の概要

企業名	同仁堂	TCL	ハイアール	TCL	力帆	華為技術	長虹集団	嘉陵集団	福田汽車
所在国	タイ	タイ	タイ	ベトナム	ベトナム	ベトナム	インドネシア	インドネシア	インドネシア
設立年	2000年	2004年	2006年	1999年	2002年	2008年	2008年	1998年	2007年
親会社所有形態	国有企業	集団企業	集団企業	集団企業	民間企業	民間企業	国有企業	国有企業	国有企業
企業形態	合弁	単独出資	合弁	合弁	合弁	合弁	合弁	合弁	OEM
従業員数	30名	200名	2,082名	370名 工場：240名 販売：130名	500名	500名	100名	120名	不明
中国派遣社員	4名	2名	7名	12名	30名	若干名	8人	5人	2名
生産品目	漢方薬	LCDテレビ 7モデル	洗濯機 冷蔵庫	CRTテレビ LCDテレビ エアコン	オートバイ，乗用車 オートバイ，3モデル	通信設備	エアコン，テレビ，冷蔵庫	オートバイ	小型トラック
生産方式	輸入販売	CKD生産	現地生産	CKD生産	現地生産	輸入販売	現地生産	CKD生産	OEM生産
輸出	なし	輸出は少量	10%	一部，タイへ	なし	なし	10%（ベトナムなど）	なし	なし
生産能力	現地生産なし	15万台／年間	120万台／年間	170万台／年間	9,000台／月間	現地生産なし	エアコン20万／年間	10万台／年間	21,000台／年間

企業名	TCL	力帆	中鋼集団	ハイアール	鞍鋼集団	華為技術
所在国	フィリピン	フィリピン	インド	インド	インド	インド
設立年	2000年	1979年	2005年	2004年	2008年	1999年
親会社所有形態	集団企業	民間企業	国有企業	集団企業	国有企業	民営企業
企業形態	合弁	OEM	単独出資	単独出資	単独出資	単独出資
従業員数	160名 子会社：40名 工場：120	250名 工場：50名 本部：200名	42名	1,400名	1名	6,000名
中国派遣社員	5名	3人	12名	0名	1名	従業員の1割
生産品目	DVDプレーヤー LCDテレビ	オートバイ	鉄鉱石，設備貿易	CRTテレビ，冷蔵庫	鋼材貿易	電信設備およびソリューション，サービス
生産方式	委託生産	CKD生産	-	現地生産	-	-
輸出	なし	なし	中国へ鉄鉱石輸出	中東，ネパールなど	無し	無し
生産能力	LCD：5万台／年間	160台／一日	1,000万トン／年間	150万台／年間（冷蔵庫）	インドへ4万トン販売（2010年）	15億ドル（2009年）

出所：現地調査の聞き取りにより筆者作成。

異なった競争の様相を呈している。

　そして，本書は，東南アジアと南アジアに進出した自動車，電機・電子分野の中国企業の現地子会社15社を対象に「後発国型多国籍企業」の特徴を分析する。この15社への現地調査が2008年から2010年にかけてタイ（3社），ベ

トナム（3社），インドネシア（3社），フィリピン（2社），インド（4社）の5カ国において実施された。調査対象企業15社には，製造業企業が最も多く，10社に達している。したがって，製造業企業のうち，自動車（二輪車を含む，4社）と電機・電子企業（6社）がほとんどである。また，企業の親会社の所有関係は，中国企業を代表する主要所有形態——国有企業（6社），集団企業（5社），民間企業（4社）——を網羅している。この15社の概要が〔図表序－2〕に示されている。これからの各章の分析データは，この15社全体もしくは一部を利用する。

3　本書の構成

　本書は，序章と終章を含めてⅢ部・11章によって構成される。以下は各章の主要内容について説明する。まず，序章では，本章の研究課題，対象，方法などを説明する。

　第Ⅰ部「中国の対外直接投資の現状と理論的アプローチ」は2章によって構成される。第1章「中国の対外直接投資の現状と特徴——「近隣選好」と「多元目的」型のアジア進出」は，中国の対外直接投資の現状およびその特徴を説明するものである。成熟した工業先進国に比べて中国の対外直接投資は，依然として不明な点が多い。中国の対外直接投資は，どのように展開しているか。また，中国の対外直接投資の地域的，産業的な特徴は何か。本章は，上記の問題意識を持って分析を行っている。本章の分析を通じていくつかの事実——1）対外直接投資のフロー金額からみた中国は，すでに世界有数の資本輸出国になっている。2）一方，ストック金額からみた中国は，対外直接投資小国の姿を示している。3）中国の対外直接投資は，「近隣選好」（アジア向け）と「途上国選好」（ラテンアメリカ向け）の傾向を持っている——などが明らかにされた。第2章は，「中国の対外直接投資に関する理論的考察——「後発国型多国籍企業」の仮説」という課題を中心とする分析である。本章は，中国企業の対外直接投資と多国籍化を念頭に「後発国の多国籍企業の行動様式を主流派伝統理論は説明できるか，後発国多国籍企業の競争優位はどのようなものである

か」という理論問題を提起し，後発国の多国籍企業理論を構築する試みである。本章が提起する新しいコンセプトは「後発国型多国籍企業」である。

　第Ⅱ部「中国多国籍企業のフロンティア——東南アジア」は，5つの章を通して東南アジアに進出した中国企業について実証分析する。第3章は，「中国多国籍企業の海外進出動機——「市場獲得型」の対東南アジア進出」の実態分析である。この章はこれまで筆者が関わった東南アジア地域に進出した中国多国籍企業に対する現地調査結果を踏まえ，中国企業の海外進出の動機について検証する。分析の結果は，中国企業による対東南アジア直接投資の動機が「市場獲得」として最重要になっていることを明らかにした。第4章「海外市場における中国多国籍企業の競争力構築——「レギュラー競争優位」と「イレギュラー競争優位」の仮説」は，基本問題の1つ——海外に進出した中国企業の国際競争力について論じるものである。ハイマー以来の多国籍企業理論は基本的にハイマーの「競争優位論」をベースにさまざまな試みが見られた。ところが，ハイマーの実証研究の根拠はほとんどアメリカ多国籍企業に関わるものであった。このような歴史的制約により，ハイマー理論が途上国・後発国企業の多国籍化行動を説明するには疑問があると思われる。なぜなら，途上国企業が多国籍化を図ろうとする場合，必ずしも最初から絶対的競争優位を持っていないからである。しかし，海外に進出した途上国企業は，何らかの「優位」を持たなければ進出現地市場では存亡の危機に直面するに違いないのに，途上国企業が持っている，先進国企業と異なる競争優位は必ずしも明らかになっていない。いうまでもなく，上記の点を明確にしなければ，中国企業の海外進出を説明することができない。では，途上国多国籍企業が持つ競争優位はいったいどのようなものであるか。これについて本書は実証研究調査に基づいて持つ2つの概念——「レギュラー競争優位」と「イレギュラー競争優位」——を提起する。本章の分析によって下記の事実が判明した。東南アジアにおける中国多国籍企業の競争優位の所在は「イレギュラー競争要素」に偏在している。これに対して「レギュラー競争要素」において中国多国籍企業はあまり優位性を示していない。第5章「東南アジアに進出する中国多国籍企業の産業競争力——自動車，電機・電子産業を中心に」の研究目的は海外に進出した中国多国籍企業

を分析することによって世界市場における中国の産業競争力を確かめ，海外市場における中国企業の今後のパフォーマンスおよび行方を予測することである。本章の分析を通じて下記の点が明らかになった。1）自動車産業は海外市場にも進出し始めたが，その輸入代替型工業化の政策保護に由来した弱点は，海外進出の障害になっている。これに対して電機・電子産業は，経営上のフレキシビリティを示している。2）両産業の国際化への取り組みも大きく異なる。3）両産業の国際競争力を検証した結果，ASEANにおける中国の自動車産業と電機・電子産業の国際競争力は，明確な差異を確認した。つまり，優勢の電機・電子産業と劣勢の自動車産業という構図が現状である。そして，第6章「東南アジアにおける中国多国籍企業の分業パターン——企業内水平・垂直分業とネットワーク」の目的は，中国多国籍企業の企業間関係に関する戦略と行動の性格，特徴を明らかにすることを問題意識とし，その一環として中国企業の進出先における企業間分業・ネットワーク構築に注目して研究を行い，その性格，特徴を究明することである。本章の分析によって明らかになった点をまとめてみる。第1に，本章が最も関心を持つ海外進出の中国企業間の水平分業は，それほど発達しておらず，きわめて初歩的なレベルにとどまり，ほとんどの企業がこれを構築している最中であることがわかる。第2に，中国企業間の垂直分業関係について本章は重要な発見をした。つまり，中国企業は，国内市場において多用される中核・基幹部品の外部化・外注化（もしくは垂直分裂化）という慣行を海外に持ち込まず，その代わりに強い垂直統合の傾向（親会社のチャネル経由でこれらの基幹部品を直輸入する）を見せる。そして，分業・取引を通してネットワークがいかに構築，展開されるのか，さらに提携などの統合的関係がいかに形成されるのか，という中国多国籍企業の事業ネットワークについては，段階的な発見しかない。第7章「東南アジア家電市場における中国多国籍企業の現地生産の特徴——インドネシアの日系M社とタイの中国系ハイアール社の比較を中心に」は，東南アジア家電市場に急速に進出した中国企業に照準を合わせ，同市場の競争相手の日本企業との比較によって中国多国籍企業の現地生産・現地経営における諸特徴を明らかにするものである。具体的にいうと，本章は，東南アジア地域に進出した中国企業の現地生産の主な側面

——競争力全般，親子会社関係，本社派遣者の役割，グローバル化，現地化など——を検討している。

第Ⅲ部「中国多国籍企業のフロンティア——南アジア」は，2つの章を通して南アジア（インド）に進出した中国企業について実証分析する。第8章「中国の対インド直接投資の現状と特徴——東南アジアとの比較を中心に」は，ASEANと対比することによってアジア新興国の代表地域であるインドへの中国企業の直接投資に照準を合わせ，「大きな潜在力を持つアジア新興国への中国企業の直接投資は今後，どのように展開するか」の問題関心を明らかにするものである。途上地域へ進出した中国多国籍企業は，どのような動機を持ち，対外直接投資のどの段階に進み，さらに，どのような競争優位によって現地生産・経営を行っているか。本章は，インドに進出した中国企業を分析することによって上記の問題提起に有意義な答案を与える目的でまとめたものである。第9章「インドにおける中国多国籍企業の現地生産とパフォーマンス——インドに進出した中国企業4社による検証」は中国多国籍企業の競争優位と劣位および海外現地生産のパターンを「見える」形で中国企業に対する分析によって明らかにする。

最後の終章は，本書の主な結論および中国多国籍企業の行方の見通しについてまとめる。

【注】
1） 中国商務部［2011］による。

主要参考文献
1．国吉澄夫・張　季風［2010］『広がる東アジアの産業連携』九州大学出版会。
2．中国商務部［2011］『2010年中国対外直接投資統計公報』（中国語）。
3．永池克明［2008］『グローバル経営の新潮流とアジア——新しいビジネス戦略の創造』九州大学出版会。
4．深尾京司編［2008］『日本企業の東アジア戦略——米欧アジア企業との国際比較』日本経済新聞社。

5. 梅　新育［2011］「中国対外直接投資為何集中在亜洲」（中国語）『中国経済週刊』2011年5月31日の記事。
6. Cheng, L.K. & Ma, Z. [2007], China's Outward FDI：Past and Future, School of Economics, Remin University of China. Working Paper series, SERUC Working Paper, No.200706001E.
7. Dunning, J.H. [1981], International Production and the Multinational Enterprise, George Allen and Unwin Ltd., 1981.
8. Gammeltoft, P. [2008], "Emerging multinationals: outward FDI from the BRICS countries", Copenhagen Business School, International Journal of Technology and Globalisation 2008 - Vol. 4, No.1.
9. Hymer, S. [1976], "The International Operations of National Firms：A Study of Direct Foreign Investment", doctoral dissertation, MIT. 宮崎義一編訳［1979］『多国籍企業論』岩波書店。
10. Li, P.P. [2007], Toward An Integrated Theory of Multinational Evolution: the Evidence of Chinese Multinational Enterprises As Latecomers, Journal of International Management, No.13.

第Ⅰ部

中国の対外直接投資の現状と理論的アプローチ

第 1 章

中国の対外直接投資の現状と特徴
——「近隣選好」と「多元目的」型のアジア進出

1　はじめに

　本章は，中国の対外直接投資の現状およびその特徴を説明する。21世紀以降，新興国からの対外直接投資（Outward foreign direct investment-OFDI）が目立つようになってきた。2008年の世界金融危機前，直接投資の主流は先進国同士間の「相互投資（mutual penetration）」であり，その規模は先進国から新興国また途上国へ向かう投資を上回ったが，金融危機以降，投資資金の出し手，受け手の双方で新興国の存在感は増している。世界の直接投資額の構成比からみると，直接投資の投資側（資金の出し手）として8割以上を占めてきた先進国は2009年に75％へ下がり，新興国等が4分の1を占めるに至った。他方，直接投資の受入側（資金の受け手）に占める新興国等の構成比は，従来の3割台から2009年は49％に高まり先進国とほぼ拮抗してきた[1]。対外直接投資を急速に増やした新興国のなかでは，中国のパフォーマンスが特に目立つ。ところが，成熟した工業先進国に比べて中国の対外直接投資は，依然として不明な点が多い。中国の対外直接投資は，どのように展開しているか。また，中国の対外直接投資の地域的，産業的な特徴は何であろうか。さらに，中国の対外直接投資は今後，どの方向に向けて伸びていくか。本章は，中国の対外直接投資に関する上記の問題関心を明らかにするものである。

　中国の対外直接投資を研究する本章の問題意識は3つある。第1に，対外直接投資における「日中逆転」現象がなぜ発生したかへの関心がある。2010年に日中間のGDP規模が逆転したことは大きな話題になったが，同年に対外直

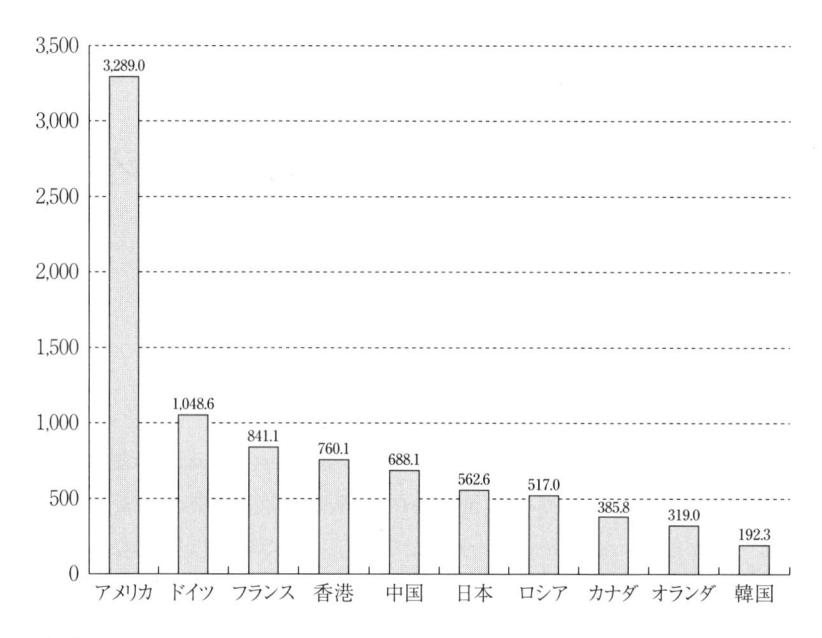

図表1−1　2010年の世界主要国・地域の対外直接投資比較（フロー）

国・地域	金額
アメリカ	3,289.0
ドイツ	1,048.6
フランス	841.1
香港	760.1
中国	688.1
日本	562.6
ロシア	517.0
カナダ	385.8
オランダ	319.0
韓国	192.3

出所：UNCTAD, *World Investment Report*, 2011. 単位：億米ドル。

接投資の領域でも日中逆転は発生した。2010年まで，アジア地域における最大の対外直接投資国という日本の地位は不動であった。しかし，2010年に日本はアジア最大の対外直接投資国の地位を一時的に中国に譲り渡した。実際，2007年には日本の対外直接投資額は中国のその3倍程度であったのに，わずか3年間で両者は逆転した。しかもそのギャップは100億ドル以上（中国が688.1億ドルに対して日本が562.6億ドル）に開いた（〔図表1−1〕）。第2に，本章は，中国がマイナーな対外直接投資国から急に世界の対外直接投資メジャーになった背景・理由への強い関心を持っている。21世紀に入るまで中国の対外直接投資はきわめて低水準で推移し，世界からまったく注目を集めなかった。21世紀に入ってからの最初の数年間の実績を見ても，中国の対外直接投資の規模は小さかった（50億ドル以下のレベル）。ところが，2004年以降，その動きは急に激しくなった。まず，中国の対外直接投資は2005年に史上初の100億

ドルの大台に乗り，翌年の2006年に200億ドルの水準にレベルアップした。そして，2008年の世界金融危機の影響により先進国の対外直接投資が不振になったなかで中国の対外直接投資はその勢いを保ちながら，500億ドルを突破した。これによって中国は対外直接投資のマイナー国からトップ10に入り，メジャーへ変身した。さらに，2010年に中国は伝統的な対外直接投資メジャーの日本，イギリスを超えて世界5位に入った。第3のきっかけは，中国の対外直接投資の伸び率への関心に由来した。2004年以降，中国の対外直接投資の伸び率は驚異的なものである。前年比では倍増した年が多く，最低でも20％以上であった。戦後世界の対外直接投資の過程をみると，これほど高い伸び率の前例は必ずしも多くない。「この高い伸び率を支える背景と要因は何か」という点も本章の問題関心の領域である。

2　研究データについての説明

　本章が使用する資料は，主に以下の4種類である。1つ目は，国連貿易開発会議（UNCTAD）が公表するデータである。UNCTADのデータは対外直接投資や多国籍企業論の研究者によって広く使われるもので，年ごとに政府や学術団体と共同作業によって作成されるものもある。そのうち，「World Investment Report」はUNCTADのホームページから入手することが可能な資料である。この資料は，世界全体の対外直接投資および各国・地域別のデータを網羅しているため，研究上はかなり利便性が高い。
　2つ目の資料は中国の対外直接投資を統括管理する政府機関商務部が公表するものである。中国の対外直接投資の歴史は浅いため，政府系の体系的統計データがごく最近の数年間，公表されることになったが，商務部が公表する月ベースの速報資料は，きわめて粗末なデータしかない。同部の権威性のあるデータは『中国対外直接投資統計公報』である。この分野に関心を持つ研究者はこれを利用するケースが多い。同公報は毎年後半（10～11月ごろ）に公表される前年度のデータであるため，情報的な新鮮さは若干落ちるが，中国のオフィシャルなデータであるため，その信頼度は高い。ただし，同資料の弱点と

して，1）企業関係の情報の不足，2）投資分野に関する詳細な説明の欠如，などが挙げられる。

そして，3つ目の資料は，上記の商務部資料の不足を補助するデータとして，国務院直轄機関の中国国際貿易促進委員会が編纂する『中国企業の対外投資現状および意向調査報告』が挙げられる。同報告は 2008 年以降，公表し始めたものである。その特徴は，対外直接投資を行った，またこれから行おうとする企業にアンケート調査を行うことによって，企業がどの地域に，どの産業分野に投資し，さらにどのような政策的支援を必要とするか，などの情報を重点的に集約するものである。これまでのオフィシャルなデータのなかで同調査報告はきわめて興味深い資料である。本章が使用する同調査情報は，2010 年 12 月～ 2011 年 3 月の間に実施されたアンケートに基づいて作成された最新のデータである。このアンケートは，1,024 社から回答を回収し，初歩的な分析も加えた。ただし，同調査は，アンケートの対象業種，産業的分布，アンケートの回収率などの情報を公開しておらず，使用者にとって若干困惑する。それにしても，大量の企業調査情報を集約した同調査資料は，中国の対外直接投資という情報不足の分野を研究する者にとってきわめて貴重なものである。

4つ目の資料は，これまで学者・研究者が独自のルートで収集した情報に基づいて行った先行研究資料である。繰り返すように，中国の対外直接投資は，きわめて浅い歴史しかないため，この分野に関する先行研究蓄積も浅い。本章がこの限られた先行研究の一部を参照する。

3　中国の対外直接投資の概観

3-1　フローからみた中国の対外直接投資

UNCTAD が公表した「World Investment Report 2011」によると，2010 年に世界全体の直接投資フロー金額は，1.32 兆ドルに達した[2]。そのうち，中国からの投資額は，同国史上最高のレベルの 688.1 億ドルに達し，世界対外直接投資全体の 5.2% を占めた[3]。同時に，中国の対外直接投資フロー金額は，伝統的な投資大国の日本，イギリスを超えて世界 5 位に入った。また，2002 ～

10年の間に中国の対外直接投資は49.9%という驚異的な増加率で伸びてきた。

2010年における中国の対外直接投資では，買収・合併（M&A）方式が297億ドルに達し，全体の43.2%を占めた。中国企業によるM&Aプロジェクトは，採掘業，製造業，電力産業，技術サービスおよび金融業などの分野に及び，世界のM&A市場で中国企業の姿が頻繁に現れていた。同時に中国企業が関わった大きな買収案件が国内外のマスコミに大きく報道されていたため，中国企業が行ったM&Aは，実際の買収金額そのもの以上に世論の関心を集めている。

そして，2010年の中国の対外直接投資の産業別分布における最大の特徴はこれまで通りに，「リースおよび商業サービス」分野が大きな金額（302.8億ドル）を占める点が挙げられる。「リースおよび商業サービス」への直接投資の中身は，中国企業が外国でサービス業を行っていることを意味するわけではなく，単に外国企業の株式を取得する投資という意味にすぎない。だが，いかなる業種の企業の株式を取得したのかの情報は，公表されていない[4]。ちなみに，この分野への主な投資先は，中国の対外直接投資の半分を占める香港である。「リースおよび商業サービス」に続く投資業種は，金融業（86.3億ドル），卸売り・小売業（67.3億ドル），採掘業（57.1億ドル），交通運輸・倉庫・郵政業（56.6億ドル），製造業（46.6億ドル），建築業（16.3億ドル），不動産業（16.1億ドル）という順になっている。

2010年の対外直接投資先の地域別をみると，香港は断トツ1位であり，年間投資総額の56%を占めている。中国企業による香港への集中投資という傾向はこれまで一度も変わることがない。香港以外の投資先として，自由港の英領ヴァージン諸島（61.2億ドル，全体の8.9%）と英領ケイマン諸島（34.96億ドル，全体の5.1%）は2位と3位であった。以上の3地域は，2010年の中国の対外直接投資金額の70%を占めている。残りの30%の投資先は，ルクセンブルク，オーストラリア，スウェーデン，アメリカ，カナダ，シンガポール，その他の順になっている。そして，地域別での対外直接投資状況をみると，アジア向けのみは，投資金額全体の65.3%（448.9億ドル）を占めている。これまで投資地域別における「アジア選好」という地域的な特徴は変わったことがない。第2

位はラテンアメリカ（15.3％，105.4億ドル）であったが，その主要部分は英領ヴァージン諸島とケイマン諸島に向けたものであった。2位以下は，欧州（9.8％），北米（3.8％），アフリカ（3.1％），オセアニア（2.7％）の順となっている。上記の投資先のうち，オセアニア以外の地域は，前年比増加の結果であった。そして，対外直接投資を行った中国の地域別状況について，東部沿海地域は依然として対外直接投資の主役であるが，2010年のフローの実績をみると，西部地域は107.1％と前年度に比べて大きく躍進した（23.76億ドル）。ただ，省市区別でその実績をみると，浙江省，遼寧省，山東省は対外直接投資の上位3位となり，西部および中部地域は依然として上位に現れていない。そして，対外直接投資の企業別からみると，対外直接投資を主導したのは，中央政府に直属する大型国有企業であったのに対して民営企業のシェアは3割にとどまった。

3－2　ストックからみた中国の対外直接投資

対外直接投資ストック金額をみると，中国は，「対外直接投資小国」の姿を示している。〔図表1－2〕に示したように，2010年末現在，中国の対外直接投資のストックは，アメリカ，イギリス，フランス，ドイツ，日本，ロシア，スウェーデンに次ぐ世界第8位（3,172.1億ドル）にとどまっている。同時点における世界の対外直接投資全体に占める中国の割合は，わずか1.6％であった。その規模は，アメリカの6.5％，イギリスの18.8％，フランスの20.8％という程度であった。これは，中国の対外直接投資の歴史が浅いという点に関係すると考えられる。それにしても中国の対外直接投資のカバー率（実際に投資した国・地域数／世界の国・地域総数）は72.7に達し，178ヵ国・地域に及んだ。そして，ストックからみた対外直接投資の業種状況について，100億ドルを超えた分野は，6業種――リースおよび商業サービス，金融業，採掘業，卸売り・小売業，交通運輸，製造業――に及び，2,801.6億ドルに達してストック全体の88.3％となった。

2010年末現在，中国の対外直接投資ストック金額からみると，最大の投資地域はアジアであり，2,281.4億ドルに達している（〔図表1－3〕）。その次の投資地域はラテンアメリカ（438.8億ドル）である。中国の対外直接投資ストック

図表1-2 2010年末における世界主要10カ国の対外直接投資比較(ストック)

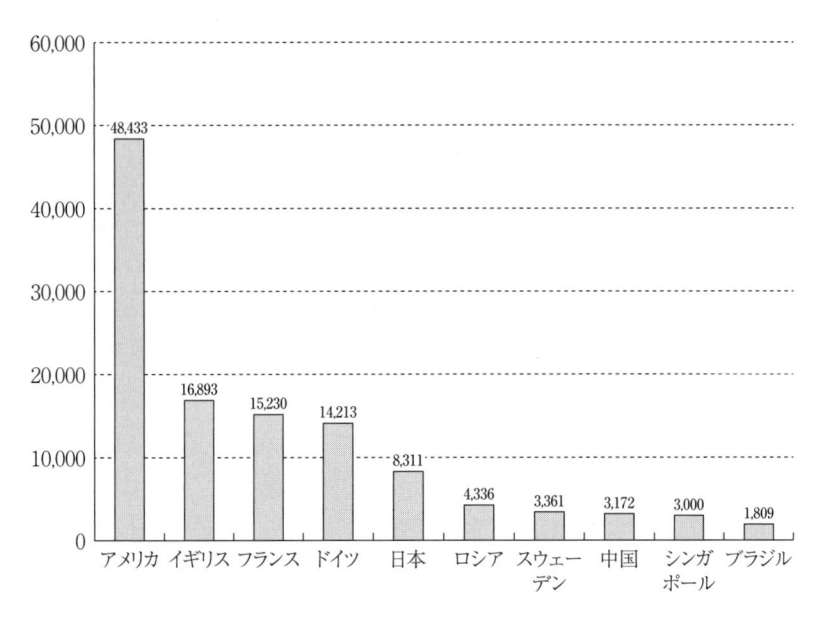

国	金額
アメリカ	48,433
イギリス	16,893
フランス	15,230
ドイツ	14,213
日本	8,311
ロシア	4,336
スウェーデン	3,361
中国	3,172
シンガポール	3,000
ブラジル	1,809

出所：UNCTAD, World Investment Report, 2011. 億米ドル。

額全体に占めるこの両地域のシェアは，それぞれ71.9％と13.8％である。両者だけでストックの85.7％を占めている。既述したように，中国の対外直接投資は，「近隣選好」（アジア向け）と「途上国選好」（ラテンアメリカ向け）の傾向を持っている。これに対して中国の対外直接投資ストックにおける対先進国地域への投資は，比較的少ない。そのうち，ストック金額全体に占めるEU，北米への投資シェアは，それぞれ5％と2.5％となっている。ただ，EUへの中国の対外直接投資ストックは速く増加している点が注目される。なぜなら，2010年末のストック金額は，2005年の12倍以上になったからである。そして，最近，日本のマスコミに報道されたように中国資本が資源確保のために大挙アフリカへ進出しているという事実がストック金額の統計上にあまり反映されていない。中国の対外直接投資ストック全体に占めるアフリカ向けの投資割合は，わずか4.1％である。そして，中国の対外直接投資ストックにおけるもう1つ

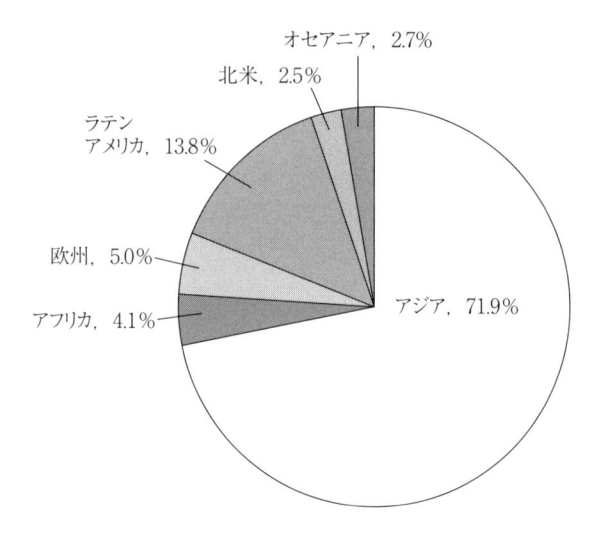

図表 1 − 3　2010 年現在の中国の対外直接投資ストックの地域別分布

オセアニア，2.7%
北米，2.5%
ラテンアメリカ，13.8%
欧州，5.0%
アフリカ，4.1%
アジア，71.9%

出所：中国商務部『2010 年対外直接投資統計公報』と同部 HP。

の特徴は，投資地域の集中度が高いことである。具体的には，中国の対外直接投資がカバーした 178 カ国・地域のうち，投資金額上位 20 位の国・地域は，ストック全体の 91.1％を占めている。さらに，そのうち，香港だけで，62.8％を占め，トップの地域である。

2010 年末現在の中国の対外直接投資ストックに占める国有企業のシェアは 66.2％に達しているが，2009 年度に比べてそのシェアは 3％低下していることがわかる（〔図表 1 − 4〕）。これに対して有限責任公司や株式会社など民間所有企業のシェアは少しずつ増えている。ただし，待望の私営企業のシェアはわずか 1.5％しかなく，今後，その動きが注目される。

図表1－4　2010年末における非金融系企業の対外直接投資シェア（ストック）

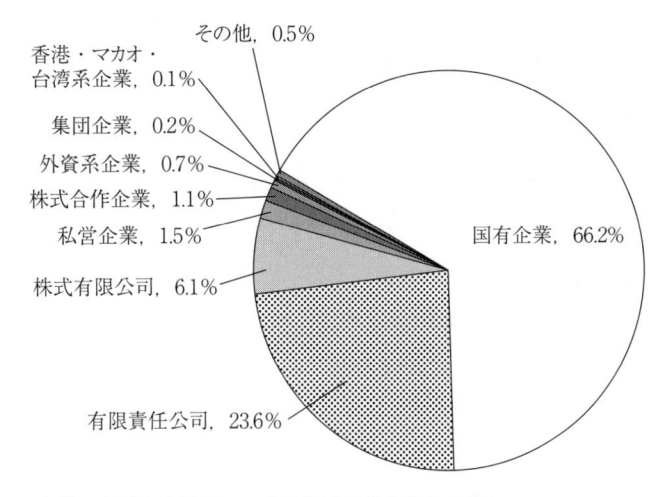

- 国有企業, 66.2%
- 有限責任公司, 23.6%
- 株式有限公司, 6.1%
- 私営企業, 1.5%
- 株式合作企業, 1.1%
- 外資系企業, 0.7%
- 集団企業, 0.2%
- 香港・マカオ・台湾系企業, 0.1%
- その他, 0.5%

出所：中国商務部『2010年対外直接投資統計公報』。

4　アンケート調査からみた中国の対外直接投資の特徴

　前述したように，本章が使用する資料のうち，中国国際貿易促進委員会が行ったアンケート調査資料があるが，この資料には不足の点がある。つまり，アンケート送付の範囲，調査対象産業の選定基準と理由，アンケート調査の回収率などの重要な説明が見当たらない。それにしてもこの資料は，中国商務部の総括的な統計に入っていない重要な情報——企業の視点から政府に対する支援要望，対外直接投資の企業規模，個別産業の投資現状と問題点，対外直接投資の決定に影響を与える要因，今後の投資意向，など——を網羅しているものであるため，海外進出した中国企業の具体像や特徴を見出すデータとして，この資料は貴重な存在である。2011年に行われたアンケート調査は，1,024社から回答を回収している。調査機関の中国国際貿易促進委員会は，国務院の直属部局であるので，ほとんどの対象企業がこの調査に協力したと考えられる。言い換えれば，その回収率はかなり高いレベルになったはずだと推測している。

本節では，この資料に基づいて中国の対外直接投資の特徴を浮き彫りにする。

4－1　アンケート調査対象企業の対外直接投資の現状

まず，企業の投資規模をみると，これまで対外直接投資の実績を持つ対象企業のうち，3分の2の投資規模は500万ドル以下のレベルにとどまっていることがわかる（〔図表1－5〕）。投資規模が1億ドルを超えた割合は8％程度である。つまり，全体的に中国企業の対外直接投資は，初期的でかつ小規模という特徴を持っている。ただし，同委員会が行った最近の3年間の内容を精査すると，規模の大きい投資案件の割合は着実に増えている。2006年に行われた調査では，1億ドルの投資金額を超えた割合は6％だったのに対して4年後には2ポイント上昇していることがわかる。この勢いをキープすると，今後，中国企業による対外直接投資案件当たりの金額規模は拡大するに違いないと考えられる。

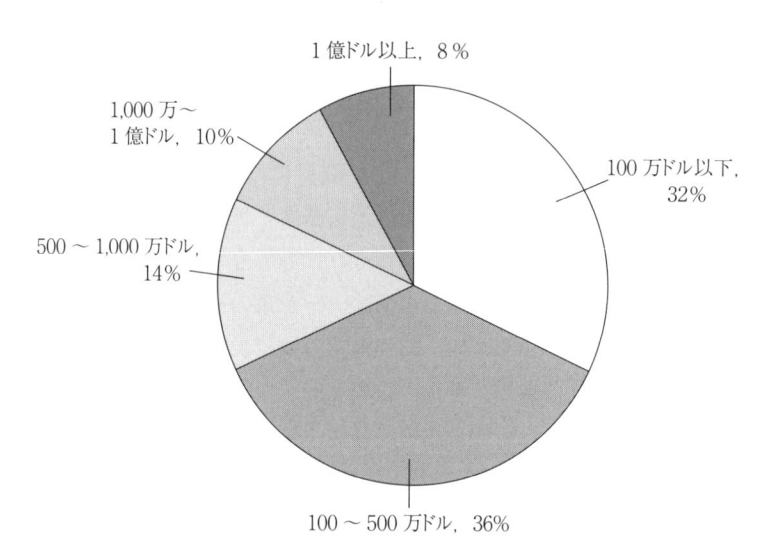

図表1－5　中国企業の対外直接投資の規模

- 1億ドル以上，8％
- 1,000万～1億ドル，10％
- 500～1,000万ドル，14％
- 100万ドル以下，32％
- 100～500万ドル，36％

出所：中国国際貿易促進委員会［2011］『中国企業の対外投資の現状および意向に関する調査報告』（2008～2010年）。

次に，対外直接投資の目的地について，アンケートの結果は先の商務部の統計資料と一致している。つまり，アジアは中国企業の対外直接投資の最大地域である。調査対象企業のうち，半分弱の企業がアジアに投資している（46%）。その割合は欧州向け（23%）および北米向け（27%）を大幅に上回っている。そして，もう1つの特徴として，アフリカ向けの投資割合が最近上昇していることが挙げられる。今後，アフリカへの対外直接投資が注目される。

第3に，対外直接投資の時期をみると，中国企業の対外直接投資の歴史の浅さは一目瞭然である（〔図表1－6〕）。調査対象企業のうち，2000年以前に対外直接投資を行った割合は12%（うち，1990年以前に対外投資の経験を持つ企業はわずか4%）である。残りの88%の企業は2000年以降，対外投資を開始した。2000年以降に対外投資の開始に影響を与えた要因は，やはり政府が打ち出した「走出去」（世界進出）戦略であると考えられる。このような政府政策上の誘導がなければ，2000年以降の短期間にこれほど高度に集中した対外直接投資はありえないであろう。「走出去」戦略の形成は江沢民前国家主席の講話を

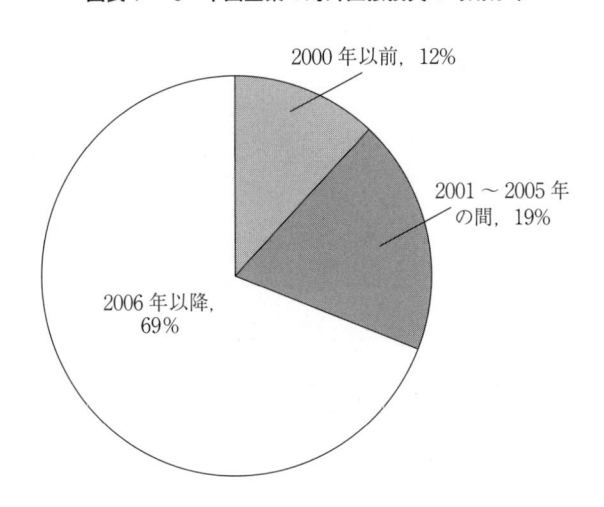

図表1－6　中国企業の対外直接投資の時期分布

- 2000年以前，12%
- 2001～2005年の間，19%
- 2006年以降，69%

出所：中国国際貿易促進委員会［2011］『中国企業の対外投資の現状および意向に関する調査報告』（2008～2010年）。

「起点」としている。対外直接投資の急拡大のなかで，江氏は中共第14回 (1992年)，第15回全代会 (1997年) において，国内外の2つの市場と2つの資源を利用するための対外直接投資と国際経営の積極的な拡大の重要性などについて言及し，1997年12月の全国外資工作会議においては初めて「走出去」という戦略用語を使って国内企業の海外進出の重要性を力説した。さらに，2000年3月，「走出去」戦略は第9期全国人民代表大会第3回会議に正式に提出され，翌2001年3月の第9期全国人民代表大会第4回会議で採択された「第10次5か年計画」のなかに，国家戦略として正式に盛り込まれるに至った。広く知られているように，この「走出去」戦略は，第10次5ヵ年計画で初めて提起された後，第12次五ヵ年計画 (2011－2015年) にも受け継がれている[5]。

第4に，調査対象企業の対外直接投資の産業的分布をみると (〔図表1－7〕)，最大の投資分野は製造業である (33%)。この点は，前記の商務部の統計資料と

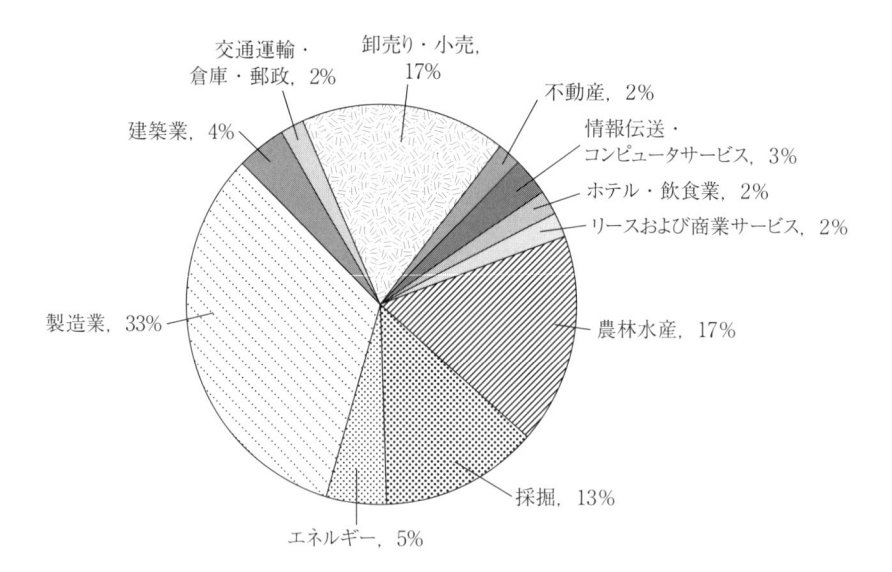

図表1－7 中国企業の対外直接投資の産業分布

- 交通運輸・倉庫・郵政, 2%
- 卸売り・小売, 17%
- 不動産, 2%
- 情報伝送・コンピュータサービス, 3%
- 建築業, 4%
- ホテル・飲食業, 2%
- リースおよび商業サービス, 2%
- 製造業, 33%
- 農林水産, 17%
- 採掘, 13%
- エネルギー, 5%

出所：中国国際貿易促進委員会［2011］『中国企業の対外投資の現状および意向に関する調査報告』(2008～2010年)。

異なり，アンケート調査の対象企業選定と企業の投資時期との関連性があると考えられる。上記のように，調査対象企業の9割弱は2000年以降，対外投資を始めた。このころ，中国の工業製品市場は供給不足状態から供給超過状態になったため，製造業企業は本格的に対外投資戦略を採り始めた。製造業業種がトップの投資分野になった理由はここにあると考えられる。したがって，製造業企業の対外投資分野のうち，機械，紡績・アパレルの業種が一番多く，中国の製造業における比較優位の強弱をはっきり映している。たとえば，労働集約的な紡績・アパレル産業分野は，国内の労働コストの上昇に耐えられなかった結果，カンボジアやベトナムに進出した企業が少なくない。そして，2位は，卸売り・小売業と農林水産業（ともに17％）であり，商務部の統計結果と一致している。第3位の分野は採掘業である。国有系の石油，天然ガス企業や鉱山原料関係の企業による対外直接投資はこの分野のシェア拡大に寄与していると思われる。

　第5に，対外直接投資を行った中国企業の進出方式については，アンケート調査と先の商務部の統計との間に異なる結果が得られた。アンケートによると，51％の調査対象企業はグリーンフィールド方式を採用した。これに対してM&Aのテイクオーバー方式によって対外進出を行った企業の割合は，わずか15％である。なぜ，政府機関間の統計にはこれほど大きな違いが生じたのか。これについて筆者は下記の点に由来したと考えている。第1に，M&A方式による対外進出は，世論やマスコミに注目されやすいため，進出の規模と関係なく買収案件が人為的に拡大理解されたと考えられる。第2に，これまで中国企業による海外買収案件は，製造業や採掘業という狭い産業分野に集中し，大きな買収金額になったケースが多かった。結局，買収案件への注目度が余計に増幅された。さらに，第3に，これまでのM&A案件のなかでは，センシティブな分野——石油，天然ガス，自動車など——に関連するものが多かったため，関連のM&A案件はたびたび経済的レベルを超えた形で問題化されていた。

　第6に，対外直接投資を行った中国企業へのアンケート結果によると，対外進出決定の有利な要因のうち，「重要」と答えた上位3要因は，「「走出去」政

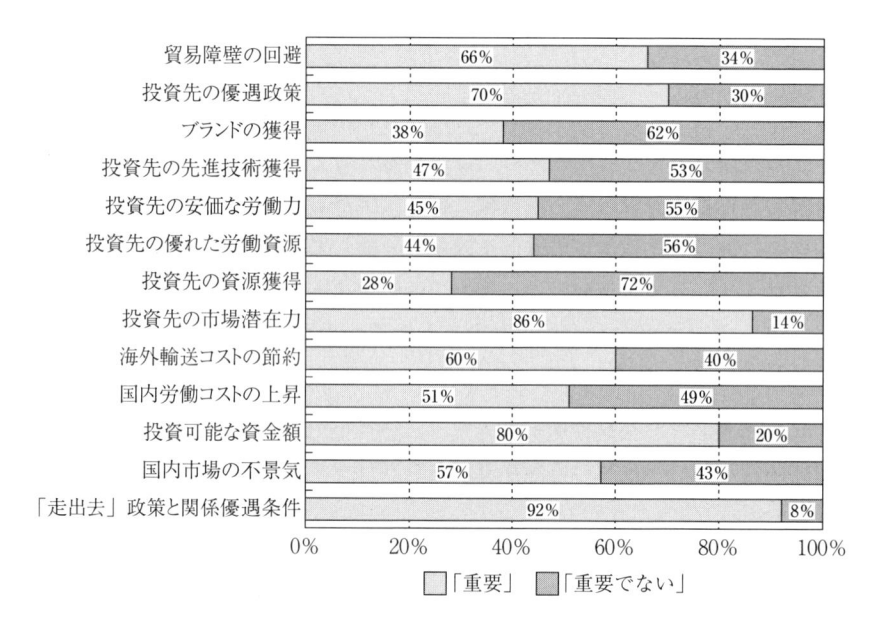

図表 1 － 8　調査対象企業が答えた「対外投資の有利な条件」

項目	重要	重要でない
貿易障壁の回避	66%	34%
投資先の優遇政策	70%	30%
ブランドの獲得	38%	62%
投資先の先進技術獲得	47%	53%
投資先の安価な労働力	45%	55%
投資先の優れた労働資源	44%	56%
投資先の資源獲得	28%	72%
投資先の市場潜在力	86%	14%
海外輸送コストの節約	60%	40%
国内労働コストの上昇	51%	49%
投資可能な資金額	80%	20%
国内市場の不景気	57%	43%
「走出去」政策と関係優遇条件	92%	8%

出所：中国国際貿易促進委員会［2011］『中国企業の対外投資の現状および意向に関する調査報告』（2008 ～ 2010 年）。

策と関係優遇条件」(92%)，「投資先の市場潜在力」(86%)，「投資可能な資金額」(80%)，という順になっている（〔図表 1 － 8 〕）。とりわけ，トップ要因の国家政策の重要性は明らかであり，中国企業の対外直接投資の特殊な背景であるといえる。おそらく国際的にみても，中国以外の国の場合，国家政策が企業の対外直接投資の最も重要な要因として挙げられる例は稀であろう。ただし，アンケート調査には，どのような政策，またどのような優遇条件が企業の対外直接投資の決定と直結するか，という重要な情報が開示されていないため，これ以上の推測は困難であるが，これは実証研究に重要なヒントを与えている。そして，第 2 位の「投資先の市場潜在力」は，世界における多国籍企業の対外進出の一般的要因であり，中国企業にも共通していることがわかる。第 3 位の「投資可能な資金額」は，中国企業の弱みの 1 つを示すものである。つまり，

図表 1 − 9 調査対象企業が答えた「対外投資の不利条件」

項目	重要	重要でない
文化的差異	52%	48%
製品と技術の競争力なし	51%	49%
国際法律人材の不足	65%	35%
国際経営管理人材の不足	65%	35%
資金調達が困難	64%	36%
中国製品品質への不信	52%	48%
中国ブランドへの認知なし	54%	46%

出所：中国国際貿易促進委員会［2011］『中国企業の対外投資の現状および意向に関する調査報告』（2008 〜 2010 年）。

　企業側は対外進出の意欲を持つが，資金的余裕がないケースは少なくないと推定される。この現実は，多くの中国企業が直面する問題点である。これに対して，対外進出の決定に不利な要因のうち，「重要」と答えた上位 3 要因は，「国際法律人材の不足」（65％），「国際経営管理人材の不足」（同 65％），「資金調達が困難」（64％），の順になっている（〔図表 1 − 9〕）。この結果は，途上国多国籍企業の共通弱点として理解してもよいであろう。国際経営に適した人的資本は，短期間で蓄積することができるものではない。したがって，中国のように急激にグローバル化している新興国企業の場合，ソフトな資源蓄積の問題は，行き過ぎた企業のグローバル化に追い付けないという実情を反映している。
　最後に，これまで対外直接投資を行った企業の自社海外事業への満足度について 66％の企業が「満足している」と回答した（2010 年度の調査）。これに対してわずか 8％の企業が「満足していない」，また，残りの 26％の企業は「判断できない」というマイナスな回答をした。そして，2009 年度の調査結果によると，途上国への直接投資に比べて先進国への投資満足度は比較的高いことが

図表 1 − 10　先進国と途上国への直接投資誘因の異同

	中国政府の優遇政策	中国国内の労働コスト上昇	海外市場獲得
対先進国への直接投資誘因	○	×	○
対途上国への直接投資誘因	○	○	×

出所：中国国際貿易促進委員会［2011］『中国企業の対外投資の現状および意向に関する調査報告』（2008 〜 2010 年）により整理作成。

わかる。とりわけ，EU への直接投資を行った企業の満足度はトップのレベルに達している。そして，対外直接投資の地域別投資要因について，対先進国投資と対途上国投資は異なることがわかる。〔図表 1 − 10〕に示したように，「中国政府の優遇政策」という要因は，共通促進原因となっているが，「中国国内の労働コスト上昇」は，対途上国投資の促進要因となっているのに対して対先進国への投資要因にはならなかった。「海外市場の獲得」という理由は，対先進国投資の最重要要因となっている。以上の投資要因は今後ますます中国企業の対外進出を大きく規定することになると思われる。

4 − 2　アンケート調査からみた製造業と採掘業の対外直接投資の特徴

　中国企業の対外直接投資の業種別分布の特徴はこれまで大きく変わったことがない。つまり，製造業関係業種の対外進出が少なく，サービス系業種が比較的に多い。〔図表 1 − 11〕は 2010 年における対外直接投資ストックからみた業種分布の状況であるが，そこに登場したトップ 6 業種——リースおよび商業サービス，金融業，採掘業，卸売り・小売業，交通運輸，製造業——のうち，非サービス産業分野の採掘業は第 3 位，モノづくり分野の製造業は第 6 位である。この点は，製造業を中心とする先進国の対外直接投資とかなり異なる。しかし，これまで政府系統計における業種別の詳しい情報は少ないため，「世界の工場」中国の製造業企業の対外進出の実態を把握することは困難であった。幸いに 2011 年度に中国国際貿易促進委員会が行ったアンケート調査資料には 2 つの非サービス業業種——製造業と採掘業——に関する貴重な情報があった。本節はこの資料に基づいて製造業と採掘業分野の対外直接投資の特徴を浮

図表1−11 中国の対外直接投資ストックの産業別分布（2010年現在，億ドル）

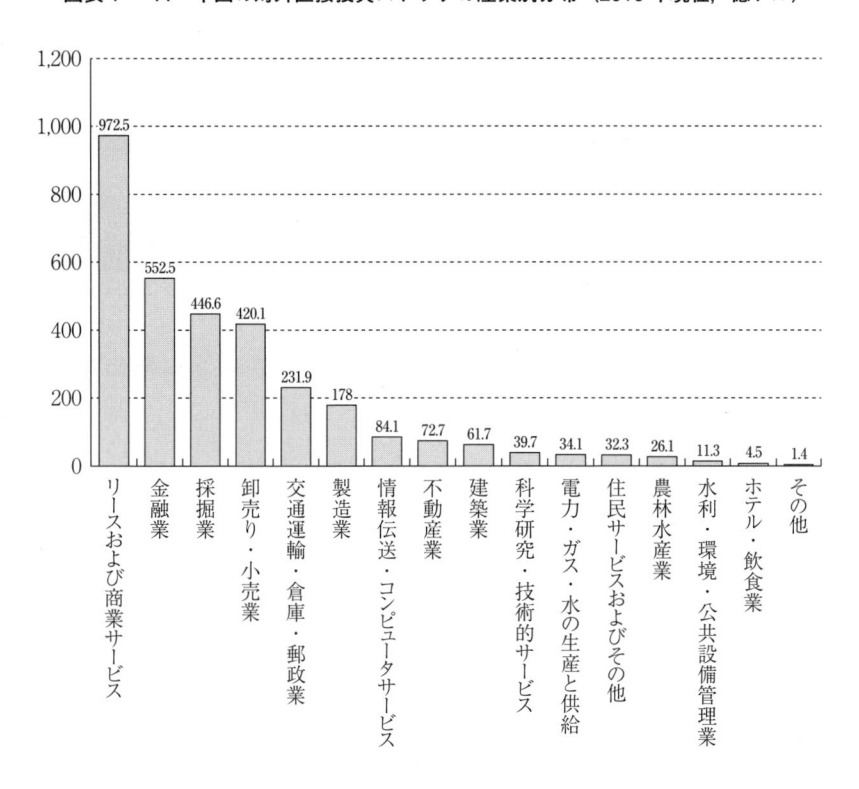

リースおよび商業サービス	972.5
金融業	552.5
採掘業	446.6
卸売り・小売業	420.1
交通運輸・倉庫・郵政業	231.9
製造業	178
情報伝送・コンピュータサービス	84.1
不動産業	72.7
建築業	61.7
科学研究・技術的サービス	39.7
電力・ガス・水の生産と供給	34.1
住民サービスおよびその他	32.3
農林水産業	26.1
水利・環境・公共設備管理業	11.3
ホテル・飲食業	4.5
その他	1.4

出所：中国商務部『2010年対外直接投資統計公報』と同部HP。

き彫りにする。

〔図表1−12〕は，製造業と採掘業企業の対外直接投資規模を示すものである。まず，2分野の投資規模がともに大きくないことは共通点である。とりわけ，製造業分野の場合，調査対象企業の3分の2は500万ドル以下の規模にとどまっていることがわかる。これに対して採掘業企業の対外投資規模は比較的大きいが，500万ドル以下の割合は半分以上（54％）になり，製造業との類似性を示している。投資規模が小さいという現状をもたらした理由として，1）対外直接投資の歴史が浅いこと，2）対外投資を行った中国企業自身の規模が

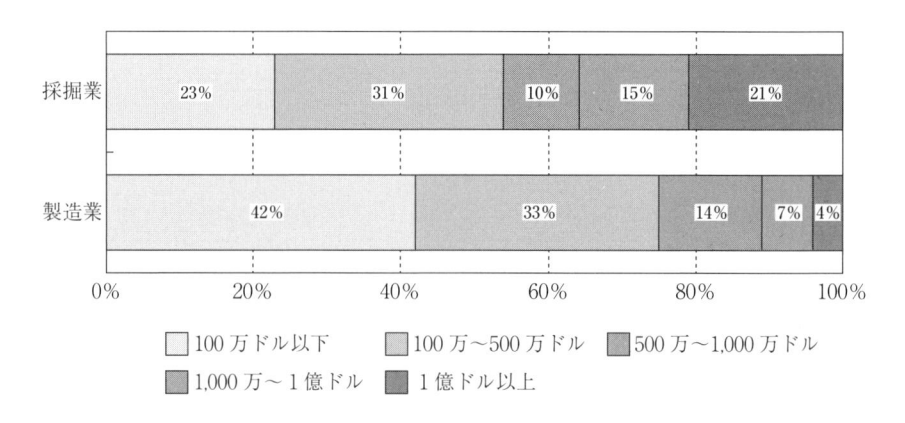

図表 1 - 12　製造業と採掘業企業の対外直接投資規模（2010 年現在）

採掘業	23%	31%	10%	15%	21%
製造業	42%	33%	14%	7%	4%

□ 100 万ドル以下　■ 100 万〜500 万ドル　■ 500 万〜1,000 万ドル
■ 1,000 万〜1 億ドル　■ 1 億ドル以上

出所：中国国際貿易促進委員会［2011］『中国企業の対外投資の現状および意向に関する調査報告』(2008 〜 2010 年)。

大きくないこと，3) 新規投資の企業が多いこと，4) 中国多国籍企業にとって世界市場の経営環境が厳しいこと，などが挙げられる。そして，投資金額が 1 億ドル以上の大規模投資の割合をみると，採掘業の場合は 20％を超えているのに対して製造業の割合はわずか 4 ％しかない。両者の違いは一目瞭然である。むろん，石油・天然ガスや鉄鉱石，石炭など資源・エネルギー関係分野の生産に必要とする最小限の投資金額が大きいという産業的性格が，これを左右しているに違いないが，企業の所有制もこれとは無関係ではない。周知のように，中国における資源・エネルギー産業分野の企業はほとんど公有・国有企業である。しかもこれらの企業の資本規模も大きい。したがって，政府のバックアップという強力なプッシュ要因をも考えると，採掘業の対外直接投資の規模が比較的大きいことはわかりやすい。後に説明があるが，アンケート調査の製造業対象企業の半数以上は民営企業であるため，そもそも企業規模の劣位に立つ彼らの対外進出規模は，限られている。

次に，製造業と採掘業企業の対外直接投資先（〔図表 1 - 13〕）をみると，アジアは，両産業分野の企業が最も重視する進出先であり，「近隣選好」という地

図表1−13 製造業と採掘業企業の対外直接投資の地域分布

業種	アジア	欧州	北米	ラテンアメリカ	オセアニア	アフリカ	その他
採掘業	37%	6%	8%	9%	17%	23%	0%
製造業	31%	24%	18%	5%	4%	18%	3%

出所：中国国際貿易促進委員会［2011］『中国企業の対外投資の現状および意向に関する調査報告』（2008〜2010年）。

理的な特徴をともに持っている。ところが，アジア以外の投資先について，両産業は大きく異なる。製造業の投資先は，アジア（31%）＞欧州（24%）＞北米（18%）という順になっているのに対して採掘業は，アジア（37%）＞アフリカ（23%）＞オセアニア（17%）の順になっている。つまり，製造業企業は，直接投資先に製造技術の進んでいる欧米先進国を好んで選択する傾向を示している。その投資の目的は，先進国企業が持つ先進技術やノウハウなど技術関係の戦略資産を獲得することである。これに対して採掘業の進出先には，資源・エネルギーそのものが埋蔵される地域が選ばれている。

　第3に，製造業と採掘業企業の対外直接投資の方式（〔図表1−14〕）をみると，新規事業の立ち上げ方式（グリーンフィールド方式）は共に半数以上を占めている。製造業の場合，6割の企業がグリーンフィールド方式を採用したことがアンケートを通じて判明した。これに対して海外現地企業を買収することによって対外進出を図った割合は，24%にとどまっている。この結果は，一般的なイメージ——中国企業はM&Aを通して海外の戦略的資産を獲得する——から大きく外れている。なぜ，このような落差があるのか。やはり，これは前述した原因に由来したと思われる。つまり，中国企業による少数の買収・合併

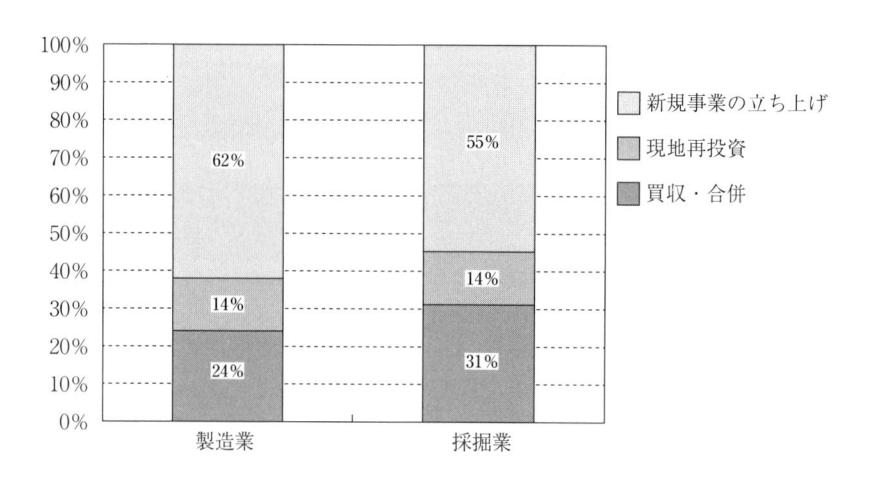

図表 1 − 14 製造業と採掘業企業の対外直接投資の方式

製造業: 買収・合併 24%, 現地再投資 14%, 新規事業の立ち上げ 62%
採掘業: 買収・合併 31%, 現地再投資 14%, 新規事業の立ち上げ 55%

出所：中国国際貿易促進委員会［2011］『中国企業の対外投資の現状および意向に関する調査報告』(2008 〜 2010 年)。

プロジェクトが現れると，国内外のマスコミは，これを大きく報道し，一般公衆に過剰に発信するため，社会的なオーバー効果が生じてしまう。アンケート調査結果は明らかに「M&Aを中心とする中国製造業企業の進出」パターンを否定している。ただし，採掘業企業の進出方式をみると，M&A方式は比較的大きなシェア (31%) を占めている。おそらく石油関係の海外進出はこれを最も反映するケースであろう。たとえば，原油という石油産業分野の川上部門に弱い中国石油会社は，経営不振に陥った海外石油会社を買収することによって川上産業を補強する戦略を多用しているケースが少なくない。

そして，対外直接投資を行った両産業の企業所有制構造（〔図表 1 − 15〕）について，大きな違いが見られた。まず，採掘業の場合，民営企業と国有企業の 2 種類企業だけで対外投資を行っている。そのうち，民営企業は半数以上 (63%) を占めて対外投資の主力となっている。これに対して製造業の場合，上記の 2 種類企業以外に，国内資本の合資企業と外資系企業も対外直接投資を行っている。アンケートを行った中国国際貿易促進委員会の説明によると，上記の結果

図表1-15 製造業と採掘業の対外直接投資の企業所有制構造

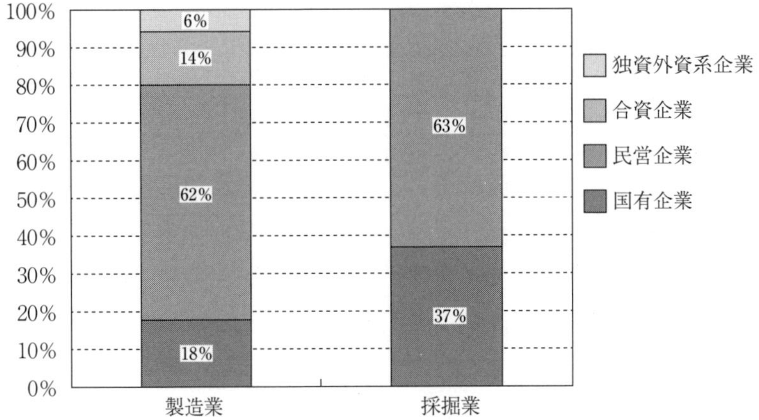

製造業：国有企業 18%、民営企業 62%、合資企業 14%、独資外資系企業 6%
採掘業：国有企業 37%、民営企業 63%

出所：中国国際貿易促進委員会［2011］『中国企業の対外投資の現状および意向に関する調査報告』（2008～2010年）。

は，アンケート対象企業として民営型の製造業企業がより多く選択されたことに由来した，というが[6]，実際に製造業分野の対外直接投資を行った企業には，民営企業が多いと推測している。そして，図に示したように，現在，製造業と採掘業における民営企業が対外直接投資の主体となっている点が注目される。

4-3　中国対外直接投資の地域別特徴

中国の対外直接投資の地域別特徴が〔図表1-16〕にまとめられている。まず，欧州への直接投資をみると，投資件数全体は必ずしも多くないが，案件当たりの投資金額は比較的大きい点が第1の特徴である。その背景および原因として，1）資本集約的な製造業分野への投資案件が多いこと，2）戦略資産の獲得を目的とする買収が多いこと，3）買収・合併（M&A）による進出形態が多いこと，などが挙げられる。たとえば，中国電機メーカー大手企業TCLによるドイツの唯一のテレビメーカー，シュナイダーエレクトロニクスの買収

図表1－16　調査対象企業の投資地域の特徴

投資地域	欧　州	北　米	アフリカ	アジア	オセアニア
投資金額・規模	大きい	中　度	中　度	大きい	少ない
投資国の集中度	仏，独，英へ集中	米国へ集中	ナイジェリア，南ア	香港，ASEAN	豪州集中
産業別特徴	製造業中心	エネルギー，製造業	製造，採掘，農業	製造業中心	採掘業中心
投資動機	戦略資産獲得	技術，ブランド獲得	効率追求，資源	多元的	資源獲得
現地経営方式	現地生産	販売会社	現地生産	現地生産	現地生産

出所：中国国際貿易促進委員会［2011］『中国企業の対外投資の現状および意向に関する調査報告』（2008～2010年）により整理作成。

(2002年)とフランス大手電機企業トムソンのテレビ事業の買収(2003年)，瀋陽機床廠によるドイツ工作機械メーカーシース社の買収(2004年)[7]などの案件は，中国企業による欧州への直接投資の典型例である。これらの買収例のように1件当たりの投資金額が比較的大きいため，海外からの関心度はきわめて高い。そして，欧州への直接投資の第2の特徴は，少数の国への地理的集中度がきわめて高い点である。具体的には，欧州への投資金額全体に占めるフランス，ドイツ，イギリスの3カ国へのシェアは，半分強(52%)に達している。第3に，欧州への直接投資分野は，「製造業への偏重」という特徴があり，投資全体の42%を占めている。それ以外の分野はすべて2割以下である。したがって，上記の実例に示されているように，欧州製造業分野への直接投資は，「戦略資産」を買収することによって「現地生産」が展開されたケースが多い。また，中国国際貿易促進委員会が行ったアンケート調査資料によると，欧州への直接投資のさまざまな目的には，「国際的な有名ブランドの獲得」がトップとして挙げられている。2010年の民営自動車メーカーの吉利汽車による欧州自動車企業ボルボ自動車の買収はこれを裏付ける[8]。

次に，対北米直接投資の特徴については，まず，案件当たりの投資金額は欧州ほどではなく，中程度の規模になっていることがわかる。そして，対北米投資の地理的特徴をみると，アメリカ一国への集中度がきわめて高いという特徴がある。具体的には北米(アメリカ，カナダ，メキシコ3地域を含む)地域に占めるアメリカへの直接投資は8割弱(78%)であり，「一点集中型の対外直接投資」

という地理的特色を示している。投資分野をみると，対アメリカ直接投資の最大分野は，製造業とエネルギーである。そのうち，製造業だけで18％を占めている。対米投資の目的は対欧州投資に類似する点——先進国企業のブランドの獲得——がみられると同時に，アメリカ企業の管理ノウハウや経験を取得する目的もうかがえる。そして，対米直接投資の現地経営方式をみると，「現地販売会社の設立」という形式が最多（42％）となっている。アメリカ市場への開拓と参入は，対米投資企業の最重要課題であることを示していると思われる。

　第3に，中国企業による対アフリカ直接投資の歴史はそれほど長くないが，その発展スピードと今後の展開が注目されている。前掲〔図表1－3〕に示したように，対アフリカ投資ストックは，アジア，ラテンアメリカ，欧州に次ぐ第4位（全体に占めるシェアは4.1％）の地域であるが，今後，対欧州と対ラテンアメリカ投資額を超える可能性が高い。その理由は，投資目的と分野にある。中国国際貿易促進委員会が行ったアンケート調査資料によると，中国企業の対アフリカへの直接投資の最重要目的として，1) 中国国内エネルギー・天然資源・原材料市場への供給，2) 国内市場飽和の回避，3) 海外市場の貿易障壁の回避，の3点が挙げられる。とりわけ，エネルギー・天然資源の獲得のための直接投資の目的は鮮明である。そして，対アフリカ投資分野をみると，製造業（35％），農林水産業（17％），採掘業（14％）の3業種が投資全体の3分の2を占めている。製造業企業の対アフリカ進出の背景には，新規市場開拓と中国国内より低コストのアフリカへのシフトという競争優位確保と効率追求の点が見られる。また，中国市場とアフリカ市場ニーズとの同質性と類似性——厚い低収入層の存在，潜在的大衆需要，適正技術およびそれに基づく消費財への認知，など——も製造業企業の対アフリカ投資を促していると考えられる。採掘業への投資は明らかにアフリカの石油，天然ガス，鉱石類などの資源を狙うものである。そして，対アフリカの投資先は，少数の国への集中現象があり，ナイジェリア，南アフリカ，スーダンの3カ国への投資案件数は，全体の半分弱を占める。アフリカにおける中国企業の主な現地経営方式は，現地工場・事業所による現地生産経営である。

第4に，これまで中国企業による対アジア投資は，中国の対外直接投資における最大の投資地域である。したがって，中国にとって東アジアは地理的に近く，経済的相互依存も深いため，対外投資の重点地域である。2010年までの対外直接投資のストックにおいて，アジアは全体の67.2%をも占めている。現段階で，東アジアにおける中国企業のプレゼンスに関しては，香港がやはり最大である。次に投資が多いのは中国と自由貿易協定（FTA）が結ばれている東南アジア諸国連合（ASEAN）地域である[9]。対アジア投資の産業別特徴は，製造業を中心とするモノづくりの分野が多いという点である。これは，中国企業の効率を追求する戦略——自国より経営環境・条件のよい海外へ進出することによって競争優位を保つ戦略——を反映している。ただし，アジアへの進出業種について，製造業以外に採掘業，卸売・小売業，エネルギー，建築，金融，情報通信など多分野に及ぶことが特徴の1つである。そして，中国企業による対アジア直接投資の目的をみると，1）国内市場飽和の回避対策，2）海外市場の貿易障壁の回避，3）国内市場へのエネルギー・原材料の提供，という3点がトップ動機として挙げられている。これに次ぐ動機は，生産コスト低減のため，先進技術と管理経験の獲得も重要なものである。つまり，対アジア投資の目的は，多元的になっている。そして，現地経営方式は，企業代表機構の設置と生産工場の建設，販売センターの設置の3形式が中心的なものであり，現地を中心とする経営姿勢も鮮明である。そして，中国企業による東アジアへの直接投資の地域的特徴について先行研究は次のように指摘している。「ASEANの中でも，国によって中国企業の投資行動は異なる。投資が多いシンガポールではASEANの事業を統括するために企業を設立することが多い。インドネシア，ミャンマーへの投資は資源開発が多い。タイでは現地の市場を狙う投資が多い。一方，ベトナムとカンボジアに対する投資は生産工場を設立することが多い。実際，ベトナムでの投資は人件費の優位性は中国に比べて顕著ではなく，素材，部品の調達もコストが高いが，そのメリットは欧米諸国への輸出であり，原産地の変更によって貿易摩擦を避けることが最大の狙いである。韓国，日本への投資は技術を獲得するための企業買収がメインである。対韓国では自動車と液晶などの大型買収があったため，2007年までの投資額は

約12.1億ドルになる。一方，日本への投資は，買収案件が比較的小規模であり，販売拠点や現地連絡事務所としての会社設立が多いため，投資額は5.6億ドルに止まっている」[10]。

最後に，オセアニアへの直接投資をみると，1）投資金額が小さい，2）地理的に集中度が高い（豪州へ集中），3）投資業種が狭い（採掘業中心），4）投資の動機が鮮明（資源獲得），5）資源関係投資プロジェクトのため，現地生産の性格が強い，など鮮明な特徴が挙げられる。

4-4　今後の対外直接投資の意向

中国国際貿易促進委員会の『中国企業の対外投資の現状および意向に関する調査報告』は中国企業の対外直接投資の意向についても貴重な調査結果を得た。本節ではその要点をまとめる。まず，〔図表1-17〕が示したのは「今後2～5年間の対外直接投資の意向」である。これによると，調査対象企業のう

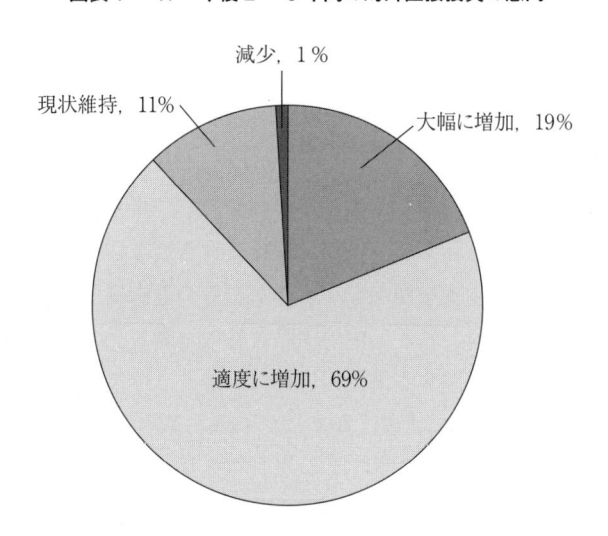

図表1-17　今後2～5年間の対外直接投資の意向

- 減少，1％
- 現状維持，11％
- 大幅に増加，19％
- 適度に増加，69％

出所：中国国際貿易促進委員会［2011］『中国企業の対外投資の現状および意向に関する調査報告』（2008～2010年）。

ち,「大幅に増加する」意向を表明した割合は19%である。これに「適度に増加する」と答えた割合 (69%) を加えると,今後,対外直接投資を積極的に継続する割合は88%になる。11%の企業は「現状維持」と回答した。「減少していく」と答えた割合は,わずか1%しかない。つまり,現在の中国企業10社のうち,9社は対外直接投資を積極的に推進する意向であり,きわめて強いグローバル意欲を持っている。この結果をもたらした理由として,1) 中国市場での激しい競争の存在,2) 企業の過剰生産能力の存在,3) 企業グローバル化レベルの低さ,などの点が挙げられる。中国市場は,すでに商品供給不足の時代と決別して供給超過の時代に突入してしまった。このため,国内商品市場における競争は熾烈になりつつある。したがって,値引き合戦を象徴とする過当競争もしばしば家電などの電器商品市場でみられる。対外直接投資は同業他社との競争優位を確保することができるだけでなく,過剰生産能力の解消にも役に立つと考えられるため,中国企業は今後,対外直接投資という選択に踏み切る企業が急速に増えると推測される。

　しかし,といっても今後の対外直接投資規模は依然として小規模で展開されていく可能性が高い。[図表1－18] が示すように,投資意欲を持つ企業にアンケートした結果によると,今後,対外直接投資を行う場合,企業の投資金額は100万ドル以下の割合が43%という高い傾向を示している。したがって,投資規模500万ドル以下のシェア (27%) が加えられると,7割の中国企業が今後,小規模の投資を行おうとすることがわかる。つまり,中国企業は海外進出にきわめて高い意欲を示すが,実際に投資を行うときに,小規模の投資しか行わない。なぜ,このような傾向を示すのか。その理由は,中国企業の資金調達ルートに由来すると思われる。中国国際貿易促進委員会の『中国企業の対外投資の現状および意向に関する調査報告』によると,今後,対外直接投資を行う企業の投資資金ルートは,「自己資金」が44%,銀行融資が27%となっており,両者を合わせると,7割以上になる[11]。つまり,中国企業の資金調達の選択肢は単一である。本来,先進国企業であれば,自己資本でも対外投資をカバーすることが可能であるが,途上国の中国企業の資金力を考えると,大規模な対外投資資金を自社内で確保することは容易ではない。また,銀行融資の選

第 1 章　中国の対外直接投資の現状と特徴　45

図表 1 － 18　今後の対外直接投資規模

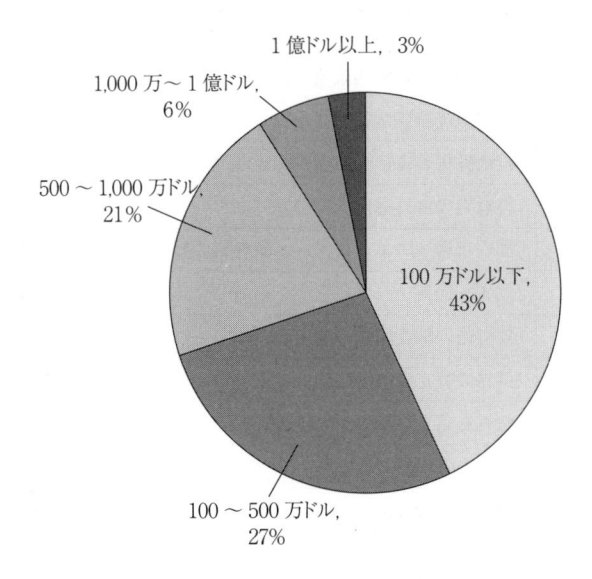

- 1 億ドル以上, 3%
- 1,000 万～1 億ドル, 6%
- 500 ～ 1,000 万ドル, 21%
- 100 万ドル以下, 43%
- 100 ～ 500 万ドル, 27%

出所：中国国際貿易促進委員会［2011］『中国企業の対外投資の現状および意向に関する調査報告』（2008 ～ 2010 年）。

択肢を考えると，国有大企業を最優先にして融資する中国の官製金融機関は，民間企業にリスクの高い対外直接投資資金を簡単に融資しないであろう。したがって，社債など起債方法は国内資本市場における厳しい規制の壁にぶつかるため，融資ルートとしては考えにくい。要するに，今後の中国企業の海外進出を阻害する最大の要因の1つは企業の融資チャネルである。

　そして，今後の対外直接投資の目的（〔図表 1 － 19〕）をみると，1)「投資先の外資優遇政策の活用」，2)「国内市場需要飽和の回避」，3)「技術獲得および経験獲得」，がトップ3項目である。とりわけ，トップの目的は，ユニークなものである。広く知られているように，改革開放期以降，外資企業の対中国進出が中国政府によって誘致されていた。そのため，財政上の優遇（法人税の免除や減免など）と行政上の配慮があった一方，中国の地元企業はその優遇措置から逆差別されていた。企業のグローバル化時代に入ると，中国企業は海外諸国政

図表1－19　今後の対外直接投資の目的

順　位	目的内容
第 1 位	投資先の外資優遇政策の活用
第 2 位	国内市場需要飽和の回避
第 3 位	技術獲得および経験獲得
第 4 位	得意先の海外進出への追随
第 5 位	国内市場へのエネルギー・原材料の提供
第 6 位	コスト低減
第 7 位	投資先の制度環境の利用
第 8 位	世界の特定資源価格のコントロール
第 9 位	海外有名なブランドの獲得
第10 位	走出去の優遇対策の利用

出所：中国国際貿易促進委員会［2011］『中国企業の対外投資の現状および意向に関する調査報告』（2008 ～ 2010 年）。

府によって提供される優遇政策を享受して，国内の逆差別から脱出するという皮肉な面がみられている。そして，第10位の海外進出動機は，「走出去の優遇対策の利用」であるが，明らかにこの目的の優先順位は低い。「走出去」を声高く提唱する政府側が今後，どのような具体策を採ることによって企業の対外直接投資を奨励するかが，1つの課題として残る。

4－5　日本への直接投資の可能性

　2010年，中国の対日直接投資金額（3.4億ドル）は日本の対中国直接投資（42.2億ドル）の約8％の規模である[12]。中国企業の対日進出規模は依然として小規模である。一方，2010年度の中国からの対日直接投資案件には，大型投資が含まれている。中国の民間アパレル企業の「山東如意科技」による「レナウン」の買収（2010年5月，買収金額40億円）と金融大手企業の中信集団による日本化学メーカー「東山フィルム」の買収（同年5月，買収金額13億円）などに示されたように，中国企業の対日進出は活発になってきた。

そこで，中国企業は今後，日本への進出にどのような意欲と戦略を示しているか。2009年に財団法人「自治体国際化協会」は，北京事務所を経由して中国企業に実態調査を実施した[13]。この調査によると，日本へ進出する可能性があると回答した企業は220社中12社であった。企業の所有形態をみると，12社のうち，民営企業が8社と国有企業4社を上回った。このことは，中国国内における民営企業の成長と投資意欲の高まりをあらわすものといえよう。また，業種別では，12社のうち商事・貿易業を行う企業が7社（化学と商事・貿易を業務とする会社を含む）と最も多かった。これは，調査対象企業を選出するにあたり，現在の日中経済情勢から投資可能性が高い業種は商事・貿易業との判断を反映している。ただし，通信業は調査対象企業10社から2社を，飲食業にいたっては5社から2社を見つけて出していることから，業種によっては絞込みにより高い確率で見つけられる可能性があるといえる。

したがって，日本へ進出する可能性のある12社のうち10社はすでに対日ビジネスを実施している。このことから，進出する可能性のある企業を見つけ出すポイントは，対日ビジネスをすでに実施している企業といえ，対日ビジネスを始めていない企業よりも進出可能性が高いといえる。また，12社のうち3社はすでに日本へ進出しており，これら3社はさらに進出地点を増やす可能性があると答えている。このようにすでに日本に進出している企業でも，さらに拠点を増やそうとしていることは，注目すべき点である。進出形態としては，駐在員事務所の設置だけでなく，日本企業との合弁による現地法人も視野に入れられていることがわかった。そして，日本への進出については，「具体的進出計画がある」または「日本側の資金援助，手続き・情報支援など，支援条件があえば進出を希望している」とする企業が多かったが，進出時期については「未定」と回答する企業が大多数を占め，この辺りが企業誘致の難しさといえる。日本への進出にあたっての優先条件など日本への進出にあたって，最も優先する立地条件は，「提携企業との地理的近接性」であった。つまり，進出先にビジネス相手が存在していることであり，地方自治体が企業誘致を進めるための重要なポイントといえる。また，「中国との空路・航路の有無」や「都市の規模」，「地方自治体の誘致活動」も進出先を選定する上での優先条件とされ

ている。

5　まとめ

　これまで本章は中国の対外直接投資について関係資料に基づいて分析した。最後にはこれまでの分析を通じて明らかになった要点をまとめる。

　第1に，対外直接投資のフロー金額からみると，中国は，すでに世界有数の資本輸出国になっている。この点は，これまでの世界対外直接投資史における大きな変化である。そして，中国の対外直接投資フロー額は，一時的に伝統的な投資大国の日本，イギリスを超えている。また，2002～10年の間に中国の対外直接投資は49.9％という驚異な増加率で伸びてきた。一方，ストック金額からみた中国は，対外直接投資小国の姿を示している。2010年末現在，中国の対外直接投資のストックは，アメリカ，イギリス，フランス，ドイツ，日本，ロシア，スウェーデンに次ぐ世界第8位にとどまっている。同時点における世界の対外直接投資全体に占める中国の割合は，わずかしかない，という点が現状である。

　第2に，中国の対外直接投資の最大の投資地域はアジアである。これに次ぐ投資地域は，ラテンアメリカである。中国の対外直接投資は，「近隣選好」（アジア向け）と「途上国選好」（ラテンアメリカ向け）の傾向を持っている。中国にとって東アジアは地理的に近く，経済的相互依存も深いため，この地域は，中国の対外投資の最重要地域になっている。また，対アジア投資の産業別特徴は，製造業を中心とするモノづくりの分野が多いという点である。そして，対アジア投資の目的は，多元的なものであり，市場獲得のほかに生産コスト節約など効率追求型の傾向を示している。

　第3に，2010年末現在の中国の対外直接投資ストックに占める国有企業のシェアは高い。これに対して民間所有企業のシェアは少しずつ増えているが，そのシェアはわずかしかなく，今後，その動きが注目される。

　第4に，中国政府系機関が実施した企業調査の結果によると，中国企業の対外直接投資は，初期的でかつ小規模という特徴を持っている。そして，対外直

接投資の歴史は浅い。2000年以前に対外直接投資を行った割合は1割強であり，ほとんどの企業は2000年以降，対外投資を開始した。対外直接投資を行った中国企業の進出方式について，半分強の企業はグリーンフィールド方式を採用したのに対してM&Aのテイクオーバー方式によって対外進出を行った企業の割合は，わずか1割程度である。対外直接投資を行った中国企業の対外進出決定のトップ要因は，国家政策に関わるものであり，中国企業の対外直接投資の特殊な背景を示している。

第5に，中国企業の今後の投資動向については，対外直接投資を積極的に行う割合はきわめて高い。つまり，現段階の中国企業は対外直接投資を積極的に推進する意向であり，きわめて強いグローバル意識を持っている。これほど強い海外進出の意欲を持つ理由として，1) 中国市場での激しい競争の存在，2) 企業の過剰生産能力の存在，3) 企業グローバル化レベルの低さ，などの点が挙げられる。しかし，今後の対外直接投資規模は依然として小規模で展開されていく可能性が高い。その理由は，企業の融資チャネルである。

最後に，中国企業は，対日直接投資に高い関心を持っているが，現段階における対日進出規模は依然として小規模である。したがって，日本へ進出する可能性のある企業はすでに対日ビジネスを実施しているケースが多い。対日進出する可能性のある企業は，対日ビジネスをすでに実施している企業である。

【注】
1) 住友信託銀行［2010］「中国の対外直接投資の現状と方向性」住友信託銀行 調査月報 2010年12月号による。
2) UNCTAD, World Investment Report 2011,
(http://www.unctad.org/Templates/Page.asp?intItemID=1465), p.2を引用。
3) 中国商務部『2010年中国対外直接投資統計公報』，2頁の説明による。
4) これについて，先行研究のなかでは，丸川・中川他［2008］を参照されたい。
5) 中国が「走出去」戦略を行う主因は以下の3つである。つまり，1) 中国の巨額の外貨準備高。これにより，人民元は切り上げ圧力にさらされており，国際世論は変動相場制の採用を要求している。巨額の外貨準備を有効に活用するために，中国は海外の

優良資産を購入している。2）中国が改革開放を実施，2001年には世界貿易機関に加入したことにより，市場開放が進んだ。その結果，世界の優良企業が中国市場に参入すると中国政府は予想した。そこで，中国企業が海外から先進的な技術や経営ノウハウを学ぶことで，競争に生き残れるようにするため。3）中国は世界トップクラスの企業を持つべきだという，国家の威信に関連するといわれる。

6） 中国国際貿易促進委員会［2011］『中国企業の対外投資の現状および意向に関する調査報告』，16～17頁の記述を参照した。

7） 欧州への中国企業の直接投資に関する実証分析には，姜紅祥［2001］「中国の「走出去」政策と中国企業の対外直接投資——技術獲得の視点から」（中国経営管理学会2011年秋季研究大会論文集）が詳しい。

8） ボルボが吉利汽車によって買収された時点では，その所有権はアメリカ自動車企業フォードが持っていた。

9） 中国企業の対東アジアへの直接投資に関する先行研究には，朱炎［2009］「中国の東アジア投資戦略」『日本貿易会月報』（日本貿易会）があり，また，中国企業の対ASEANへの直接投資に関する先行研究は，拙稿［2010］，［2011］があるので，参照されたい。

10） 前掲，朱［2009］による。

11） 中国国際貿易促進委員会［2011］『中国企業の対外投資現状および意向調査報告』，12～13頁のデータおよび記述を参照した。

12） ここのデータは，商務部『2010年中国対外直接投資公報』と外務省のホームページ（http://www.mofa.go.jp）に公表された情報による。

13） （財）自治体国際化協会［2010］『中国企業誘致の課題と可能性』（報告書）を参照した。

主要参考文献

1．苑 志佳［2010］「東南アジア市場における中国企業と先進国企業との間の「非同質性競争」」立正大学『経済学季報』第59巻4号。

2．苑 志佳［2010］「東南アジアに進出する中国企業の進出動機・競争優位・競争劣位——タイとベトナム現地調査結果による検証——」愛知大学ICCS国際中国学研究センター『ICCS現代中国学ジャーナル』第2巻，第1号（http://iccs.aichi-u.ac.jp/archives/001/201004/4bb3f558afa5d.pdf）（ISSN:1882-6571）。

3．苑 志佳［2010］「ASEAN: 中国現地企業の市場競争パターンの現状と行方」『日中経協ジャーナル』日中経済協会，2010年4月号（No.195）。

4．苑 志佳［2011］「海外市場に進出した中国系多国籍企業の競争力構築について——東南アジアの事例を中心に——」立正大学『経済学季報』第60巻2号。

5．苑　志佳［2011］「ASEAN に進出した中国系多国籍企業からみた競争力の構築について――イレギュラー競争優位からレギュラー競争優位への転換は可能か」地域研究コンソーシアム・京都大学地域研究統合情報センター・愛知大学国際中国学研究センター『ASEAN・中国―19 億人市場の誕生とその衝撃』JCAS Collaboration Series No.1（田中英式・宮原　曉・山本博之編）。
6．苑　志佳［2011］「海外市場における中国の産業競争力の明暗――ASEAN に進出した中国多国籍企業への現地調査を中心に――」立正大学『経済学季報』第 61 巻 1 号。
7．UNCTAD, World Investment Report 2011.
8．（財）自治体国際化協会［2010］『中国企業誘致の課題と可能性』（報告書）。
9．姜　紅祥［2001］「中国の「走出去」政策と中国企業の対外直接投資――技術獲得の視点から」（中国経営管理学会 2011 年秋季研究大会論文集）。
10．朱　炎［2009］「中国の東アジア投資戦略」『日本貿易会月報』（日本貿易会）。
11．住友信託銀行［2010］「中国の対外直接投資の現状と方向性」住友信託銀行　調査月報 2010 年 12 月号。
12．中国国際貿易促進委員会［2011］『中国企業の対外投資現状および意向調査報告』。
13．中国商務部［2011］『2010 年中国対外直接投資統計公報』（中国語）。
14．丸川知雄・中川涼司編著［2008］『中国発・多国籍企業』同友館。

第2章

中国の対外直接投資に関する理論的考察
――「後発国型多国籍企業」の仮説

1 はじめに

　本章は，中国企業の対外直接投資と多国籍化を念頭に「後発国の多国籍企業を主流派伝統理論は説明できるか，後発国多国籍企業の競争優位はどのようなものであるか」という理論問題を提起し，後発国の多国籍企業理論を構築する試みである。本章が提起する新しいコンセプトは「後発国型多国籍企業」である。「後発国型多国籍企業」仮説は，中国多国籍企業を理論的に説明する枠組みとして有効なものだと本書が提案する。

　21世紀以来，新興国は対外直接投資を急速に増やし，世界から注目を集めている。とりわけ，中国の対外直接投資は新興国のそれをリードする存在である。しかし，成熟した工業先進国に比べて中国の対外直接投資は，依然として不明な点が多い。とりわけ，中国企業の対外直接投資という現象を理論的にどのように説明するかは，必ずしも明らかにされていない。したがって，多国籍企業理論の主流派学者たちが最も重視する，企業の海外進出に不可欠である「競争優位」(competitive advantage) という点は，中国多国籍企業が持つ最大の不明点であろう（Hymer [1976], Dunning [1981] などを参照）。いいかえれば，海外進出にふさわしい競争優位を持たないとされる中国企業は海外市場において，先発の先進国多国籍企業や現地企業と，どのように競争することによって勝ち抜けるか。

　これまでの多国籍企業の理論研究においては，「なぜ，企業は海外進出するのか」という多国籍企業の海外展開理由が主に研究され，さまざまな研究成果

が積み重ねられてきた。したがって，その主要な研究成果のなかには，なぜ企業は海外進出するのかという設問に答えるだけでなく，なぜ海外進出のあと，その海外子会社は存続し，成長可能なのかという設問に答える研究も多い。これらの研究には，やはり海外進出した企業が何らかの「競争優位」を持つことこそが，海外事業の成長を可能にさせた要因であるという共通認識がある。この「競争優位」については，有名な「ハイマー命題」がある[1]。多国籍企業理論分野における有名な内部化理論の研究者であるバックレー (Buckley, P. J.) は，ハイマーの競争優位について，下記のようにまとめている。「外国進出企業は，進出先の現地企業と競争しうるためには，その不利を補うためになにがしかの優位性 (advantage) を持っていなければならない。というのも，現地企業が，固有の強み，例えば，現地の環境，市場，事業の諸条件に関する知識を持っているからである。この命題は，対外直接投資の問題を資本移動論から奪い去り，産業組織論の中に引き入れることとなった。何故なら，完全市場においては現地企業がつねに外国企業を打ち負かすことができるだろうから，対外直接投資は存在しようがないのである」[2]。

　ハイマー以来の直接投資理論および多国籍企業理論分野において，「競争優位論」は支配的なコンセプトとなり，いまでもその理論的地位は不動である。しかし，同時に，ハイマーの目には，アメリカなど先進国の多国籍企業しかない，という点も疑いの余地がない。要するに，1960年代までの先進国多国籍企業の海外事業活動は，ハイマー流の競争優位論をバックアップする実証的な根拠である。だが，1990年代以降，急速に増えた後発国の多国籍企業についても，主流派伝統理論は説明できるか。また，競争優位論は不動であっても，後発国多国籍企業の競争優位は，どのようなものであるか。

　本章は，上記の問題を理論的に解明するうえで，筆者が提唱する「後発国型多国籍企業」の仮説を立てたい。そのために本章は次の手順に沿って筆者の仮説を立てる。まず，これまでに存在していた多国籍企業の主流理論およびその流れに触れるうえで，主流理論の欠点を指摘する。次に，これまで積み上げられてきた，数少ない途上国多国籍企業に関する理論を取り上げる。第3に，中国の対外直接投資と多国籍企業に関する研究の流れおよびその主要なポイント

を検討する。第4に，筆者が提唱する「後発国型多国籍企業」仮説について説明する。最後は本章のポイントをまとめる。

2 多国籍企業に関する理論研究の系譜

2-1 主流派伝統理論研究の流れとその問題点
1．1960年代
　第2次世界大戦後の対外直接投資と多国籍企業理論研究の流れは次のようなものである[3]。まず，1960年代において，多国籍企業活動のヘゲモニーは，アメリカの多国籍企業によって保持されており，その研究を先導したのもまた欧米の学者であった。これより先は，1960年代の代表的な理論を2つ取り上げて説明する。

（1）カリスマ的学者ハイマーの「競争優位」理論
　ハイマー（Hymer, S.）は，多国籍企業による直接投資行動を，独占資本的競争の結果であると説明していた。1960年代まで，主流の経済理論の研究者は，多国籍企業を単に利子率の低い国から高い国に資本を移動させる裁定取引者とみていた。ハイマーは，このような発想に異を唱え，企業の国際事業活動に関する理論を展開した。ハイマーが提示した理論が，その後，多国籍企業の理論研究の基礎となった。まず，ハイマーは，国際的な資本移動をポートフォリオ投資（証券投資もしくは間接投資）と直接投資に分類した。ハイマーは，証券投資の理論によっては直接投資に関わる諸現象が説明不可能であることを主張し，これを裏づけるべく5つの統計的事実を取り上げた。それは，第1に，アメリカ企業の現地借り入れ，第2に，一方でアメリカへの証券投資が流入し，他方でアメリカから直接投資が流出すること，第3に，非金融会社による直接投資，第4に，特定産業と結びつけた直接投資の分布，第5に，同一産業内部での直接投資の相互交流，である。ここからハイマーは，利子取得をめざす証券投資とは異なった，外国企業の支配をめざす直接投資を改めて対外事業活動（International operations）と規定し，このための必要条件に関する画期的な「優

位性の命題」を引き出した[4]。競争優位について，ハイマーは，多国籍企業は技術（製造技術，製品開発力，経営管理など）や人材育成や流通に関する知識，製品差別化能力において優位性を持つことで，同一の事業を手がけても，現地企業以上の利潤が見込めることから，直接投資によって事業の国際展開を図る，と説明している。もっともハイマーはこの点に関してベイン（Bain, J. S）の市場参入条件に関する先行研究からヒントを得ている[5]。ハイマーは，「ベインが，既存企業の新規参入企業に対して保持する優位性に興味を示すのは，それらが利潤の決定要因となるからだ」といっている[6]。そして，ベインの既存企業の新規産業に対する優位性は，ハイマーにあっては一国の企業の他国企業に対する優位性となって現れ，対外事業活動の決定要因を説明する理論の最も重要な概念となる。ハイマーは，多国籍企業を非金融的かつ所有特殊的無形資産（non-financial and ownership-specific, intangible assets）を支配する様式であると特徴付け，国際生産の制度とみなした。したがって，直接投資は技術，経営，およびマーケティングの移転のための様式，すなわち中間財移転のための様式とみなされており，そして企業の国際活動は企業が異なる諸能力を持つことによるこの所有優位の独占的所有から生まれ，したがって異なる国籍の企業に対して参入障壁を形成することができる優位性に基づくものであるとしている[7]。

（2）バーノンのプロダクト・ライフ・サイクル理論

そして，1960年代におけるもう1つの重要な理論仮説は，アメリカのハーバード大学教授バーノン（Vernon, R.）のプロダクト・ライフ・サイクル（Product Life Cycle――PLCと略称）理論である[8]。バーノンは，当時資本や技術そして経営管理技術の保有において，絶対的な優位性を持っていた，米国ベースの多国籍企業の行動原理を，プロダクト・ライフ・サイクル理論をもって解明しようと努力した。バーノンによると，新製品は〔導入期→成長期→成熟期→衰退期〕というライフサイクルをたどると考えられる。このようなサイクルを，プロダクト・サイクルまたはプロダクト・ライフ・サイクルという。バーノンは，プロダクト・ライフ・サイクルを3段階に分類し，製品が成熟期に達すると，価格をめぐる競争が激化するため，企業にとっては海外における

低コスト労働力の利用が魅力的になる．しかしながら，企業にとって海外生産は国内生産とは異なるリスクを負担することになるため，労働コストの低さだけでは直接投資による海外生産の決め手にはならない．さらに製品が標準化される段階に達すると，生産技術は陳腐化し，海外においても模倣品や類似品の生産が行われ，革新企業としての地位が脅威にさらされることが直接投資の引き金になる，とバーノンは主張する．その結果として，海外での生産が開始されると，やがて海外生産が本国での生産を上回るようになり，製品は本国へ逆輸出されるようになる．

このように，バーノンは1960年代までのアメリカ企業の多国籍的展開の原因を説明したが，1960年代以降の企業の多国籍化に対する説明力がたびたび疑問視された．要するに，プロダクト・ライフ・サイクル理論は，製品のライフサイクルの変化とともに，生産拠点が先進国から途上国へとシフトするパターンを明らかにする．この理論は，少なくとも1960年代までのアメリカ製造業の多国籍化のダイナミズムを的確に説明している．企業が保有する「優位性」が，なぜ直接投資による海外進出の契機になるのかという問いに対して，バーノンは，「優位性に対する脅威」という解答を与える．しかしながら今日，プロダクト・ライフ・サイクル理論に対しては，多くの疑問や反論が提起されている．

第1に，プロダクト・ライフ・サイクル理論では，流通，金融，通信，外食など，非製造業企業が事業の国際展開を図る理由を説明することができない．

第2に，プロダクト・ライフ・サイクル理論によれば，企業の事業展開は，国内生産・国内販売，輸出，海外生産という段階をたどることになるが，現実の企業の事業展開は国内生産・販売と同時に海外生産・販売が開始されることが少なくない．

第3に，プロダクト・ライフ・サイクル理論では，今日の企業による事業の国際展開の有力な方法である現地企業や第三国企業との戦略的提携（Strategic alliance）やライセンシングというアプローチが考慮されていない．

以上のように，1960年代における主流派理論研究のポイントとして，1）多国籍企業に対する従来の誤った認識の是正，2）「競争優位」論の確立，3）対

外直接投資を資本移動論という単線的な認識から産業組織論など多様な視点から捉えるようになった,などの点が挙げられる。しかし,1960年代における対外直接投資および多国籍企業研究の主流は,直接投資自体の事実調査・確認や,それが投資国の国際収支に及ぼす研究に止まっているものが多かった。そして,多国籍企業の経営自体の問題解明に踏み込んだ研究の展開は,次の年代を待たなければならなかった。

2. 1970～80年代
(1) リーディング学派の「内部化理論」

「1970年代そして80年代は,多国籍企業経営自体の研究が,大きく花咲いた時代であった」[9]。この時代における多国籍企業理論の中心となったのは「内部化」(Internalization) 理論の検討であった。なぜ多国籍企業は,国境を越えた海外で,生産を中心とした内部化を進めるのか。そこにはどんな優位性が生まれるのか。内部化理論を提唱する,イギリスのリーディング大学の学者グループは,次のように主張した。すなわち,彼らは市場に不完全性が存在している場合には,多国籍企業は国境を越えた海外での活動を市場のプロセスに任せておくよりも,企業内部に吸収し直接コントロールする方が有利である,ということを主張している。内部化理論は,企業が製品開発・生産・販売に関して持つ情報やノウハウを他企業と共有することを避け,独占的に利用するために,企業は直接投資によって自ら生産や販売に乗り出す,と主張する理論である。

内部化理論の開拓者バックレー＝カッソン (Buckley, P. J., Casson, M. C.) をはじめ多くの多国籍企業論者たちが企業理論を新たに展開するにあたって依拠したものは,コース (Coase. R) の「取引費用 (transaction cost) と「内部化」(internalization) の概念であった。板木 [1985] は,「内部化」問題を次のようにまとめている。

「市場に媒介される交換経済の中に何故,この市場の価格メカニズムを排除する「企業」が出現するのか,そして,この企業の均衡規模は何によって決定されるのか——これがコースの提起した問題であった。自らこの問いに答えて彼は,生産の「組織」にあたって価格メカニズムを利用するには取引費用

(transaction costs) がかかると主張し，これを4つに分類している。第1に，妥当な価格を発見するための費用と，個々の取引契約の交渉と締結のための費用。第2に，短期契約では両当事者のはたすべき義務の内容が明瞭に特定できないことからくる費用（したがって，ある種の財やサービスの場合には長期契約が好まれる）。第3に，市場を利用することからくる不確実性。第4に，市場取引に対する課税，割当，価格統制。価格メカニズムに基づく市場取引を排除して企業組織に内部化 (internalize) することによって，企業は取引費用を免れて利益を得ることになるが，他方，この内部化も，企業規模の拡大に伴って種々の費用を発生させる。コースは，この費用を主に企業家の経営能力の収益逓減に帰している。結局，企業の均衡規模は，追加的な取引を企業に内部化する費用が同じ取引を市場で行った場合の費用に一致するか，あるいは他の企業に内部化される場合の費用に一致する点に決まる。内部化費用が前者を越えれば市場取引に再び置き換えられ，後者を越えれば他企業に吸収合併される。コースの命題は，もともと一国規模の多工場企業と多商品企業の生産活動を念頭においたものであったが，バックレー＝カッソンは，多国籍企業を多工場企業の一形態とおさえた上で，取引費用の考え方を生産活動以外のR&D，マーケティング活動にまで押し拡げることによって，コース命題の展開を図った」[10]。

小林 [2002] では，内部化理論の主な反論には，つぎのようなものが含まれていた，と指摘している。

① 独占資本の支配に反対するマルクス経済学者たちが反対したことはいうまでもない。

② リソース・ベースの理論や「場所的優位性」を重視する人々の間からも，そうした視点を軽視するとして，内部化理論に対する批判の声が挙がった。

③ 日本人学者の一部は，直接投資を企業活動というよりも，伝統的な貿易論の枠内で説明しようと努力し，内部化理論の妥当性に批判の目を向けた。要するに，日本の直接投資は，欧米のそれとは異なり，「順貿易型直接投資」（これが，欧米の場合には，逆貿易型となる）という特殊性を持っていると，強調している。

④　この他，経営プロセス革新を提唱する学者は，内部化自体よりも，革新を目標とする学習の集積の方が重要であると主張している。

（2）ダニングの「折衷理論」

1980年代の後半に，こうした議論をとりまとめ，多国籍企業の行動原理を，より包括的，より総合的に理解しようとしたのが，ジョン・ダニング（Dunning, J. H.）の「折衷理論」のパラダイム（Eclectic theory paradigm）であった。この理論は主に下記の内容を主張している。

国際経営を志向する企業にとっては，輸出，技術供与，提携，直接投資などのいくつかの選択肢があることになる。自社の戦略としてどのように判断するべきかについて，ダニングは，1970年代に「折衷」というコンセプトを提示した。何が折衷なのかというと，企業の意思決定に際しては，所有（ownership），立地（location），内部化（internalization）の優位性の源泉となる3つの要素の所在を確認することで，判断するという考え方である。

第1に，所有特殊的優位（Ownership-specific advantage）と呼ばれるものは，ある企業に固有の技術やマネジメントに関する能力やブランド，あるいはさまざまな経営資源へのアクセスといった能力を持つことである。そもそも他社よりも優れた能力を持たないことには，どのような形でも海外市場への進出は困難である。

第2に，立地特殊的優位（Location-specific advantage）とは，企業の立地に関わる利点である。たとえば，本国からの輸出よりも現地で生産することで，さまざまなコストやリスクを低減できることや，相手国に立地することで原材料などの資源へのアクセスや流通チャネルが手に入りやすいなどの利点がどのような意味を持つかということになる。

第3に，内部化優位（Internalization advantage）は，直接投資で子会社を設立することと現地の企業との契約とを比較した場合に，コストやリスクを検討した結果，子会社を持つことの利点になる。たとえば，適切なパートナーが現地に見つからなかったり，自社のブランド・イメージや戦略に十分な配慮がされなかったり，自社製品に関わる情報が漏れたり，またこのような提携関係を締

結し維持するコストを考えるとき，外部の企業をパートナーとするよりは，子会社の設立が適切と判断されることになる。

ダニングは，このように所有特殊的優位，立地特殊的優位，内部化優位の3つの要素をもって検討した時に，それらの3つがすべて企業に備わっている場合には，直接投資をする，現地に子会社を作って，そこで生産販売するという判断がなされるとしている。もし，あえて現地で生産をする利点がない，つまり立地特殊的優位性がなければ，自国からの製品の輸出が最適な形態といえる。

最後に，あえて自社の子会社を現地に設立して事業を展開する内部化優位が認められなければ，現地の企業に技術を供与することで，ロイヤリティを受ける選択が考えられる。たとえば，市場に成長性があまりない場合や自社に直接的に進出するだけの能力がない場合や直接投資のリスクが高いと判断される場合は，自社で乗り出すよりは，技術を供与して安定的な収入を得るということが考えられる。このように，3つの折衷案が，自社の戦略を選択する際の1つの目安になるのである。

このように折衷理論においては，基本的に優れた経営資源を保有する企業が，海外直接投資，輸出，ライセンス供与の各々に必要となるコストを比較することにより，最も安価な手段が選択されると結論付けられることとなる。

3．1990年代以降

1990年代以降，多国籍企業が活動する世界市場は，さまざまな大変動を体験した。これらの変動は，多国籍企業の理論研究にも新たなテーマを与えた。さらに，1990年代以降，急増している途上国多国籍企業の対外直接投資について，伝統理論は説明しきれない事態になっている。たとえば，先進国の多国籍企業が，「資産利用型」(Asset-exploiting) の直接投資戦略をとるのに対し，発展途上国の多国籍企業は，「資産利用型」に加えて，「資産増大型」(Asset-augmenting) の直接投資戦略も併用するとする。発展途上国の多国籍企業が，十分な経営資源を持たない場合には，不足している経営資源を補うために，外国企業の技術，ブランド，流通網，研究開発能力，経営力の獲得を目指して

(Created-asset-seeking FDI)「資産増大型」の直接投資を行うと考える[11]。発展途上国企業は，さまざまな競争と協調の過程を通じて，自国に進出した先進国企業から，生産技術，研究開発能力，資金等を獲得することができ，これを自社の強みと結びつけることによって，国際競争力を強化できる。さらに，自ら先進国に進出し，そうした経営資源の一層の獲得が図られることもある。そうした企業発展は，当該国が保有している動態的な比較優位，あるいは，競争優位のレベルを超えて行われる。手島［2008］はこれを「動態的競争優位」と呼んでいる。

4．主流派理論研究の欠点

さて，これまで戦後から今日にかけて多国籍企業理論研究の流れについて主に先行研究の引用の形で説明したが，主流派伝統理論は下記の共通弱点を抱えることがわかるであろう。

まず，これまでの主流派理論は，先進国多国籍企業を前提にしてさまざまな仮説やパラダイムを構築してきた。いいかえれば，主流派理論は途上国企業の多国籍化を毛頭も考えようもしなかった。ハイマーにしてもバーノンにしても，彼らの理論は先進企業を観察したうえで，対外直接投資のパターンを規定していた。しかし，彼らの置かれた歴史段階では，その理論は一般性を持つが，歴史的条件が大きく変わった今日の多国籍企業の行動パターンを説明できるか否かというと，大きな疑問がある。

次に，ハイマー以来が伝統理論は，企業の独占的「競争優位」という点を重視し，それを企業が多国籍的に展開する最も重要な根拠として強調してきた。ところが，1990年代以降，途上国企業はいわゆる独占的競争優位はないものの海外直接投資活動を行っており，投資先も先進国と途上国へ同時に分散投資が行われている。この現象は伝統理論が説明しきれない。当然ながら，途上国企業の対外直接投資を説明するための新たな理論の登場が要請されている。

第3に，途上国企業による「資産増大型」の直接投資に示された新しい直接投資のパターンでは，従来の理論研究がうまく説明できない。とりわけ，1990年代以降になると，競争優位を持たないまま，対外直接投資を展開した途上国

企業の特異な行動パターンも，主流派伝統理論の想定をはるかに超えたものであり，新たな理論パラダイムの登場が要請されている。

第4に，1990年代以降の環境変化には，かつての多国籍企業が経験しなかった現象が現れた。そのなかでは，規制緩和や民営化が前進し，市場経済が復活してきた。グローバルな情報化の進展は，国境を越えた経営資源，中間財の移転や金融，サービスなどの活動を容易にした。このため，単なる場所の優位性に基づく競争理論は，再検討を迫られるに至ったのである。また，IT（情報技術）革命も，多国籍企業の経営に，重大な影響力を持った。これらの条件・環境変化は，多国籍企業の伝統理論の再考を要請している。

2-2 途上国の対外直接投資の歴史と理論研究
1．途上国の対外直接投資の流れ

発展途上国からの対外直接投資は，決して新しい現象ではない。この現象はアルゼンチンが発展途上国の最初の投資国として登場した19世紀後半まで遡るといわれている[12]。第2次世界大戦後の途上国多国籍企業の流れをみると，途上国企業の対外直接投資が3回の波に乗って行われてきたといわれている（Gammeltoft [2008]）。〔図表2-1〕はこれを示すものである。

1960～80年代における第1波の途上国企業の対外直接投資が主に効率追求と市場獲得の動機に駆使され，近隣の途上国に投下された。その代表的地域はラテンアメリカの途上国である。このころ，輸入代替型工業化政策を実施したラテンアメリカの国々が多かったためである。当時，輸入代替型工業化政策によって支えられた経済好況は，まずアルゼンチン，チリ，メキシコに，さらにブラジル，コロンビア，ベネズエラにまで波及した。これらの国は市場の類似性という共通点もあったため，先発したラテンアメリカの企業は，その海外投資を近隣途上国同士に向けたケースが多かった。

途上国の対外直接投資の第2波は，1980～90年代の間に現れた。対外直接投資がプルとプッシュ要因の双方に誘発され，戦略的な資産獲得を目的としたものが比較的に多かった。このため，対外直接投資先は，近隣地域だけでなく，遠方の途上国地域また一部の先進国も投資の射程に入った。この段階にお

図表2－1　途上国対外直接投資の3つの波

	第1波	第2波	第3波
期間	1960年代～1980年代半ば	1980年代半ば～1990年代	1990年代～
対外直接投資グループ	主にラテンアメリカ	主にアジア	地域的多様化の様相 ラテンアメリカの再登場 ロシアと南アフリカも現れる
国家・地域例	ブラジル，アルゼンチン，シンガポール，マレーシア，香港，韓国，コロンビア，メキシコ，インド，ベネズエラ	香港，中国，台湾，シンガポール，韓国，ブラジル，マレーシア	香港，台湾，シンガポール，ブラジル，南アフリカ，中国，韓国，マレーシア，アルゼンチン，ロシア，チリ，メキシコ
投資先	主に同じ地域にある途上国	主に途上国，遠方の先進国にも	よりグローバルに。地域内の知識集約的サービス業。さらに，先進国の成熟分野にも
対外投資のタイプ	主に第1次産業セクター中心。小規模の製造業も投資対象	第1次産業，取引困難なサービス分業（インフラ分野） 製造業分野は，成熟したコスト競争の激しい分野にシフト（自動車，電子など）。資産獲得型投資。	第2波と同様
分業タイプ	主に水平分業	水平・垂直分業	水平・垂直分業
投資側の所有者優位	投資国の国家優位 低コストで資源投入能力 製造技術力 ネットワークや関係 組織的構造 「適正技術」，ビジネス・モデルと管理	投資国の国家優位と企業優位 その他は第1波と同じ	投資国の国家優位と企業優位 規模の経済性 技術的，管理的および組織的な能力 要素市場と製品市場への垂直的コントロール能力
投資動機	資源・市場獲得 資産利用	資源・市場獲得（途上国向けの場合） 市場や資産獲得（先進国向けの場合） 資産利用 非重要資産獲得	第2波と類似，資産獲得へシフト 資産増大 市場能力増強（天然資源関係分野）
政策体制	輸入代替 外資規制	輸出指向 外資に協調・促進	技術革新型 外資促進

出所：Gammeltoft, P. [2008], "Emerging multinationals: outward FDI from the BRICS countries", Copenhagen Business School, *International Journal of Technology and Globalisation* 2008 - Vol.4, No.1, pp.5-22。

ける途上国の対外直接投資を主導したのは，アジア新興工業経済群（NIEs 韓国，台湾，シンガポール，香港）であったが，のちにマレーシア，中国，インドなどの企業も加えられた。対外直接投資が，主にこれらの国々・地域の輸出指向型工業化戦略によってバックアップされたため，コスト競争の激しい製造業が史上初めて投資分野の一部に加えられた。同時期におけるラテンアメリカの対外直接投資は低迷の状態であった。

1990年代に入ると，途上国の対外直接投資は第3波を迎えた。対外投資地域は，グローバルで多様化の様相を呈し，アジア地域の多国籍企業のほかに，ロシア，南アフリカ，さらに経済的に復調したラテンアメリカの企業も加えられた。この段階では，アジアNIEsの企業，とりわけ韓国，台湾の多国籍企業は，先進国の多国籍企業と互角に競争できる力を持つようになり，直接投資のネット金額はプラス状態になった[13]。

以上のように，途上国の対外直接投資は現象として1960年代以降，持続的に存在しているが，伝統理論は正面からこれを体系的に捉えようとしなかった。一番大きな理由は，世界の対外直接投資額に占める割合が低いためである。ところが，1980年代以降の途上国の対外直接投資の増加を背景に，その理論研究対象は広まり，したがって理論的修正と発展が見られるようになった。

2．ダニングの「投資発展経路モデル」

特に前述の折衷理論に続くジョン・ダニングの「投資発展経路モデル」（「Investment development path =IDPモデル」という）は，途上国の対外直接投資を考察する際の理論的根拠と有効な国際経験を提供した[14]。IDPモデルによれば，一国の対外直接投資は同国の経済発展経路と水準に大きく左右されるが，一般的に一国の1人当たりGDP水準と対外直接投資の発展経路は〔図表2－2〕に示すような関係を持つ。ダニングによれば，一国の投資発展経路は5段

図表2－2　ダニングのIDPモデル

発展段階	1人当たりGDP（ドル）	対内直接投資（IFDI）	対外直接投資（OFDI）	純投資額（OFDI-IFDI）
第1段階	400以下	わずかか無し	わずかか無し	ゼロかゼロに近い
第2段階	400～2,500	増加率＞GDP増加率	わずか	マイナス，絶対値増大
第3段階	2,500～4,750	減少	OFDI増加率＞IFDI増加率	マイナス，絶対値減少
第4段階	4,750以上	増加	急増	プラスに転じ，かつ拡大
第5段階	－	増加	増加	絶対値減少，ゼロへ

出所：Dunning [1998].

階に分けられる。第1段階では，海外からの対内直接投資は天然資源の開発に集中し，一方でその国からの対外直接投資はほとんどみられない。このため，その国の純海外投資はマイナスになる状態である。いうまでもなくこの段階にいる国は最貧国である。そして，第2段階になると，海外からの対内直接投資はさらに増加する。これは低賃金労働力などの輸出指向型の多国籍企業にとって好ましい受入国の経済環境により，直接投資の流入が増加するためである。ほかの多国籍企業は輸入代替的な産業において，本国からの輸出が高い関税により困難になったことが投資機会となる。第3段階では地場企業による対外直接投資が起こりネットの海外投資状況は好転する。1人当たりGDPの上昇と賃金の上昇により，労働集約的な産業は比較優位を失い，当該産業の多国籍企業と地場企業はより発展段階が低く，低賃金労働力が豊富な国々に生産設備を移す。しかし，対内直接投資は依然として対外直接投資を上回る。また，進んだ新型産業など特定の産業にとって良好なインフラやクラスターが多国籍企業による直接投資を促進させる。彼らの投資の目的は第2段階でみられた要素追求型ではなく効率追求型になる。第4段階では1人当たりGDPはさらに高くなり，ネットの投資はプラスになる。賃金高騰が地場企業の対外直接投資を促進する要因になる。地場企業のうち，直接投資を増やし，複数の子会社を持ち多国籍企業になるものも現れる。この段階に到達した国は先進国と呼ぶことができる。これらの国々の比較優位は資本集約的もしくは技術集約的な産業にシフトする。世界中に配置している子会社の数が増えるため，企業内貿易も増加する。投資段階の第5段階になると，ネットの海外投資は，プラス，マイナス，どちらへも振れる可能性がある。このような発展段階を登る早さはいくつかの影響要因を受ける。それらは，1）資源の構造，2）市場の大きさ，3）経済発展戦略，4）政府の役割，などである[15]。

　以上のダニングのIDPパラダイムは，途上国企業の対外直接投資を解釈する道具として広く使われているが，モデルそのものは，大雑把でミクロレベルでは説得力に欠けるという弱点の存在も否定できない。

3．ウェルズの「拡張プロダクト・ライフ・サイクル (PLC)」アプローチ

アメリカのハーバード大学教授ウェルズ (Wells, L.T.) は，前述のバーノンのプロダクト・ライフ・サイクル (PLC) のモデルをベースにして途上国多国籍企業理論に適用するようにそのモデルを拡張し，独自のアプローチを示している。

企業は，直接投資を行って外国市場で現地企業と競争しあうために，通常，なんらかの競争優位性を持たなければならない，という点を重視したウェルズは途上国多国籍企業の競争優位性を次のように分析している。つまり，途上国企業が先進国で広く普及した技術を輸入し，それを本国の経済的特殊条件に適応するよう改良し，その改良した技術を持ってより遅れた途上国へ投資する。具体的にいえば，発展途上国の多国籍企業は，

1）先進国と比較して労働集約的な小規模生産技術；
2）発展途上国現地で調達する原材料でも生産できるような生産技術；
3）顧客との信頼関係から生まれる市場へのアクセス能力，

など，によって競争優位性を創造できる，と指摘している（薛 [2001]，278頁）。ウェルズ [1983] によれば，途上国企業が持つ小規模生産技術は，先進国企業の技術に比べられないほど，低レベルで労働集約的な性格を持つが，これらの技術は小ロット生産に適正で，途上国に特有な小規模の分割市場に向いている，という。したがって，途上国企業による対外直接投資は通常，「輸出市場防衛」の動機を明確に持つ。つまり，海外の伝統輸出市場におけるシェアが奪われるような事態になると，途上国企業は，直接投資の戦略をとることによって海外市場を守ろうとする。いいかえれば，途上国企業の対外直接投資は，強い防衛的 (defensive FDI) 性格を持つ。

ウェルズの仮説は，途上国多国籍企業の理論研究における画期的なものだといわれているが，ウェルズ自身は，途上国の多国籍企業に対して悲観的な見方をも持っている。なぜなら，上記のように，途上国多国籍企業の技術能力は，いずれも投資先の現地企業（とりわけ地場企業）によって模倣されてしまい，やがて現地市場での事業を維持できなくなるからである。ウェルズのアプローチによって，近年の台湾や韓国などNIEsの多国籍企業がハイテク産業において

(たとえば，IT産業分野)，先進国の多国籍企業と競合している現象は説明できないと指摘されているが，中国など遅れたアジアの多国籍企業の対外直接投資を説明するアプローチとしては，依然として有効なものであると思われる。筆者の海外現地から得られた情報を一般化すると，ウェルズ流の競争優位性を作り出す条件として，

　4）途上国企業の進出現地（Host）企業との特殊的な同盟関係；
　5）途上国多国籍企業が持ち込んだ生産技術を現地に既存した資源に結合する能力，

が追加される。実際，この2点は，東南アジアに進出した中国企業の特殊的優位性である（苑［2011］）。

4．ラルの「技術変化の局地化」理論

　途上国の対外直接投資研究で有名なイギリス人学者ラル（Lall, S.）は，インド企業の対外直接投資における競争優位と投資動機を丹念に研究したうえで，有名な「技術の局地化」（Technological localization）概念を開発し，途上国の多国籍企業が持つ特殊な競争優位性を一般化した。

　ラル（Lall［1983］）によれば，「技術の局地化」とは，企業はすべての技術を熟知するのではなく，ある範囲の技術しか知らないということを指す。「ある企業がより高いレベルへ技術を変化させることは，その企業はもちろん，その企業と取引する下請企業までも，高い技術レベルにシフトし，その企業と下請企業はシフトした高いレベルの技術しか効率的に活用できなくなるということを意味する。すなわち，一旦より高い技術レベルに切り替えた企業は，再び旧技術を効率的に利用しようとして，旧技術を再現するには追加的コストは必要となるからである」（薛［2001］，279頁）。さらに，ラルは，この「技術変化の局地化」の概念を使い，次のように途上国多国籍企業の競争優位性を説明している。つまり，途上国の多国籍企業は，先進国で広く普及した技術にマイナーイノベーションを加えたり，小規模生産技術に関するイノベーションを行ったり，途上国の市場・環境に適するような製品を開発したりすることによって競争優位性を創造する。このような技術イノベーションや製品開発は先進国多国

籍企業もできるが，先進国企業がそのような技術イノベーションや製品開発を再生するためには時間およびコストがかかるので，結局，先進国企業は，このような行動を断念せざるをえず，その市場機会を途上国企業に譲るしかないケースが多い。そのため，すでにイノベーションや製品開発に成功した途上国多国籍企業は，その技術や製品の分野において先進国企業に対して競争優位を持つことになる。ラルの仮説には注意深い指摘がある。つまり，途上国多国籍企業による先進国からの技術導入と学習は，単に機械的に模倣したり複製したりすることではなく，導入された技術を吸収・消化することによってイノベーションを引き起こすということである。さらに，これらのイノベーションによって獲得した独自の特定優位性は，途上国企業の多国籍化をバックアップするコア競争力になる。「技術変化の局地化」アプローチは，PLCアプローチと違って，発展途上国多国籍企業が，イノベーションを重ねることによって労働集約的産業から技術集約的産業に進化できる（薛［2001］，279頁）。

　海外に進出した中国企業を研究調査した筆者は，ラルの理論を強く支持する。東南アジアで現地生産している中国のテレビメーカーは，かつて日本から導入したCRTテレビの量産技術を駆使し大量生産することによって日本や韓国企業から現地市場シェアを次々と奪っている。この現象を一般論にすれば，ラルの理論に次のポイントが加えられる。つまり，「改良された生産資源の集中投入による競争優位の獲得」という点であり，これが途上国多国籍企業の強みである。

　以上のように，1980年代以降，途上国企業の対外直接投資が増えるという現象を受けた欧米学者は，主流派伝統理論のヒントおよびコンセプトをベースに途上国多国籍企業論を開拓しようと試みた。しかし，これらの試みは，依然として下記の弱点を持つ。

　まず，上記に紹介した理論・アプローチは，あくまで周辺理論と位置付けられている。首尾一貫した途上国多国籍企業論は依然として，不完全のままの段階にある。

　次に，途上国の対外直接投資理論をバックアップする実証研究の蓄積も不足しているため，これを理論的体系的にまとめることは，時期尚早と考える学者

が多い。

3 中国多国籍企業に関する理論研究の現状

3−1 欧米地域における先行研究

　中国企業の対外直接投資を研究する学者は21世紀に入ってから世界各地に数多く現れている。とりわけ，欧米地域では，いち早く中国多国籍企業を捉えたうえで，理論的に解釈しようとする学者が多々いる。

　まず，チェンとマー（Cheng & Ma [2007]）は，中国企業の対外直接投資における地域の選好について，下記のように指摘している。つまり，対外進出地域における文化的接近性（Cultural proximity）は，中国企業のそれらの地域への進出を強く誘発する。そして，華人・華僑が多く居住する地域では，中国企業の進出環境・条件（言葉，人的ネットワーク，関係，コネ，現地の情報伝達など）が用意されているので，対外進出した中国企業は競争優位をより早く獲得することができる。2人の研究は，中国企業による対外直接投資の地域的選好について，文化論・社会論の視点から捉えていると考えられる。

　そして，ボナグリア（Bonaglia et al. [2007]）は，海外企業との間に築き上げた提携関係も中国企業の海外経営に一助する役割を果たす，と指摘している。つまり，対外進出した中国企業は，現地の提携パートナーから協力を得て比較的速く現地事業を立ち上げられる。これは「カエル跳び効果」（Frog-leap effect）と呼ばれる。ボナグリアの研究と結論は，既述したウェルズのアプローチにかなり類似する。

　バーナード（Bernard, Y. [2007]）は，中国企業の海外展開に関する動機に注目し，中国企業の対外進出動機は中国国内に存在している制度的要因にある，と指摘している。つまり，高すぎる貯蓄率は，長期的に貯蓄超過の結果をもたらしただけでなく，企業の海外進出を後押す制度的要因にもなっている。そして，中国企業のコーポレートガバナンスにおける制度的な未熟さおよび中国に特有な企業の問題点（たとえば，複雑な所有構造，国有企業による産業独占，など）を避けようとする企業行動として，海外進出が挙げられる。また，中国における

資本・金融市場の特異性（限定的市場，差別的上場政策，会計制度の信憑性など）も企業の多国籍化を促進する効果を持つとしている[16]。

リ（Li [2007]）は，ほとんどの中国多国籍企業が企業特殊的優位（firm-specific advantages）に欠けていると分析し，中国多国籍企業が「国家特殊的優位」（country-specific advantages）を活用することによってグローバル的展開するよりもむしろ，近隣国・地域に展開し，その優位性を獲得しようとする，と指摘している。リの研究は，多国籍企業の「立地論」の性格が強く，また，上記のCheng & Ma [2007] に共通の問題関心を持っていると考えられる。

以上のように，欧米地域における中国多国籍企業の理論研究は，まだ体系的な理論枠組みになっておらず，多岐の視点からの個別問題解決型の研究が多いのが現状である。

3-2 日本における先行研究

日本における先行理論研究のなかでは，早い段階から中国の対外直接投資に注目した大橋 [2003] が，中国の加工貿易促進，貯蓄超過と資本逃避の面で実証的に分析した[17]。とりわけ，大橋研究は，「資本逃避」の問題を取り上げて中国企業の対外直接投資の特殊的な側面を詳細に分析している。筆者が知る限りでは，日本における氏の研究は最も早い段階から行われたもので，開拓的な意味を持つ。

一方，苑 [2007] は，1）中国の企業が海外へ進出する動機と背景は何か，2）中国企業はどのような海外進出パターンを示すか，3）中国企業の国際競争優位および競争劣位は何か，の3つの問題関心を中心にして 2000 年以降の時期における中国企業の海外進出と国際経営パターンを明らかにした。この研究によって明らかにされた中国企業の対外直接投資パターンは，4つ——新鋭工場を建設する進出方式のグリーンフィールド型，海外現地の既存企業を買収することによって進出する方式のテークオーバー型，IT 産業分野に限られているR&D 型，家電・IT 分野によく見られた戦略提携型——に分けることができるとされた。基本的に上記の4類型は，現段階における中国の製造業企業の海外進出の特徴を示すものであるが，別の視点から見た製造業企業の海外展開は，

同様に面白い傾向を示している。つまり，製造業企業の対外投資は「先進国向けパターン」と「途上国向けパターン」にはっきり分かれている。先進国地域に進出した中国の製造業企業は，強い非生産指向——市場開拓，技術獲得，R&D 能力・ブランドの獲得など——を示している。先進国の企業を買収することによる国際市場で持たなかったブランド力および製造技術の獲得は，先進国進出の主要目的である。これに対して中国企業による対途上国地域の直接投資は，国内で急成長し一定の国際競争力を獲得した産業分野（電子・電機など）に限られている。つまり，中国企業の対途上国進出は多国籍企業論の伝統理論（競争優位論）の説明と一致している。苑の研究は比較的に早い段階から「類型論」の手法によって中国企業の対外直接投資を分類したものである。

丸川・中川他 [2008] は，ケーススタディーの手法で具体的な中国企業の多国籍化展開を丁寧に検証した研究である。とりわけ，彼らの研究は，中国企業の対外直接投資の「動機」を 5 タイプ——後進市場の開拓（ハイマー的競争優位型），戦略的資産を獲得するための直接投資，資金調達のための多国籍化（これまでの多国籍企業にはないタイプといわれる），効率向上を目指した直接投資（かつての日本型），国境を越えた上流部門の垂直統合——に分けてわかりやすく解明した。編者の 1 人の丸川の主張によると，中国で企業が自由に経営戦略を展開できるようになって 10 年ほど，海外直接投資の制限が緩和されて数年しかたっていない。まだ「中国型多国籍企業」を論じるのは，なお時期尚早だと主張している。とはいえ，「後進市場の開拓」，「戦略的資産の獲得」，「資金調達のための多国籍化」などに特に中国企業の特徴が現れている，と結論付けている。

一方，高橋 [2008] は，中国企業の多国籍化に本格的に取り組んだ力作の 1 つである。「中国経済の急速な成長は製造業の発展を基盤に流通，消費の各部門の成長をほぼ同時に実現し，1990 年代を迎え，そうして形成された巨額の資本蓄積を外部に向かって流し出す動きが必要になってきていたと同時に，資本蓄積の当の主人公であり，それまでの経済成長を支えてきた巨大企業が多国籍化して国際舞台に躍り出る動きを見せていた。このように海外に出て行く動きを称して中国語で「走出去」といっていたのである」（高橋 [2008]，「はじめに」による）。このように，後発型工業国の中国による海外直接投資はなぜ発生

したか。既存の多国籍企業論や直接投資理論はこれをどのように説明するか。さらに，海外に進出した中国の多国籍企業は現地生産・経営活動をどのように展開しているか。これら諸テーマに正面から取り組んで答案を与えようとするのが，この研究のタスクである。さまざまな最新発見がこの研究に収められている。これらの発見の一部は次の通りである。1) 初期段階の1990年代に比べて現在の中国対外直接投資は，さまざまな変化——個別的で小規模の投資から戦略的で大規模へ，一部の途上国偏重から地域の分散化へ，国有企業中心から投資主体の多元化へ，単純なサービス分野から多業種へ——が見られる。2) 対外直接投資には資本逃避が存在している。3) 中国の対外直接投資を支える過剰資本の形成背景・要因を資本循環の視点から徹底解明している。4) 現在の直接投資の方式はM&A（買収・合併）へ重心を移しているところである。もっともこの研究は，中国企業「走出去」（海外進出）の「生成と展開」を問題意識とし，「走出去」の分類，促進要因と制約要因を分析したうえで既存の多国籍企業理論（とりわけ，リーディング学派）の限界を指摘し，「走出去」分析に当たっての方法的課題を提起している。また，この研究では「走出去」の定義を「狭義的・広義的」にわかりやすく規定し，最後では「走出去」の捉え方について，「複合的・学際的研究方法の採用が必要である」とし，「経済学的現代中国学」の分析方法論を提唱している。

　姜［2010］は，中国企業の対外直接投資に対する理論的な検討を行い，理論モデルを構築する試みである。この研究の理論的検討部分にはダニングの折衷モデルを使い，中国の対外直接投資への適用性や問題点を検討している。姜は，中国企業の所有特殊的優位の不足，投資環境の変化，投資条件の変化など折衷モデルの問題点を指摘し，中国企業の対外直接投資行動をより説明できるためには，戦略的資産の要素を折衷モデルに導入する必要性があると指摘している。中国の対外直接投資において，戦略的資産の獲得という要因がいくつかの調査で裏付けられ，特に技術の獲得は投資の主な目的と確認されている。したがって，姜［2010］では，理論モデルに所有特殊的優位の度合いと戦略的資産の重要度を取り込んで，投資目的や投資方式，さらに立地特殊選択の決定要因を検証した。また，姜は中国企業の戦略的資産獲得型の対外直接投資を類型

化し，投資に影響する可能性のあるような要素をまとめた。中国政府の政策，関連産業の状況，企業の投資戦略，企業の諸能力，企業家精神は戦略的資産の獲得に影響する要素として取り上げられ，検証対象を提示した[18]。氏の博士論文としての実証研究的な価値がかなり高い。

そして，最近の研究として，川井［2011］が挙げられる。川井の研究では，海外に進出した中国製造業企業の「ビジネス形態」について，現地調査事例を踏まえて分析，類型化を試みている。中国企業のビジネス形態は4つの類型に分類できるが，そのなかで主要な類型は，小規模な CKD（Complete knock-down）生産，中国からの部品調達，現地販売という類型であり，まだ企業の国際進出プロセスの初期段階にあること，他方で現地量産，国際調達，国際販売，現地化など多国籍企業への歩みを本格的に進めている企業もまだ少数だが存在していること，そして親会社と進出先国の現地子会社とのあいだの関係は，個別垂直的で，戦略的な重要事項では親会社の集権的コントロールのもとにあるが，その他の事項では現地子会社の裁量権が大きいことをそれぞれ明らかにした。また多国籍企業の組織類型理論に関連して中国多国籍企業の位置づけを検討し，マルチナショナル企業の要素は希薄で，グローバル企業とインターナショナル企業の要素を合わせたような複合的な類型として把握できることを仮説的に示した[19]。

3-3　中国国内における理論研究

中国企業による急速な多国籍化という刺激を受けて中国国内でも中国の対外直接投資理論に関する研究は，さまざまな観点から積極的に行われている。中国における海外直接投資理論の研究者は，中国企業の対外直接投資について，1）段階論，2）比較優位論，3）実証データによる理論的模索などについて考察している[20]。

1．「対外直接投資の二段階」仮説

冼・楊［1998］，呉・黄［1997］，劉［2001］はこの類の研究を代表するものである。まず，冼・楊［1998］は発展途上国の対外直接投資を2つのタイプに分

類した。一方は発展途上国から先進国への投資（直接投資-I）であり，学習型直接投資とする。他方は，発展途上国から他の発展途上国への投資（直接投資-II）であり，競争戦略型直接投資と呼んだ。初期の学習型直接投資を通じて，発展途上国の企業は技術を積み重ねるスピードと効果を高め，所有特殊的優位を高めることができる。その後，競争戦略型直接投資を通して，市場シェアが固まる。両者とも，発展途上国が初期の学習型直接投資を通じて，手に入れた技術のほうが先進国の持っている技術より優れるようになれば，直接投資-Iから直接投資-IIに転換すると指摘した。たしかにこの仮説は，東南アジアへ進出した中国多国籍企業のことを説明するに納得できる理論である。たとえば，アメリカとタイに現地生産を展開したハイアールの事例はこの理論的説明に当たるといえよう[21]。

また，やや別の視点から理論研究を行った呉・黄［1997］は，対外直接投資は段階的に発展するとして，別の二段階理論を提示した。2人が指摘した二段階理論というのは，企業の対外直接投資の状態を産業別の経営資源レベルと国際的な経営資源レベルの相対的な地位の観点から分析するものである。仮に，一般的な経営資源レベルがホスト国（受入国）より母国（投資国）企業のほうが高ければ，優位の状態にあり，企業の収益を向上させることに重点をおく（利潤獲得型直接投資）。逆に，劣勢の場合は，母国の企業はホスト国における経験を積む（経験獲得型直接投資）。発展途上国に対して言えば，最初は，先進国のホスト国から経験を得る直接投資から始める。十分な経験を得た上で，経験獲得型直接投資が利潤獲得型直接投資に変化するとしている。

さらに，劉［1998］は，二段階理論をより明確にし，先進国から学ぶ経験獲得型直接投資について議論している。劉の研究は，大量のアンケートデータに基づき，より綿密に段階論に取り組んでいる研究である。

2．「相対的優位」仮説

1990年代以降，中国の多国籍企業に関する競争戦略分析が次第に中国国内の学者の関心を呼ぶ重要な問題になってきた。程［1998］は，中国の多国籍企業による対外直接投資は，技術と資本において一定の比較優位を持っているた

め，すでにいくつかの総合的な多国籍企業を形成した。彼らの対外直接投資に内在する原動力は強まってきたとする[22]。程によると，「対外直接投資の比較優位」とは，一国の投資者が多国籍的投資を行うに当たって下記の面においてその独特な「比較優位」を示す。

1）生産要素の配置能力；
2）商品の生産と販売に関する効率；
3）投資産業分野の選択能力；
4）国際市場へ進出，退出する能力；
5）母国政府およびマクロ経済環境からサポートとメリットを得られる能力。

つまり，多国籍化しようとする企業が上記の諸側面において国内外のライバルより，どれほどの総合的比較優位を獲得できるかという点は，その企業の多国籍化の成敗を決める。この類の理論研究は，中国が置かれた「途上国」というマクロ的前提条件をそれほど重視しない。その代わりに，対外直接投資が，あくまで企業が持つ比較優位によって決められると，主張している。むろん，「相対的優位」仮説は1990年代以降，実際に動き出した中国企業の海外進出によって実証的に強く支えられている。

3．実証的研究による理論模索

　中国の本格的な対外直接投資はきわめて浅い歴史しかないため，その理論研究も大きな発展は困難である。これを強く意識した中国の研究者や研究機関は，理論的根拠を得るための実証的検証と調査にすでに着手し始めた。そのなかでは下記の実証・実態調査はかなり有意義なものである。

　中国商務部研究院は，2006年に中国企業411社に対して対外直接投資に関する詳細なアンケート調査を行った。この調査によると，対外直接投資を行っている企業の約半数が海外市場での競争に参加するために，政府による企業の資金調達に関する問題の解決を望んでいることがわかった。企業の政府に対する期待に対し，海外業務と資金調達の簡略化，資本規制の緩和と人民元の自由な両替の実現などの希望が多くあった。

中国国際貿易経済協力研究院（中国国际贸易经济合作研究院）が2005年に全国13都市にある中国企業102社の経営陣にアンケートを行ったところ，半数弱の企業が2年内に海外投資を行う，半分以上の企業が4年内に海外業務を広げる準備をする，2割の企業がその海外の投資総額が1,000万ドルを越えると答えた。調査のなかで，大部分の企業が投資目的地として，欧米先進国を優先的に選んだ。また，低い税率，補助金などの政策が海外投資をする目的地を選択する主要な要因として挙げられた。

　もう1つの大規模調査は，国務院直轄機関の中国国際貿易促進委員会が毎年行う『中国企業の対外投資の現状および意向に関する調査報告』である。同報告は2008年以降，公表し始めたものである。その特徴は，対外直接投資を行った，またこれから行おうとする企業にアンケート調査を行うことによって，企業がどの地域に，どの産業分野に投資し，さらにどのような政策的支援を必要とするか，などの情報を重点的に集約するものである。このアンケートは毎年，1,000社以上の企業から回答を回収し，初歩的な分析も加える。大量の企業調査情報を集約した同調査資料は，中国の対外直接投資を研究する貴重なものである。

　以上のように，中国国内における理論研究は，中国企業の浅い対外直接投資の歴史によって大きく制約された点も事実である。これまでその理論研究に共通する弱点は次の通りである。

　まず，ほとんどの研究者は，主流派伝統理論の再解釈もしくはそのまま中国の多国籍企業論に移植しようとする傾向が強い。一部の新鋭学者は，これを突破しようとチャレンジしたが，結局のところ，大多数の学者は依然として伝統理論の枠組みから脱出できず，最終的には限定的な仮説に終わってしまった。

　次に，中国国内における中国多国籍企業理論研究は，マクロとミクロレベルの分析が別々に行われる傾向が強い。さまざまな視点を持つ学者や専門家チームによる研究はめったにない。このため，総合的で納得できる理論研究成果はなかなか現れない。

　第3に，中国の学者・研究者は研究条件によって制約されたため，海外に実

際に進出した中国企業の現地事業について実態的に調査があまり行われない。これによって有力な理論的仮説は生まれにくい。

4 「後発国型多国籍企業」の仮説

　本節では筆者が提唱する「後発国型多国籍企業」仮説を説明する。「後発国型多国籍企業」は，次のように定義することができる。つまり，「後発国型多国籍企業」とは，1990年代以降に現れ，後発国に立地し，先発国多国籍企業と異なる特徴を持ち，本国以外の1カ国以上の国・地域において直接投資を行い，現地生産・経営活動を行う企業である。この「後発国型多国籍企業」仮説は，中国企業による海外進出を説明することができると考えられる。以下では，「後発国型多国籍企業」の登場背景，行動パターンおよび特徴について説明する。

4-1　「後発国型多国籍企業」の登場背景

　「後発国型多国籍企業」仮説のヒントは，康・柯［2002］に由来する。彼らの問題関心は，第2次世界大戦以降，東南アジアに現れた華人・華僑企業の多国籍化がなぜ発生したか，ということである。つまり，途上国地域でマイノリティとして創業した華人・華僑企業は，生まれ付きのハンディ――小規模，企業の局地性，非制度的管理，低技術レベル，市場の属地性など――を持つのに，彼らこそ，早い段階から所在国以外の地域へ進出し大きく発展することに成功したケースが多い。彼らの多国籍化は，なぜ，どのように発生したか。華人・華僑企業の多国籍化の成功に触発された康・柯［2002］は，この現象を理論的に拡張し，中国企業の多国籍化を理論的に説明するよう提案した。本章は，康・柯の研究から貴重なヒントをもらい，中国企業の対外直接投資と多国籍化という現象を「後発国型多国籍企業」と名付けて仮説を提起する。以下では，「後発国型多国籍企業」が現れた背景について説明する。

　まず，「後発国型多国籍企業」が登場した第1の背景は，1990年代までに長く存在していた冷戦体制の終結である。広く知られているように，1990年代

まで，西側先進工業国の企業を中心とする多国籍企業による対外直接投資は，必ずしも無制限で完全に自由に行われたわけではなかった。イデオロギー的なライバルに当たる国・地域への直接投資が政治的な理由によって制限・統制されていた（旧ソ連，東欧などはこのような典型的な地域）。そして，冷戦崩壊以降，直接投資を阻害した上記のハードルはなくなった。同時に，多国籍企業は投資したいところへ投資できるようになったわけである。

次に，冷戦終結以降，国際分業はいっそう深化している。国際分業は，各国が自国の生産条件に見合った商品の生産を行うことにとどまらず，同一商品生産にあたっての工程間分業，完成品と部品間分業，ローエンドとハイエンドのセグメント間分業，開発と量産間の分業などにも細かく及んだ。これによって企業は，商品生産の各プロセスを最適な生産場所（子会社の立地）に持ち込んで完成させる。当然ながら，このような国際分業型の商品生産が先進国企業だけによって行われるわけではなく，途上国企業によっても積極的に行われている。このように，途上国企業は，国際分業の利益を享受するために企業行動の国際化＝多国籍化を推進するようになった。

第3に，地域統合の要素も途上国企業の多国籍化をプッシュしている。1990年代以降，世界範囲の地域統合は盛んに推進された。地域統合の利益を享受するために統合地域以外の企業は，統合市場へ商品供給する最適な立地を母国以外に選択せざるをえなくなった。このかつてない背景変化は，先進国企業と途上国企業に同様に商品生産の立地の配置を迫っている。

第4に，冷戦体制の終結以降，製品技術と製造技術を象徴とする「技術」の国際間移転の環境は大きく変わった。広く知られているように，1990年代まで，先進国企業による技術の輸出が政治的な理由によって厳しく統制された。とりわけ，共産圏向けの重要な技術輸出には禁止されたものが多かった。ところが，1990年代以降になると，技術輸出は以前より，かなり自由になったため，後発国企業は比較的容易に技術を導入することができるようになった。これは，先進国と後発国間に存在する技術的ギャップを縮める効果があると考えられる。

第5に，1990年代に現れたIT（情報技術）革命は，企業間に存在していた情

報占有のアンバランス——優位に立つ先進国企業と劣位に立つ途上国企業——を大きく是正する効果をもたらした。かつて先進国企業は，その情報的優位を利用することによって先発者利益を維持したが，現在，途上国企業はIT手段によって急速に先進国企業をキャッチアップしている。これも途上国企業の多国籍化を後押す効果があると考えられる。

　第6に，冷戦終結以降，グローバリゼーションはかつてない勢いで進展している。このように高まるグローバリゼーションは，企業の多国籍化を阻害するハードルを次々と取り除いた。同時に，多くの国は自国経済発展および工業化のためにさまざまな優遇措置を用意し，外資を積極的に誘致している。これらの背景条件の変化は，企業のグローバル展開を強く推進すると同時に，かつて企業の多国籍化の前提となった「競争優位」の幅を狭くする効果もある。かつて競争優位を持った多国籍企業だけが調達できる経営資源は今日，後発国の企業も調達できるようになった。結局，企業が国境を超えてその商品生産の最適立地を選択することは，かなり容易になってきた。いいかえれば，かつての企業による多国籍化は，その企業成長のための「特殊方式」であったのに対して今日の多国籍化は，企業にとって成長の「一般方式」になってしまった。

4-2　企業の海外進出パターンの変化

　おおざっぱにいえば，1990年代まで，企業による海外進出は〔企業誕生・成長→競争優位確立→海外進出〕の順に沿って行われた傾向が見られた。その理由は，伝統主流派理論の説明の通りである。つまり，企業は，独自な競争優位を駆使し，「さらなる成長を求めるために海外へ」進出した。ところが，1990年代以降になると，既述したように企業の海外進出環境は，大きく変わったため，海外進出に必要とする競争優位を持たないとされる後発国企業は，「競争優位を獲得するために海外へ」進出する，というかつてなかった選択肢を採る状況が現れた。つまり，現在，一部の後発国企業は，〔企業誕生・成長→海外進出→競争優位の獲得〕の順にそって企業行動を起こすようになった。上記の企業行動の順番における変化はきわめて重要である。そこで提起された大きな理論問題は，「競争優位を持たない企業がなぜ，海外進出でき

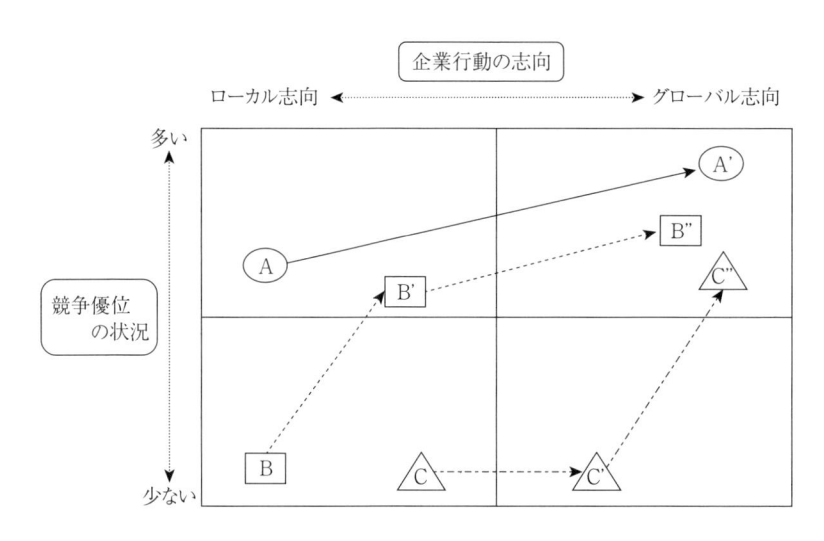

図表2－3　異なる多国籍企業のロードマップ

出所：筆者作成。

るか」のことである。さらにいえば，かつての対外直接投資を支える「優位前提」という発想は崩れる可能性がある。以下より，〔図表2－3〕に基づいて「後発国型多国籍企業」のパターンを考えよう。

　この図には2種類の要素が導入されている。1つは，企業成長に不可欠の要素「競争優位」の多寡である（縦軸）。もう1つは，企業行動の立地的志向を示すもの（横軸）である。市場経済体制という「理想的な」条件のもとでは，企業は一国内に誕生してから優勝劣敗の淘汰を経て徐々に成長し，次第に多くの競争優位を持つようになる。つまり，B-B'の過程が示すように企業は第3象限から第2象限へ進む。やがて企業は，海外へ進出する（B'-B"）。その海外への進出理由は，伝統主流派理論の主張通りである。このようなB-B'-B"というロードマップは明らかに「先発国型多国籍企業」が示す企業行動パターンである。同時に後発国における多数の企業も依然としてこのロードマップに沿って進化していると考えられる。

　そして，図におけるC-C'-C"という企業パターンは，1990年代以降にしか見

られないものである。つまり，一国内に誕生した企業が国内において多くの競争優位を獲得していないうちに，いきなり海外へ進出する。これらの企業の海外進出理由は，先発国型企業のそれと同様なもの（利益獲得，市場獲得，取引コストの低減，競争ライバルとの競争対策，天然資源獲得，など）もあれば，後発国型企業特有のものもある。その一部として，1）国際分業に参加すること，2）地域統合への対策の一環，3）海外の戦略資産を獲得すること，4）技術を獲得すること，5）海外資金を利用すること，6）本国政府の政策による行動，などが挙げられる。したがって，海外進出した企業は，徐々に競争優位を持つようになる（C'-C''）。その競争優位を獲得する理由として，1）海外で獲得した戦略資産をうまく生かすこと，2）海外で獲得した先進技術を駆使すること，3）その得意な後進国向けの（製品，製造，生産，管理）技術を駆使すること，4）進出ホスト国のパートナーとの同盟関係を生かすこと，などが考えられる。

　第3のパターンは，A-A'という「異例な」ものであるが，現実的には多くの事例がある。とりわけ，中国や中近東などの後発国多国籍企業の場合，政府や王室などの出資によって設立された資源・エネルギー，金融，投資などの企業は，最初から強い競争優位（規模，資金力，人的資源，情報力など）を有する。しかも最初から海外進出という行動に踏み切るケースが多い。このパターンもかつて存在しなかったもので，1990年代以降に現れた典型的な「後発国型多国籍企業」である。

4－3　「後発国型多国籍企業」の特徴

　「後発国型」という言葉に象徴されたように，「後発国型多国籍企業」は，「先発国型多国籍企業」と異なる特徴を持つ。両者の違いは〔図表2－4〕にまとめられている。

　まず，国際分業という要素について「先発国型多国籍企業」は，今日ほど重視したわけではない（重視しないのではない点は要注意）。これに対して「後発国型多国籍企業」は，これをきわめて重視する。場合によって国際分業参加のために海外進出することも考えられる。

　そして，資本輸出国（Home country）政府の政策という要素に対する考え方

図表 2 − 4　先発国型多国籍企業と後発国型多国籍企業の比較

	先発国型多国籍企業	後発国型多国籍企業
国際分業の重要性	それほど重要ではない	重要
母国政府の政策の影響	ほぼ無し	あり
地域統合の重要性	重要ではない	非常に重要
多国籍化時のライバル	先発者のため，少ない	後発者のため，非常に多い
競争優位と海外進出	〔企業成長 → 競争優位確立 → 海外進出〕の順	〔企業成長 → 海外進出 → 競争優位の獲得〕の順
技術の特徴	自前技術中心	導入技術中心
多国籍化の動機	天然資源獲得中心	技術・資産獲得中心
海外事業の所有	単独所有多し	部分所有多し
進出の地理的選好	グローバル選好	近隣地域選好

出所：筆者作成。

も異なる。「先発国型多国籍企業」は，独自の企業戦略に沿って海外事業を構築するが，彼らは決して母国政府の政策を重要視するわけではない。要するに，企業の多国籍化はあくまで企業が採る企業行動であって政府に従って起こした行動ではない。ところが，「後発国型多国籍企業」による海外進出は，〔企業行動＋政府の意思〕というケースが少なくない。中国の国有エネルギー系企業の海外進出は好例であろう。

　また，地域統合という要素は，かつての「先発国型多国籍企業」の時代にあまりなかったもので，「後発国型多国籍企業」とは対比できないが，とにかく，この要素は現在，後発国企業の海外進出に大きなインパクトを与える。1990年代以降，中国企業のメキシコ進出や2000年以降の対東南アジア進出はこれを裏付ける。したがって，多国籍化時のライバルを考えると，「先発国型多国籍企業」の時代では，先発者が少なかったため，世界市場におけるライバルもきわめて少なかった。「後発国型多国籍企業」が海外に現れた時代になると，すでに多くのライバルが市場に参入した。このため，市場の競争条件は相当厳しいものになった。そして，競争優位と海外進出の関係について，既述した通

りであるが，「後発国型多国籍企業」の多くは，そもそも競争優位を獲得するために海外に進出したわけである。この点は「先発国型多国籍企業」とはまったく異なる。

　技術の特徴をみると，かつての先発国企業は，自前で開発・蓄積した技術を競争優位として駆使し，海外進出したが，「後発国型多国籍企業」の多くは，そもそも先進国から導入・消化したセカンドハンド技術を持って海外事業を展開する。本来，セカンドハンド技術は，最初から勝てないのではないかと懐疑されるかもしれないが，前述したラルの仮説によれば，後発国企業が持つマイナーイノベーション型の技術は意外に威力を発揮でき，市場競争にふさわしいものだといわれている。

　そして，多国籍化の動機と海外事業の所有形態を比較すると，かつての先発国企業は天然資源を獲得するために単独出資の方式を好んだが，「後発国型多国籍企業」は，技術・情報，戦略資産などを獲得するために海外に進出する。したがって，その動機を達成するためには，単独所有に拘らないケースが多い。最後に，海外進出の地理的選好について，競争優位を十分に持つ「先発国型多国籍企業」は最初からグローバル的志向を見せる。これに対して「後発国型多国籍企業」の多くは，近隣地域に好んで進出する傾向を示す。

5　まとめ

　本章は，中国企業の対外直接投資と多国籍化を念頭に「後発国の多国籍企業を主流派伝統理論は説明できるか，後発国多国籍企業の競争優位はどのようなものであるか」という理論問題を提起し，後発国の多国籍企業論を構築しようと試みた。いうまでもなく，主流派多国籍企業理論における優れたコンセプトと枠組みは，依然として有効なものが多いが，1990年代以降，急速に現れた後発国多国籍企業が直面する背景条件，世界経済環境などは大きく変わった。とりわけ，1990年代以降，急増している途上国多国籍企業の対外直接投資について，伝統理論は説明しきれない事態になっている。本章が検討した途上国多国籍企業の先行研究には，優れた理論とアイデアが多く含まれている。

既述したように，先進国の多国籍企業が，「資産利用型」（Asset-exploiting）の直接投資戦略をとるのに対し，発展途上国の多国籍企業は，「資産利用型」に加えて，「資産増大型」（Asset-augmenting）の直接投資戦略も併用するとする。発展途上国の多国籍企業が，十分な経営資源を持たない場合には，不足している経営資源を補うために，外国企業の技術，ブランド，流通網，研究開発能力，経営力の獲得をめざして「資産増大型」の対外直接投資を行うと考える。発展途上国企業は，さまざまな競争と協調の過程を通じて，自国に進出した先進国企業から，生産技術，研究開発能力，資金等を獲得することができ，これを自社の強みと結びつけることによって，国際競争力を強化できる。さらに，自ら先進国に進出し，そうした経営資源の一層の獲得が図られることもある。そうした企業発展は，当該国が保有している動態的な比較優位，あるいは，競争優位のレベルを超えて行われる。

　したがって，技術的変化という視点から途上国多国籍企業を研究した理論も高い有用性を示している。そのうち，既述したウェルズの理論的アイデアは面白い。つまり，途上国企業が先進国で広く普及した技術を輸入し，それを本国の経済的特殊条件に適応するよう改良し，その改良した技術を持ってより遅れた途上国へ投資することによって競争優位性を創造できる，という指摘は説得力がある。また，ラルの仮説も十分な参考価値がある。途上国の多国籍企業は，先進国で広く普及した技術にマイナーイノベーションを加えたり，小規模生産技術に関するイノベーションを行ったり，途上国の市場・環境に適するような製品を開発したりすることによって競争優位性を創造する。このような技術イノベーションや製品開発は先進国多国籍企業もできるが，先進国企業がそのような技術イノベーションや製品開発を再生するためには時間およびコストがかかるので，結局，先進国企業は，このような行動を断念せざるをえず，その市場機会を途上国企業に譲るしかないケースが多い。そのため，すでにイノベーションや製品開発に成功した途上国多国籍企業は，その技術や製品の分野において先進国企業に対して競争優位を持つことになる。そして，最も重要なポイントがある。それは，途上国多国籍企業による先進国からの技術導入と学習が，単に機械的に模倣したり複製したりすることではなく，導入された技術

を吸収・消化することによってイノベーションを引き起こすということである。さらに，これらのイノベーションによって獲得した独自の特定優位性は，途上国企業の多国籍化をバックアップするコア競争力になる。さらに，「改良された生産資源の集中投入による競争優位の獲得」という点は，途上国多国籍企業の強みであるといえる。

総じていえば，後発国の多国籍企業に関する本格的な理論再構築の時期はやってきた。本章は，「後発国型多国籍企業」仮説を立ち上げてみた。「後発国型多国籍企業」とは，1990年代以降に現れ，後発国に立地し，先発国型多国籍企業と異なる特徴を持ち，本国以外の1カ国以上の国・地域において直接投資を行い，現地生産・経営活動を行う企業のことを指す。

「後発国型多国籍企業」の登場背景として，1) 1990年代の冷戦体制の終結, 2) 国際分業の深化, 3) 地域統合の進展, 4) 国際間技術移転の進展, 5) IT技術の進歩と普及, 6) グローバリゼーションの深化, などが挙げられる。かつて存在しなかった，企業の海外進出に影響するこれらの新しい条件は，「後発国型多国籍企業」の登場を誘発した。そして，1990年代まで，企業による海外進出は〔企業誕生・成長 → 競争優位確立 → 海外進出〕の順に沿って行われた傾向が見られたが，現在，一部の後発国企業は，〔企業誕生・成長 → 海外進出 → 競争優位の獲得〕の順に沿って企業行動を起こすようになった。つまり，競争優位を獲得するために，後発国企業は海外へ行く。「後発国型多国籍企業」の登場は，かつて単一パターンの〔企業誕生・成長 → 競争優位確立 → 海外進出〕に複数のパターンを加えることによって多国籍企業理論の再構築を促している。

「後発国型多国籍企業」仮説は，中国多国籍企業を理論的に説明する枠組みとして有効なものだと筆者は提案する。以下の第Ⅱ部と第Ⅲ部では，中国多国籍企業が示した「後発国型多国籍企業」の諸特徴を検証していく。

【注】

1) 「ハイマーの命題」については，多くの先行研究によってまとめられている。そのうち，板本雅彦 [1985]「多国籍企業と内部化理論――S. ハイマーから折衷理論にいたる理論的系譜とその検討（上）」京都大学経済学会『経済論叢』第 136 巻第 2 号を参照されたい。
2) Buckley, P. J. [1981], "A Critical Review of Theories of the Multinational. Enterprises" *Aussenwirtschaft*, 36, Jahrgang 1981, p.71.
3) 多国籍企業理論研究の流れに関する先行研究は，小林 [2002] がある。これ以下の記述は，小林論文の内容を多く引用した。
4) ここの記述は，板木 [1985]，27 頁の説明を引用した。
5) ベインの代表作は，次の著作がある。Bain, J.S. [1956], *Barriers to New Competition*, Harvard University Press.
6) ハイマー [1976]（Hymer, S. "The International Operations of National Firms：A Study of Direct Foreign Investment", doctoral dissertation, MIT.（宮崎義一編訳 [1979]『多国籍企業論』岩波書店，37 頁））による。
7) ここの記述は，田中祐二 [2001]「対外直接投資の部門別投資発展経路――「優位性」の理論的アプローチ――」立命館大学『立命館経済学』第 58 巻・第 3 号，457 頁による。
8) バーノンの PLC 理論は最初に下記の出版物に現れた。Vernon, R. [1966] "International Investment and International Trade in the Product Cycle", *Quarterly Journal of Economics,* pp.190-207。
9) 前掲，小林 [2002]，4 頁による。
10) 板木 [1985]，37 〜 38 頁による。
11) このような問題提起には，手島茂樹 [2008] の研究がある。ここの記述は，手島論文の内容を引用している。
12) これについての研究は，薛國萍 [2001]「アジア多国籍企業」（江夏健一・桑名義晴編著 [2001]『理論とケースで学ぶ国際ビジネス』同文館，第 17 章，所収）が詳しくまとめている。本節の記述は，薛氏の研究内容の一部を引用している。
13) 途上国対外直接投資の 3 つの波に関連する議論が下記の文献によって詳しく記述されている。Gammeltoft, P. [2008], "Emerging multinationals：outward FDI from the BRICS countries", Copenhagen Business School, *International Journal of Technology and Globalisation* 2008 - Vol. 4, No.1 pp.5 - 22。
14) これについては Dunning, J.H., R. van Hoesel and R. Narula [1998], "Third World Multinationals Revisited：New Developments and Theoretical Implications" in J.H. Dunning (ed), *Globalization, Trade and Foreign Direct Investment,* Pergamon の研究

があり，参照されたい。
15) ここの記述は，穴沢眞 [2011]「発展途上国製造業企業の多国籍化——マレーシアの事例をもとに」小樽商科大学『商学討究』第62巻2・3号，50～52頁の記述を引用した。
16) Bernard, Y. [2007], "Perspectives on China's Outward Foreign Direct Investment" Stern School of Business, New York University (Working paper) を参照した。
17) 中国企業の国際化というテーマでまとめられた大橋の最初の研究は，次の著書である。大橋英夫 [2003]『経済の国際化（シリーズ現代中国経済5）』名古屋大学出版会，第4章。
18) 姜紅祥 [2010]「戦略的資産獲得と対外直接投資——中国の場合——」龍谷大学大学院『経済研究』No.1。
19) 川井論文は，下記の報告書の第3章である。川井伸一 [2011]『中国多国籍企業のフロンティア——日本企業との比較を中心に——』2008～2010年度科学研究費補助金（基盤研究B）研究成果論文集，研究課題名「海外経営における企業間関係とネットワーク―日中企業比較」課題番号：20402033，研究代表者：川井伸一，愛知大学教授。
20) 宮本道子・魯欣・工藤周平・嶋崎善章 [2010]「中国国内における中国企業の海外直接投資理論の発展について」（秋田県立大学システム技術工学部経営システム工学科，http://www2.econ.osaka-u.ac.jp/jsie/）では，中国国内における中国企業の海外直接投資理論研究の現状についてよくまとめている。ここでは，同研究の内容を引用している。
21) 広く知られているように，中国大手電機企業ハイアールは最初，アメリカに現地生産を目的とする直接投資を行い，さらに日本の三洋電機（当時）とも組んで日本に投資した。その後，ハイアールはタイなどアジア地域に直接投資を行い，日米など先進国で学習した経験を持って現地生産を展開した。

主要参考文献

（日本語文献）
1. 穴沢　眞 [2011]「発展途上国製造業企業の多国籍化——マレーシアの事例をもとに」小樽商科大学『商学討究』第62巻2・3号。
2. 板本雅彦 [1985]「多国籍企業と内部化理論——S. ハイマーから折衷理論にいたる理論的系譜とその検討（上）」京都大学経済学会『経済論叢』第136巻第2号。
3. 苑　志佳 [2007]「中国企業の海外進出と国際経営」中国経営管理学会『中国経営管理研究』第6号（http://rio.andrew.ac.jp/cms/cms006.html）。
4. 苑　志佳 [2011]「海外市場に進出した中国系多国籍企業の競争力構築について——東南アジアの事例を中心に——」立正大学『経済学季報』第60巻2号。

5．大橋英夫［2003］『経済の国際化（シリーズ現代中国経済5）』名古屋大学出版会。
6．川井伸一［2011］『中国多国籍企業のフロンティア――日本企業との比較を中心に――』2008～2010年度科学研究費補助金（基盤研究B）研究成果論文集，研究課題名「海外経営における企業間関係とネットワーク――日中企業比較」課題番号：20402033。
7．姜　紅祥［2010］「戦略的資産獲得と対外直接投資――中国の場合――」龍谷大学大学院『経済研究』No.1。
8．小林規威［2003］「多国籍企業研究の成果と課題」多国籍企業研究会「30周年記念研究大会」基調講演（http://www.mne-jp.org/）。
9．薛　國萍［2001］「アジア多国籍企業」江夏健一・桑名義晴編著［2001］『理論とケースで学ぶ国際ビジネス』同文館。
10．高橋五郎編［2008］『叢書・現代中国学の構築に向けて（3）海外進出する中国経済』日本評論社。
11．田中祐二［2001］「対外直接投資の部門別投資発展経路――「優位性」の理論的アプローチ――」立命館大学『立命館経済学』第58巻・第3号。
12．手島茂樹［2008］「発展途上国からの直接投資――発展途上国を基盤とした多国籍企業――」国際貿易投資研究所，季刊『国際貿易と投資』Summer 2008/No.72。
13．丸川知雄・中川涼司他編［2008］『中国発多国籍企業』同文館。
14．宮本道子・魯　欣・工藤周平・嶋崎善章［2010］「中国国内における中国企業の海外直接投資理論の発展について」（秋田県立大学システム技術工学部経営システム工学科，http://www2.econ.osaka-u.ac.jp/jsie/）。

（英語文献）
1．Bain, J.S.［1956］, *Barriers to New Competition,* Harvard University Press.
2．Bernard, Y.［2007］, "Perspectives on China's Outward Foreign Direct Investment" Stern School of Business, New York University（Working paper）.
3．Bonaglia et al.,［2007］, Accelerated Internationalization by Emerging multinationals：the Case of White Goods Sector, MPRA Paper No.1485.
4．Buckley, P.J.［1981］, "A Critical Review of Theories of the Multinational. Enterprises" Aussenwirtschaft, 36, Jahrgang.
5．Casson, M.C.［1979］, *Alternatives to the Multinational Enterprise,* Macmillan.
6．Cheng, L.K. & Ma, Z.［2007］, China's Outward FDI：Past and Future, School of Economics, Remin University of China. Working Paper series, SERUC Working Paper, No.200706001E.
7．Coase, R.［1937］, "The Nature of the Firm", Economica, Vol.4, November.
8．Dunning, J.H.［1981］, *International Production and the Multinational Enterprise,* Geoge

Allen and Unwin Ltd.
9. Dunning, J.H., R. van Hoesel and R. Narula [1998], 'Third World Multinationals Revisited：New Developments and Theoretical Implications' in J.H. Dunning (ed), *Globalization, Trade and Foreign Direct Investment,* Pergamon.
10. Hymer, S. [1976], "The International Operations of National Firms：A Study of Direct Foreign Investment", doctoral dissertation, MIT. 宮崎義一編訳『多国籍企業論』岩波書店，1979 年。
11. Lall, S. [1983], *The New Multinationals,* Chichester：John・Wiley & Sons.
12. Li, P.P. [2007], Toward An Integrated Theory of Multinational Evolution: the Evidence of Chinese Multinational Enterprises As Latecomers, Journal of International Management, No.13.
13. Gammeltoft, P. [2008], "Emerging multinationals: outward FDI from the BRICS countries", Copenhagen Business School, International Journal of Technology and Globalisation 2008 - Vol.4, No.1.
14. UNCTAD, World Investment Report 2011, (http://www.unctad.org/)
15. Vernon, R [1966] "International Investment and International Trade in the Product Cycle", Quarterly Journal of Economics.
16. Wells, Jr., Louis, T. [1983] *Third World Multinationals: The Rise of Foreign Investment from Developing Countries,* Cambridge, MIT Press.

（中国語文献）
1．康　荣平・柯　银斌 [2002]「華人跨国公司的成長模式」『管理世界』第 2 期。
2．吴　彬・黄　韬 [1997]「二阶段理论：外商直接投资新的分析模型」『経済研究』第 7 期　中国社会科学院経済研究所。
3．程　惠芳 [1998]『対外直接投資比較優勢研究』（上海三联书店年出版）。
4．中国商務部 [2011]『2010 年中国対外直接投資統計公報』。
5．劉　洪忠 [2001]『中國對外直接投資的實證研究及國際比較』復旦大學出版社。
6．冼　国明・楊　鋭 [1998]「技術累積，競争策略与発展中国家対外直接投資」経済研究第 11 期。

第Ⅱ部

中国多国籍企業のフロンティア
——東南アジア

第3章

中国多国籍企業の海外進出動機
——「市場獲得型」の対東南アジア進出

1 はじめに

　本章は，筆者が提唱した「後発国型多国籍企業」のアプローチに沿って海外に実際に進出した中国多国籍企業の海外子会社を対象に海外進出動機について実証的に検証する。

　1990年代以降の中国企業の急激な対外進出は，実証レベルだけでなく理論レベルでも新たな問題を提起している。既述したように，これまでの多国籍企業に関する伝統理論には，先進工業国の企業による対外直接投資を対象として生まれたものが圧倒的に多かった。ところが，先進工業国の企業の対外直接投資を前提とした多国籍企業理論は中国企業の対外直接投資を説明できない可能性がある。なぜなら，これまでの先進工業国の企業が経験した多国籍化過程は必ずしも中国企業のそれと同様なものではないし，世界市場に進出した中国多国籍企業は必ずしも先進国企業との同様な競争手法で競争を展開していないからである。本章は次の問題に強い関心を持っている。中国企業の対外直接投資の背景と動機は何か。いうまでもなく利潤を求める企業はその経営事業を本国だけでなく海外にも展開する，ということが多国籍企業論の原点であるが，これを前提にして企業の対外進出理由を説明するために，多くの多国籍企業理論が生まれた。しかしながら，これらの理論のほとんどは，先進工業国の企業を想定したうえで展開したものである。これに対して移行経済もしくは途上国経済の企業による対外進出理由を説明するものはきわめて少ない。対内直接投資を受け入れる途上国の企業による対外直接投資の動機は一体何であろうか。前

章で紹介したダニングの「直接投資段階説」によると，低所得国の対外直接投資は，一定水準以上の所得にならないと現れないとされるが，周知のように，中国企業の対外直接投資は低所得の段階からすでにスタートした。したがって，中国は依然として世界有数の対内直接投資を受け入れる途上国であるのに，中国企業は途上国地域だけでなく，数多くの先進国にも直接投資を行っている（いわゆる up-hill FDI）。その動機は何であろうか。

本章はこれまで筆者が関わった東南アジア地域に進出した中国多国籍企業に対する現地調査結果を踏まえ，中国企業の海外進出の動機について検証する。

2　検討課題に関する先行研究

中国企業による対外直接投資の歴史は浅いため，これに関連する先行研究の蓄積は限られたものしかないが，本節では，本章の問題関心に関連する先行研究における問題発見と疑問点について説明する。

1990年代以降，中国企業が本格的に対外進出し始めてから，「中国企業の対外進出動機は何か」を中心とした研究も現れた。これまでの先行研究には下記の4点が中国企業の対外進出動機として，最も多く挙げられている。

① 天然資源の獲得
② 新しい市場の開拓と獲得
③ 戦略資産の獲得
④ 効率追求

上記の4つの動機は，対外進出した中国企業に当てはまるに違いないが，明らかに，これらの動機に関する説明は，ダニングの解釈に由来すると思われる（Dunning [1981]）。ところが，先進国企業の対外直接投資を説明するために生まれたダニング流の解釈によって中国企業の対外直接投資を説明することは納得しがたい部分があると思われる。つまり，先進国企業の対外進出理由以外に中国企業にとっての動機は何か。これを意識し，中国企業の対外直接投資をより納得できる形で説明しようとした仮説がこれまで数多く現れた。

クロス＆ボス（Cross & Voss [2008]）は，2000年までの早い段階における中

国企業の対外直接投資とそれ以降の対外投資に分けて，それぞれの進出動機を説明した。これによると，2000年までの早い段階における中国企業の対外投資のほとんどは「防衛型対外直接投資」(defensive FDI) の性格を持つものであり，貿易に追随する特徴 (FDIs follow trade) を有するとされる。これに対して2000年以降の対外直接投資は「攻撃型対外直接投資」(offensive FDI) の性格を持ち，貿易が直接投資に追随する (trade follows FDI)，という特徴を有した，という。しかし，この研究の最大の弱点は，2000年前後における中国企業の対外直接投資の特徴を転換させた原因について，納得できるほど説明しなかったことである。したがって，上記の説明を裏付ける実証的なデータも少なかった点も惜しまれる。

　そして，日本における2つの代表的な研究は，別の視点から中国企業の対外直接投資の動機を説明している。愛知大学の研究グループの研究成果には，中国政府のプッシュ要因——「走出去」政策を中心に綿密な分析を行っている (高橋編 [2008])。中国国内要因に着目した本研究は，これまで先行研究で指摘されなかった中国企業の多くの対外進出要因——金融逃避，資金過剰，政府の後押しなど——を明らかにしたうえで，対外進出動機の1つである「走出去」を理論的によくまとめている。そして，丸川・中川他 [2008] では，ダニングやバックレーなどの先行研究結果を継承したうえで，別の進出動機を発見した。それは，海外資本市場の活用である。自動車メーカーの華晨汽車や情報技術企業の展迅などのような，巨大な投資金額を必要とする産業分野に参入しようとする中国企業は，その資金面のハンディキャップを克服するために，先に先進国に進出（現地法人を設立することなど）し，先進国の資本市場から資本を調達することになった。このようなケースは，これまで先進国企業に関する多国籍企業研究にあまり見られなかったという。上記の2つの研究の強みは，中国本土にある中国企業の親会社を徹底調査し，そこから得た証拠に基づいて一般論に展開した点である。ただし，2つの研究は海外子会社を調査しなかったという惜しまれる部分をともに持つ。

　チャイルド＆ロドリゲス (Child & Rodrigues [2005]) は，中国における「制度」(Institution) に着目し，不完全な制度こそ，中国企業の対外進出を強くプッ

シュする役割を果たしているとされる。要するに，国内ビジネスに関わるさまざまな問題制度——政府の行政干渉，非効率な経営環境，法的制度の未熟，金融的混乱など——を回避しようとする手段として，中国企業は対外進出に踏み切る。明らかに，この説明は中国企業の対先進国への直接投資を説明しているが，なぜ，中国より制度的に未熟な多くの途上国に中国企業が進出するかについては，説得力を欠く。

そして，中国企業の対外進出動機について，大量の現地調査データに基づいた先行実証研究の1つは，世界銀行研究グループの研究である（World Bank [2006]）。この研究は，132社の中国企業[1]に対してアンケート調査を実施した結果を踏まえ，企業の対外直接投資の動機をまとめている（〔図表3－1〕を参照）。これによると，中国企業の対外進出動機の優先順位として，1)「市場獲得」，2)「戦略資産獲得」，3)「グローバル競争戦略」，の3点が最も多く挙げ

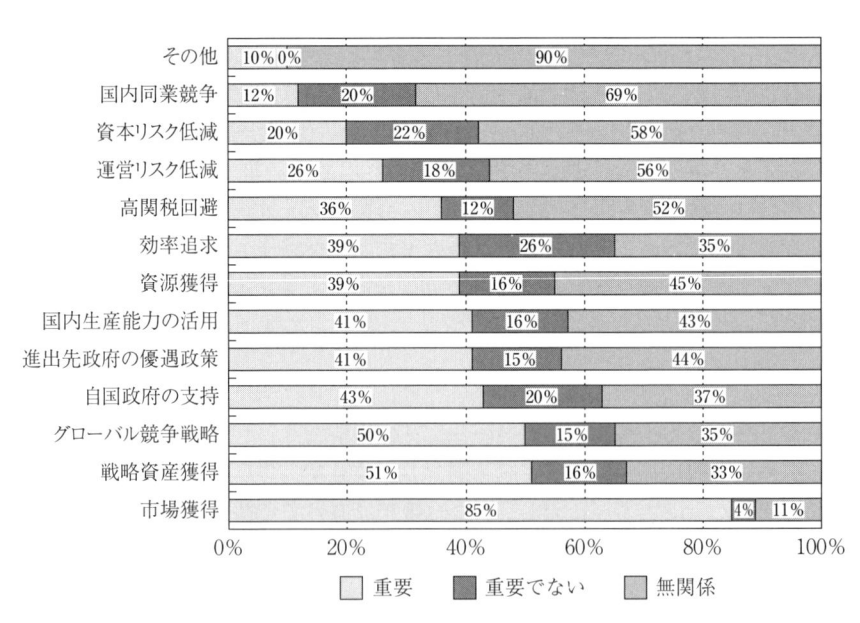

図表3－1 中国企業の対外直接投資の動機

項目	重要	重要でない	無関係
その他	10%	0%	90%
国内同業競争	12%	20%	69%
資本リスク低減	20%	22%	58%
運営リスク低減	26%	18%	56%
高関税回避	36%	12%	52%
効率追求	39%	26%	35%
資源獲得	39%	16%	45%
国内生産能力の活用	41%	16%	43%
進出先政府の優遇政策	41%	15%	44%
自国政府の支持	43%	20%	37%
グローバル競争戦略	50%	15%	35%
戦略資産獲得	51%	16%	33%
市場獲得	85%	4%	11%

出所：World Bank [2006].

られている。この3つの動機のうち，1) と 3) は，先進国企業の対外進出動機と大きく違わないが，2)「戦略資産獲得」という動機は，中国企業にとって最重要なものの1つであり，途上国企業の特色を強く示す。そして，上記の3項目以外には，「重要」が「重要でない」を超えたものは，7項目──「自国政府の支持」，「進出先政府の優遇政策」，「国内生産能力の活用」，「資源獲得」，「効率追求」，「高関税回避」，「運営リスク低減」──を数えた。国内親会社の回答をよくみると，企業の対外進出を強く後押す政府の「走出去」政策は，比較的重要な促進要因となっている。ただし，これらの7項目に「無関係」とい

図表3－2　中国企業による対外直接投資の動機に関する先行研究

進出諸動機	World Bank Group	丸川・中川	愛知大学グループ	K.Davis	J.Dunning	P.Buckley
1．市場獲得	○	○	○	○	○	○
2．戦略資産獲得	○	○	○	○	○	○
3．グローバル競争戦略	○	○	○	○	○	△
4．自国政府の支持	○	△	○	△	△	×
5．進出先政府の優遇政策	○	△	△	△	△	△
6．国内生産能力の活用	○	○	○	△	△	△
7．資源獲得	○	○	○	○	△	△
8．効率追求	○	○	△	○	△	△
9．高関税回避	○	△	△	△	△	△
10．運営リスク低減	○	△	○	△	△	△
11．資本リスク低減	×	△	△	△	△	△
12．国内同業競争	×	△	△	△	△	△
13．輸出プル	△	△	△	○	△	△
14．海外資金調達	△	○	△	△	△	△
15．市場情報の獲得	△	△	△	△	△	△
16．経営多角化	△	△	△	△	△	△

説明①：○＝重要，△＝言及なし，×＝重要でない。
　　②動機欄における1～13は，世界銀行グループの調査項目。14～16は筆者の追加項目。
出所：World Bank Group [2006]，丸川・中川他 [2008]，高橋五郎 [2008]，K.Davis [2009]，
　　　J.Dunning [1993]，P.Buckley [2007].

う企業の回答が入れられると,「重要」の割合は低くなる。そして,「資本リスク低減」,「国内同業競争」,「その他」の3項目は明らかに「無関係」のものであるが,この結果がやや意外なものである。

〔図表3-2〕は,これまでの中国企業の対外進出動機に関する主要な先行研究をまとめたものである。その主要な進出動機要素は,World Bank［2006］の調査項目を中心としたものであるが,それ以外の要素は,筆者が追加したものである（全部で16項目）。以下では,海外現地の子会社に対するインタビューの結果に基づいて,「子会社の視点」より,これらの進出動機を検証する。

3　タイ・ベトナムに進出した中国企業に対する調査結果による検証

中国企業による対東南アジア地域の直接投資と現地経営を分析する場合,特殊な事情を考える必要がある。工業製品とりわけ電機・電子と自動車の場合,東南アジア市場では有力な地元企業があまり存在せず,その代わりに工業製品市場における競争は,地元企業以外の外資系企業の間で展開するケースが圧倒的に多い。タイとベトナムの家電製品市場では,欧米・日本・韓国・中国の企業間競争という世界市場競争の様相が忠実にこの市場に現れている。この場合,企業の競争優位と劣位は,地元企業に対するものではなく,現地市場に進出した外資系企業同士に対するものである。

そして,東南アジア地域を分析対象として選定した理由は単純である。つまり,これまで海外に進出した中国の直接投資の多くがこの地域向けのものであるためである[2]。要するに,この地域における中国企業の現地経営特徴は最も共通性を持つものだと想定している。本章が検証するために使う中国企業の事例は,進出代表地域であるタイとベトナムで現地生産・経営を行う中国企業6社である（前掲,〔図表序-2〕を参照)。そして,6社の業種はすべて製造業であるが,現地子会社の業態は,若干異なる。そのなかでタイ TCL,ベトナム TCL,タイハイアール,ベトナム力帆の4社は現地生産を行っているが,それ以外のタイ同仁堂とベトナム華為技術の2社は現地生産ではなく,販売と

図表3－3　タイ・ベトナムに進出した中国企業6社の進出動機

進出諸動機	タイ同仁堂	タイTCL	タイハイアール	ベトナムTCL	ベトナム華為技術	ベトナム力帆	総合判断
1. 市場獲得	○	○	○	○	○	○	重要
2. 戦略資産獲得	?	○	○	○	○	○	重要
3. グローバル競争戦略	○	○	○	○	○	○	重要
4. 自国政府の支持	×	?	?	×	×	×	重要でない
5. 進出先政府の優遇政策	×	×	×	○	×	×	重要でない
6. 国内生産能力の活用	×	?	○	×	×	×	?
7. 資源獲得	×	×	×	×	×	×	重要でない
8. 効率追求	×	×	×	○	×	○	?
9. 高関税回避	×	○	○	○	○	○	重要
10. 運営リスク低減	×	×	×	×	×	×	重要でない
11. 資本リスク低減	×	×	×	×	×	×	重要でない
12. 国内同業競争	×	×	×	×	×	○	重要でない
13. 輸出プル	○	○	○	○	○	○	重要
14. 海外資金調達	×	×	×	×	×	×	重要でない
15. 市場情報の獲得	×	×	×	×	×	×	重要でない
16. 経営多角化	×	×	×	×	×	×	重要でない

説明：○＝重要，×＝重要でない，？＝不明。
出所：現地調査の聞き取りにより作成。

サービスなど現地経営を支援する業務を行っている。さて，東南アジアにおける中国企業の進出動機は何であろうか。

〔図表3－3〕は，タイとベトナムに進出した6社の中国企業へのインタビューに基づいて現地進出動機についてまとめたものである[3]。これによると，これまでの先行研究が関心を示した進出動機16項目のなかでは，「重要」と判断されたものが5つ――「市場獲得」，「戦略資産獲得」，「グローバル競争戦略」，「高関税回避」，「輸出プル」――である。「国内生産能力の活用」と「効率追求」という2項目は，調査データの制約により，判断困難である。残りの9項目は，「重要でない」という結果になっている。

中国企業の対東南アジア進出を決めた動機のうち，「市場獲得」，「グローバル競争戦略」の2項目は，これまでの先行研究に一致し，先進国企業の対外進出動機に共通している。そして，「戦略資産獲得」という進出動機は，より中

国式多国籍企業の特色のあるものであるといってよい。対象企業6社のうち，4社は現地に存在していた地元企業もしくは外資系企業を買収したことによって現地生産を開始した。たとえば，タイに進出したハイアールという中国の代表的な電機メーカーは，経営不振に陥った日系大手企業の新鋭工場を買収し，これによって在タイ生産事業を一気に立ち上げ，われわれの東南アジア現地調査のなかではこの工場の規模が一番大きかった。そして，「高関税回避」という進出動機は，東南アジア地域に特有な事情によるものであるといってよい。周知の通り，東南アジア加盟国間の工業製品輸入は，域内のみに適用する優遇輸入関税があり，非加盟国からの輸入品にはかなり高い関税が課されている[4]。この関税上の理由によってタイとベトナムに直接投資した中国企業は多数あるという。本章が取り上げた対象企業6社のうち，電機・輸送機械の4社は関税率の影響が大きいと言及していた。したがって，「輸出プル」という進出動機は，これまでの先行研究のなかであまり触れなかったが，東南アジアに進出した中国企業にとって，これは重要な進出動機となっている。要するに，中国企業の現地生産・経営に踏み切った要因として，東南アジアに完成品や部品を直接輸出していたことが挙げられる。東南アジアの潜在市場力を重要視した中国企業は取引コストを考えたうえで，最終的に現地進出を決めたケースが多いと思われる。たとえば，ベトナムに進出した華為技術は，通信機器の大手メーカーであり，2008年の進出前には，ベトナム政府系の通信キャリアに通信機器の輸出を行っていたが，輸出額の増加によって華為技術の本社側はまず，ベトナムの国有通信キャリアと協力関係を結び，中国メーカーの得意なGSM通信機器を多数輸出した。2007年になると，ベトナムへの輸出は2億米ドル以上となったため，本社側はついに現地進出に踏み切った。

　そして，先行研究が重要視した「自国政府の支持」という企業の進出動機は，意外に「重要でない」結果となっている。「走出去」を象徴とする「自国政府の支持」が中国企業の対外進出をバックアップする最重要な動機の1つという主張は先行研究に多い（World Bank [2006]，高橋 [2008] など）が，われわれがインタビューした在東南アジアの現地中国企業からは，このような証言をほとんど聞き取れなかった。逆に，政府の姿勢や政策を批判する証言が数社から

得られた。たとえば，ベトナム力帆の現地責任者は，「中国政府は企業の対外進出を提唱するが，支援は何もない」。さらに，「現在まで私は政府が何かを支持できると思ったことはない」と厳しく政府批判を展開した。ベトナム力帆以外の中国企業のほとんどは，政府支持について明言を避けた。一部は「具体的に支持して欲しい」（ベトナム華為技術）と注文を付けた。そして，「進出先政府の優遇政策」は，進出動機として「重要でない」結果であった。タイとベトナムはともに外資進出に対して税金や土地使用などの優遇政策を制定しているが，これは，中国企業の現地進出にとっての重要動機になっていないことが判明した。しかも，ベトナムの優遇措置については，「形式上は中国より優れているが，恣意的な部分が多く，よく変わる」との証言もあった（ベトナムTCL）。

「資源獲得」は，「重要でない」結果であった。これは，われわれが調査した業種――電機・電子，自動車――による面が大きいので，あまり有意義なものではないと思われる。そして，「効率追求」も同様な要素である。つまり，調査業種は，労働集約的な産業分野ではないので，企業は，コストダウンを追求するためにタイとベトナムに直接投資したわけではない[5]。そして，「運営リスク低減」と「資本リスク低減」の2要素は，より複雑な対外進出動機であるので，タイとベトナムにおける中国企業との関連性が薄い。「国内同業競争」要素は東南アジアへの直接投資の動機ではないという結果がやや意外なものである。おそらく，海外子会社より，本社のほうがこれを判断する立場であろうと思われる。そして，「海外資金調達」，「市場情報の獲得」，「経営多角化」の3要素はいずれも「重要でない」結果である。これはわかりにくいものではないであろう。中国より，さらに遅れたタイとベトナムの金融・資本市場から資金を調達する動機は，遠い将来のことであろう。「市場情報の獲得」も同様である。

4　まとめ

最後に，これまでの検証結果をもって中国企業の対東南アジア進出の動機の分析から示唆されたポイントなどをまとめる。

これまでの先行研究が関心を示した進出動機16項目のうち，東南アジアに

進出した中国企業にとって，「重要」と確認されたものは5つ——「市場獲得」，「戦略資産獲得」，「グローバル競争戦略」，「高関税回避」，「輸出プル」——だけであるが，企業の対外進出動機が示唆するポイントは，より重要な意味を持つ。

まず，中国企業の対東南アジア進出動機をみると，これまでの先行研究によって最も多く挙げられている4つの項目——「天然資源の獲得」，「新しい市場の開拓と獲得」，「戦略資産の獲得」，「効率追求」——については，タイとベトナムに進出した中国企業の子会社に全部は当てはまらず，「新しい市場の開拓と獲得」，「戦略資産の獲得」の2項目のみが確認された。「天然資源の獲得」という進出動機が確認されなかったことは，われわれの調査業種（電機・電子，自動車）によるところが大きいと思われる。そして，「効率追求」も同様な要素である。つまり，調査業種は，労働集約的な産業分野ではないので，企業は，コストダウンを追求するためにタイとベトナムに進出したわけではない。

「グローバル競争戦略」という進出動機は，中国企業の成長ぶりを示す意味がある。つまり，これまでの国内市場に依存する企業成長パターンは，徐々に変わり，今後，世界市場に進出して先進国企業と同じ土俵で競争する幕開けを告げた。無論，現段階において，対外進出した中国企業は，欧米や日本企業の強いライバルにはまだなっていないが，スピードが速い中国多国籍企業は，その展開から成熟までの過程を完了すると，世界市場での強力な存在になる可能性がある。そして，「高関税回避」と「輸出プル」という2つの進出動機は，中国企業の対外進出全般に適応せず，東南アジア地域に限られたものだといってよい。

そして，先行研究が重要視した「自国政府の支持」という企業の進出動機は，意外に「重要でない」結果となっている。本来，「走出去」を象徴とする政府の呼び掛けと政策的支援は重要な企業対外進出動機のはずであるが，子会社の視点からいえば，これはあまり重要な意味を有しないものである。そして，同様に，「国内同業競争」要素は東南アジアに進出する動機ではないという結果もやや意外なものである。ただし，この2点について，親会社と子会社間で関心度は大きく異なるので，今後，親会社側の証言を入手し，再分析する

必要があると思われる。

　最後に本書が提唱する「後発国型多国籍企業」のアプローチについては，重要なファクトファインディングがある。つまり，東南アジア市場に進出した中国企業の投資動機における「戦略資産獲得」と「高関税回避」は，典型的な「後発国型多国籍企業」の特徴である。つまり，核心的競争力に欠ける中国企業は，東南アジア地域の既存企業を買収したことによって「立地特殊的競争優位」や「所有特殊的競争優位」を同時に獲得しようとした企業行動に出たと考えられる。また，東南アジア地域統合は，中国企業の進出と現地生産を強く誘発している。これも「後発国型多国籍企業」が持つ特徴の1つであろう。

【注】
1）対象企業のうち，民間企業は48.7％，国有企業は33.3％，その他18％，をそれぞれ占めている。
2）中国商務部が公表した『2008年度中国対外直接投資統計公報』によると，2008年の中国対外直接投資額全体に占めるアジア地域向けの割合は77.9％であった。そのうち，対東南アジア地域のシェアは非常に高い。
3）6社の中国企業の進出動機については，筆者が独自で判断した。この結果はわれわれの研究グループ内ではまだ検討していない。
4）たとえば，中国からベトナムへの電機完成品の直接輸入関税率は，40％であるのに対して，ASEAN加盟国からベトナムへの同様な電機完成品の輸入関税率はわずか，5％である。
5）ベトナムTCL1とベトナム力帆社は，労働コスト上の理由を進出動機の1つとして明言した。

主要参考文献

（英語文献）
1．Bonaglia et al.［2007］, "Accelerated Internationalization by Emerging multinationals: the Case of White Goods Sector", *MPRA Paper* No.1485.
2．Buckley, P.J. et al.［2007］, "The Determinants of Chinese Outward Foreign Direct Investment", *Journal of International Business Studies,* 38, pp.499-518.
3．Cheng, L.K. & Ma, Z.［2007］, "China's Outward FDI：Past and Future, School of

Economics", Remin University of China. Working Paper series, SERUC Working Paper, No.200706001E.
4. Child, J., & Rodrigues, S.B. [2005], The Internationalization of Chinese Firms : A Case for Theoretical Extension?, *Management and Organization Review*, 1 (3), pp.381-410.
5. Cross, A.R. & Voss, H. [2008], *Chinese Direct Investment in the United Kingdom : An Assessment of Motivation and Competitiveness*, presented at Corporate strategies in the New Asia, University of Bremen, 1-2 February 2008.
6. Dunning, J.H. [1981], "Explaining the International Direct Investment Position of Countries: Towards A dynamic or Developmental Approach", *Weltwirtshaftliches Archiv*, 117 (1), pp.30-64.
7. Dunning, J.H. [1986], "The Investment Development Cycle Revisited", *Weltwirtshaftliches Archiv*, 122 (4), pp.667-676.
8. Dunning, J.H. [1993], *Multinational Enterprises and the Global Economy*, Addison-Wesley.
9. Hymer, S.H. [1976], *The International Operations of National Firms : A Study of Foreign Direct Investment*, Cambridge, MA : MIT Press 1976.
10. Davis, K. [2009], "While Global FDI Falls, China's Outward FDI Doubles", *Columbia FDI Perspectives*, The Vale Columbia Center on Sustainable International Investment, No.5, May 26, 2009.
11. Li, P.P. [2007], "Toward An Integrated Theory of Multinational Evolution: the Evidence of Chinese Multinational Enterprises As Latecomers", *Journal of International Management*, No.13.
12. Mathews, J.A. [2006], Catch-up Strategies and the Latecomer Effect in Industrial Development, *New Political Economy*, 11 (3).
13. Poncet, S. [2007], "Inward and Outward FDI in China", Working Paper version April 28, 2007.
14. World Bank [2006], China's Outward Foreign Direct Investment, FIAS/MIGA Firm Survey, FIAS, (rru.worldbank.org/Documents/PSDForum/2006/job)

（日本語文献）
1. 苑　志佳 [2007]「中国企業の海外進出と国際経営」中国経営管理学会『中国経営管理研究』第6号, 2007年5月, 27～43頁 (http://rio.andrew.ac.jp/cms/cms006.html)。
2. 高橋五郎編 [2008]『海外進出する中国経済』（叢書——3, 現代中国学の構築に向けて）日本評論社。
3. 丸川知雄・中川涼司編 [2008]『中国発・多国籍企業』同友館。

第4章

海外市場における中国多国籍企業の競争力構築
——「レギュラー競争優位」と「イレギュラー競争優位」の仮説

1 はじめに

　本章は,「後発国型多国籍企業」の中国多国籍企業に関わる基本問題の1つ——海外に進出した中国企業の海外競争力について論じるものである。既述したように,「後発国型多国籍企業」が所有する競争優位は,必ずしも先進国多国籍企業が所有するものと同様ではない。そうであれば,「後発国型多国籍企業」が持つ競争優位は何であろうか。また,彼らが持つ競争優位は,世界市場に通用するかしないか。本章はこれを論じる。

　「改革・開放」期以降,対内直接投資を積極的に受け入れた中国は外資利用の恩恵を受け,高度な経済成長を実現したが,21世紀に入ってから,成長を続ける中国企業の海外進出も始まった。中国企業の対外進出の歴史はまだ浅いため,これまで日本企業は世界市場に進出した中国企業をナイーブな見方で見ている。ところが,最近になって中国企業への警戒感が徐々に高まった。2010年版の『通商白書』における中国系多国籍企業のパフォーマンスに関する下記の記述が注目される。

　「国内外企業による新興国市場の開拓が加速する中,近年,韓国系グローバル企業に加え,中国系グローバル企業も急速に台頭している。」(中略)「我が国企業は,現在,中国,東南アジアにおいて,中国系グローバル企業や自国のみで活動するローカル企業を脅威と捉えている。今後については,中国,東南アジアのみならず,その他新興国も含め,中国系グローバル企業を脅威と捉える企業の割合が増えている。」(中略)「現在もしくは将来,中・低価格品をター

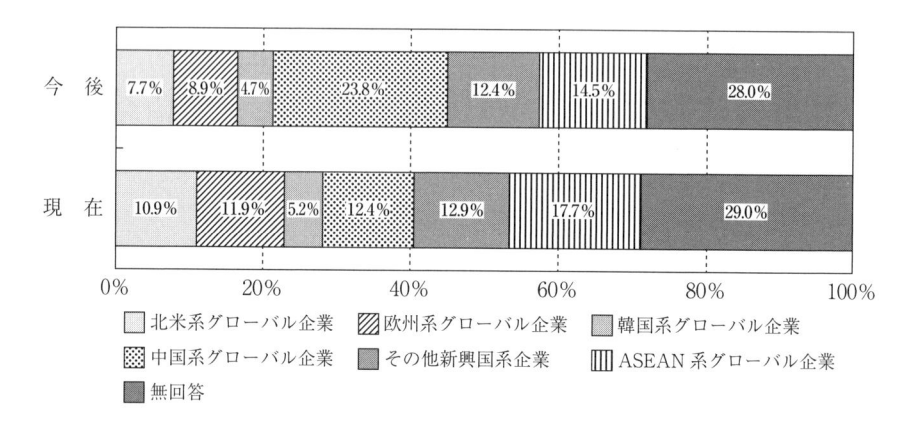

図表4－1　東南アジア市場における日本企業のライバルの変化

	北米系	欧州系	韓国系	中国系	その他新興国系	ASEAN系	無回答
今後	7.7%	8.9%	4.7%	23.8%	12.4%	14.5%	28.0%
現在	10.9%	11.9%	5.2%	12.4%	12.9%	17.7%	29.0%

□北米系グローバル企業　▨欧州系グローバル企業　■韓国系グローバル企業
▦中国系グローバル企業　▤その他新興国系企業　▥ASEAN系グローバル企業
■無回答

説明：割合数字は，調査対象企業のなかで中国企業を「脅威」と答えた企業の割合。
出所：『通商白書2010年』，302頁に基づいて筆者修正作成。

ゲットとする我が国企業の最大の競合相手は，「中国系企業」であり，我が国企業が，新興国市場，とりわけ中間層の開拓における競合企業として中国企業を強く意識している」[1]。これまでの日本政府系白書には，上記ほど「中国企業警戒論」を明確に表現したことはなかった。

『通商白書』に掲載された〔図表4－1〕は東南アジア市場における日本企業のライバルの変化を示す予測図であるが，これによると，東南アジア市場では中国系企業を「脅威」と受け止めた日本企業の割合は，「現在」の12.4%から「今後」の23.8%へまでほぼ倍増することがわかる。この状況からみると，現在，中国系多国籍企業は海外市場において日本企業と競争し始めたと考えられる。これに関連して下記の疑問が当然生じるであろう。つまり，対外直接投資先進国の日本に比べてきわめて浅い対外直接投資の歴史しかない中国系多国籍企業は海外市場で先発企業（地元企業と外資系多国籍企業）との間でどのように競争しているか。今後，中国系多国籍企業は海外市場でどのようにその競争優位を構築するか。

これまで資料上の制約（ほとんど空白状態に近い）と実態調査データの不備[2]に

よって上記の問題提起に真正面から回答した先行研究は稀である。本章は，筆者がこれまで東南アジアで行った現地調査を通して入手した生データに基づき，上記の諸問題提起に有用なヒントを与える。

2 関連概念の説明
──「レギュラー競争優位」と「イレギュラー競争優位」

　既述したように，これまでの多国籍企業論の根底には「競争優位論」がある。「競争優位論」を確立したハイマーおよびその後の継承者たちの学術的功績はたしかに大きいが，ハイマーの実証研究の根拠はほとんどアメリカ多国籍企業に関わるものであった。このような歴史的制約により，ハイマー理論が途上国・後発国企業の多国籍化行動を説明するには疑問があると思われる。なぜなら，途上国企業が多国籍化を図ろうとする場合，必ずしも最初から絶対的「競争優位」を持っていないからである。しかし，海外に進出した途上国企業は，何らかの「優位」を持たなければ進出現地市場では存亡の危機に直面するに違いないのに，途上国企業が持っている，先進国企業と異なる競争優位は必ずしも明らかになっていない。いうまでもなく，上記の点を明確にしなければ，中国企業の海外進出を説明することができない。では，途上国多国籍企業が持つ競争優位はいったいどのようなものであるか。これについて筆者は実証研究調査に基づいて多国籍企業が持つ次の2つの概念を提起する[3]。

　1つ目は，「レギュラー競争優位」である。これは，これまで主流派多国籍企業理論のなかでよく挙げられる競争優位の諸要素──企業規模，経営ノウハウ，製品・製造技術，人的資本（無形資産），マーケティング能力，資金力，生産管理技術，製品差別化能力など──である。上記のハイマーおよびダニングたちが提唱した先進国企業が持つ優位はそれである。

　2つ目は，「イレギュラー競争優位」である。この種の競争優位は，必ずしもこれまでの主流派理論によって研究されたわけではなく，特定の途上国多国籍企業にのみ適用されるものである。これらの競争優位要素の定義は，きわめて困難であるが，上記の「レギュラー競争要素」に属さない，すべての優位要

素がこれにあたる。筆者が考えたイレギュラー競争要素には次のものがある。1つは「ソーシャル・キャピタル（Social capital, 社会関係資本）」要素である。ソーシャル・キャピタルは，社会学，政治学，経済学，経営学などにおいて用いられる概念である。人々の協調行動が活発化することにより社会の効率性を高めることができるという考え方のもとで，社会の信頼関係，規範，ネットワークといった社会組織の重要性を意味するものである。筆者の海外現地調査では，たびたびこのようなソーシャル・キャピタルにあたるものに出会った。たとえば，東南アジアに存在している華人・華僑ネットワークという要素は，中国系企業にのみ適応する競争優位である。そして，もう1つは，「革新的結合」能力（末広［2000］）である。「革新的結合」とは，途上国の企業家が既存の経営諸資源を後発国の諸経営環境と創造的に組み合わせることによって新たな競争力を獲得することである。東南アジアに進出した中国企業は，先発の日韓企業に比べてレギュラー競争優位が比較的少ないので，現地で通用するさまざまな競争手段（先進国と違う商慣習，インフォーマルな関係，人脈とコネなど）をたび

図表4－2　海外市場に進出する多国籍企業の持つ2種類の競争要素

	代表的な要素	具体例
レギュラー競争要素	Hymer式競争要素	・安価な生産要素を入手する方法 ・支配的な技術，製品差別化能力 ・企業規模（資金力，人的資源力など）
	Dunning式競争要素	・Firm-specific要素（製品技術，資金力，規模など） ・Location-specific要素（流通チャネル，原料資源のアクセスなど） ・Internalization-specific要素（統合力など）
イレギュラー競争要素	「社会的資本」式競争要素	・社会の信頼関係，規範，ネットワーク ・人間関係に関わるコネなど ・インフォーマルな商取引方法
	「革新的結合」式競争要素	・市場と財の発見能力と判断能力 ・商品技術の模倣能力など

出所：筆者作成。

たび導入し，自らの劣位をかばう。上記の2種類の競争要素をまとめたものが〔図表4－2〕である。

3　東南アジアにおける中国多国籍企業の競争力の現状

　東南アジア市場における外資系多国籍企業の競争力現状を把握する時にはまず，下記の構図を明確にする必要がある。つまり，「①市場参入→②事業展開→③事業成熟」という多国籍企業の成長経路からみると，日系企業は，「③事業成熟」の段階に位置するに違いない。一部の新しい市場（ベトナム，カンボジア，ラオス，ミャンマー）を除けば，日本企業は1960，70年代からその現地事業を開始したケースが少なくない。そして，東南アジア市場における韓国系企業は，上記の「②事業展開」の段階にあたる。電機・電子と自動車産業分野では韓国財閥大手企業は1990年代から現地進出してから，急速に現地事業を展開し市場シェアを伸ばしている。日韓企業に比べて東南アジアにおける中国系多国籍企業は，せいぜい「①市場参入」の最中であり，ニューカマー的な存在である。この経緯から考えると，中国企業の現地事業を先発者の日韓企業と比較することは適当ではないかもしれない。しかし，市場に参入したばかりの中国系企業は最初から日韓のような強い先発者との競争を強いられた。

　本章の研究対象である東南アジアの中国系自動車と電子・電機多国籍企業11社の概要は，前掲，〔図表序－2〕に示されている。11社の諸特徴は次の通りである。

1）自動車・電機産業分野の中国系多国籍企業のほとんどは2000年以降に進出したもので，この市場においては日韓企業をキャッチアップする立場である。
2）企業規模は小さく，本格的な現地生産体制を確立していない。若干の例外（タイ・ハイアール）もあるが，これは数少ない現地企業を買収したケースである。
3）生産品目の数が少ない点は，各社が少品種で東南アジア事業を速く立ち上げようとする進出戦略を反映する可能性がある一方，各社の製品差別

図表4－3　東南アジアに進出した中国系自動車・電機企業の競争力現状

レギュラー競争要素	製品技術	日韓企業に遅れるか，せいぜい同等。
	製造技術	最新鋭の日韓企業に一歩遅れる。
	製品差別化の能力	相当弱い。少品種体制がほとんど。
	企業規模	比較的小さい。OEM 生産が多い。
	資金力	比較的弱い。
	人的資源	国際経営人材は不足。華人資源を活用。
	マーケティング	市場開拓の最中。
	国際経営ノウハウ	日韓企業に比べて不足状態。
	ブランド力	現地市場ではほとんど知られない。
	市場シェア	きわめて小さい。
	価格競争力	その価格にふさわしい品質を確保。
イレギュラー競争要素	華人・華僑資源の活用	各社がフル活用。要職に華人を登用。
	グレーな経営手法	活用していると推察される。
	人的ネットワーク	現地華人・華僑はカバーするところが多い。
	コネの活用	巧みに活用。
	インフォーマルな関係	同　上。
	現地パートナーの活用	充分に活用している。依存するところも。
	現地市場に適応する代替品	速い段階から現れている。

出所：現地調査の聞き取り情報により筆者作成。

　　　化能力に存在している問題点を示す現象でもあると思われる。
4）CKD 生産，相手ブランドによる生産（OEM），委託生産，輸入販売の企業がほとんどである。これは進出の初期段階で足場を固める一時的な戦略の可能性がある。これに対して中国系企業のライバルである日系・韓国系企業は例外なく量産体制を確立している。

　東南アジア市場への新規参入企業として，中国多国籍企業は今後，上記の状況を徐々に変える可能性があるが，現地調査の時点における中国系企業の競争優位は，特殊なものである。一言で言えば，その競争優位は「イレギュラー競争要素」に偏在している。これに対して「レギュラー競争要素」において中国企業はあまり優位性を示していない。これをまとめた資料が〔図表4－3〕である。資料における「レギュラー競争要素」をみると，優位に立つものがきわめて少なく，「人的資源」（現地の華人・華僑の即戦力を活用しているところが多い）と

「価格競争力」(低価格商品の提供とその値段にふさわしい品質，中国語で「性価比」)の2要素しかない。これに対して「イレギュラー競争要素」のほとんどは優位を示している。これらの要素のなかでは各社で活躍している現地の華人・華僑の役割が一番印象的である。彼らは中国系企業の弱み――現地言語，商慣習，地元政府とのやりとり，市場情報の収集，販売網の確立など――を市場参入の時点からカバーし，現地事業を速やかに立ち上げることに不可欠の役割を果たしている(後述)。

　上記の中国系企業の競争優位と競争劣位の分布状況を整理したのが〔図表4－4〕である。この図からわかるように，現時点における中国企業は「レギュラー競争要素」に弱く，「イレギュラー競争要素」に強い。この結果は海外市場への参入段階にあたる中国企業の一時的競争構図であるが，今後，その競争優位の変化が注目される。とりわけ，②事業展開→③事業成熟の段階に入ると，中国企業にとっては，現在の「イレギュラー競争優位」と「レギュラー競

図表4－4　東南アジアに進出した中国多国籍企業の競争優位と競争劣位の分布図

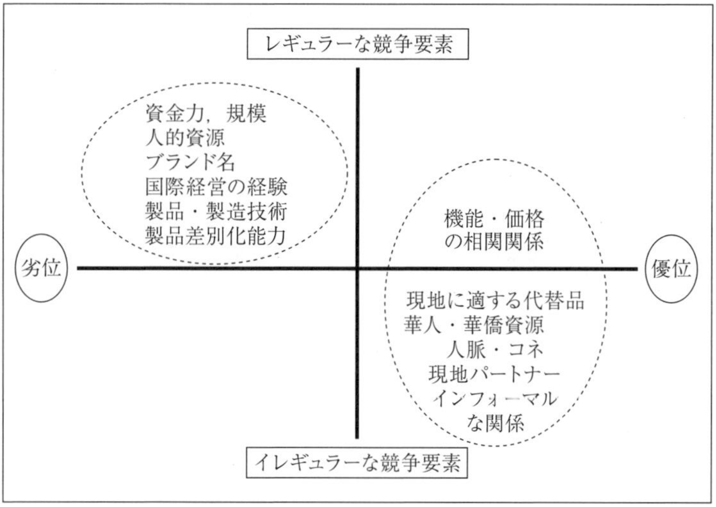

レギュラーな競争要素（上）／イレギュラーな競争要素（下）／劣位（左）／優位（右）

左上（劣位・レギュラー）：資金力，規模／人的資源／ブランド名／国際経営の経験／製品・製造技術／製品差別化能力

右上（優位・レギュラー）：機能・価格の相関関係

右下（優位・イレギュラー）：現地に適する代替品／華人・華僑資源／人脈・コネ／現地パートナー／インフォーマルな関係

出所：現地調査により作成。

争劣位」から「レギュラー競争優位」に転換することが避けられない。

4　海外に進出した中国企業の「レギュラー競争優位」構築の可能性

　上記のように「イレギュラー競争優位」から「レギュラー競争優位」への転換は中国企業が直面する，不可避の課題であるが，いうまでもなく，その可能性を予測するには時期尚早である。筆者は，中国企業がこれを強く意識して転換しようとした試みを現地調査からうかがった。

4－1　海外市場への参入スピードを追求する中国企業

　既述のように，東南アジア市場の自動車・電機市場では，日系と韓国系企業が圧倒的な「レギュラー競争優位」を持っている。したがって，日系と韓国系企業は，東南アジア市場において「成熟」もしくは「展開」の高い段階に来ている。このような市場に参入した中国企業にとって最大の課題は，迅速に市場に参入し現地経営体制を確立することであろう。対象企業11社に共通する特徴は，現地の既存企業を買収もしくは現地の華人・華僑系企業に委託生産・OEM生産することによって市場に参入した点である。グリーンフィールドの方法によって参入した事例はゼロであった。この参入戦略は必ずしも偶然に一致したわけではなく，中国系企業の巧みな手法を反映しているといえる。

　まず，ゼロから現地事業を立ち上げるグリーンフィールドの参入方法に比べて，テイクオーバー方式はさまざまな手間を避けられる利点が挙げられる。とりわけ，国際経営ノウハウの蓄積が薄い中国企業にとって，買収した現地戦略資産は即戦力になる。この戦略を採った典型例はTCLである。われわれは東南アジアにおけるTCLの現地事業3カ所（タイ，ベトナム，フィリピン）を訪問調査したが，いずれも現地の既存企業を買収した資産もしくは合弁した事業である。そして，中国の大手電機メーカーのなかでグリーンフィールド志向が強いといわれるハイアールも，そのタイの現地事業は旧三洋電機から買収した量産工場である。

第4章　海外市場における中国多国籍企業の競争力構築　113

　次に，合併・買収によって取得された現地資産もくしはOEM生産の委託先はほとんど華人・華僑系企業である。そもそも文化的・社会的なリーンケージを持つ中国系企業と現地華人・華僑は買収の最初段階から相性がよく，現地経営のスムーズなスタートに寄与したに違いない。インドネシアに進出した二輪車メーカーの嘉陵集団は，これにあたる事例である。嘉陵集団は当初華僑系の現地企業の要請に応じて合弁企業を作った直後，既存の生産ラインに若干の改造を加えてすぐに現地生産を開始した。そして，合弁パートナーから経営経験の豊富な華人経営者は嘉陵集団側の経営者を強くバックアップしている。
　第3に，最も重要な点は，合併・買収を通して取得された戦略資産には，レギュラー競争優位要素——人的資源，販売網，部品・材料調達ネットワーク，製造技術など——が含まれることである。新しい市場ではこれらの競争優位をゼロから確立することは，時間的コストがかかるに違いない。
　要するに，東南アジアに進出した中国多国籍企業は，現地事業を速やかに立ち上げ，レギュラー競争優位を取得するためにM&Aを意識的に採用していると考えられる。

4-2　イレギュラー競争優位を持ってレギュラー競争劣位をカバーする

　既述のように，東南アジアに投資した中国系多国籍企業は，絶対的なレギュラー競争優位をほとんど持っていない。対してイレギュラー競争要素には強い優位性が見られる。中国企業は市場参入段階で上記のイレギュラー競争優位を駆使し，自分自身のレギュラー競争劣位をカバーしようとする姿勢が強くうかがえる。
　一般的に日本の製造業企業は，海外事業を展開する際に現地の生産体制の確立を最も重要視し，最初段階からなるべく最新鋭の生産技術を現地に持ち込もうとするが，東南アジアに進出した中国の製造業企業は必ずしもそうではない。TCLフィリピンの場合，現地事業を立ち上げる最初から，主力製品のテレビ生産を合弁パートナーの華人企業に委託する方法を採用した。その理由を聞くと，日韓企業は，すでにフィリピン市場シェアの大部分を占めており，製品・製造技術およびブランドイメージも一歩先に進んでいるので，TCLの自

社工場を建設しても日韓企業との正面競争（たとえば，日韓より優れた製品技術もしくは有名ブランドを持って競争する）には勝算がない。一方，合弁相手の華人企業はテレビの組立工場を昔から保有し現地市場に適する製品の生産経験をも持っているため，委託生産は現地経営の経験不足と人材不足の弱みをカバーすることができるという。同時にTCL側は合弁相手が持っている全国の400店以上の販売ネットワークをも利用している。要するに現地に既存している華人企業の力を借りることによって自らの弱みをカバーする戦略が明らかである。このようなもう1つの賢い事例は，インドネシア福田汽車（Foton）である。周知のように東南アジアの自動車市場では日系企業が圧倒的な競争優位と市場シェアを有している。新規参入者の中国自動車メーカーにとってこの地域の自動車市場への参入は不可能に近い。ところが，強大な日系企業には隙間があった。それは，軽トラックである。日系各社は乗用車分野に主要資源を集中投入し，タイを生産基地としているが，タイ以外の東南アジアでの現地生産には量産効果などの問題がある。したがって，東南アジアの軽トラック市場は分散的であるため，量産工場は立ち上げにくい。このため，インドネシア市場に供給する軽トラックは，トヨタ，スズキがインドネシアの現地華人企業に生産委託する形を採っている。福田汽車はこの隙間市場をチャンスとして速やかに掴んだ。2007年から福田汽車は現地の大手華人財閥企業と組んで軽トラックを委託生産し始めた。福田汽車側はわずか2名の駐在者を派遣し，生産を現地華人企業に任せている。

そして，タイに進出した漢方薬メーカー同仁堂も類似の事例である。タイでは薬の生産と販売には厳しい行政規制がある。現地事業成敗のポイントは製造技術やブランドよりもむしろ，政府からの経営許可の取得である。外資系企業として，政府機関との交渉などは至難の作業である。同仁堂はタイ側の合弁相手（華僑）をうまく活用し，政府の許可を取得している。

4-3　現地に既存する人的資源の最大限活用

これまで説明したように中国系多国籍企業の弱みの1つは，国際経営の豊富な経験を持つ人材の不足である。人的資源の競争優位を確立するには相当時間

的コストがかかる。ところが，東南アジアに進出した中国系多国籍企業は，これに強い柔軟性を示している。その典型的な方法は現地に存在する人的資源の活用である。

　タイにおけるハイアールの中核事業は三洋電機から買収した電機工場である。われわれが調査した東南アジアの中国系企業のなかでは，これは最大規模の工場である（2,000名以上）。これほど最新鋭の設備と数千人の従業員を有する海外企業を管理することはハイアールにとって大きな試練であろう。このケースにはハイアールの柔軟性が十分に示されている。三洋電機からこの現地事業を買収した後，ハイアールは9割の所有権を持つ絶対多数の所有者になった一方，所有権（株）の数パーセントを三洋電機側にわざと残した。同時に，ハイアール側は企業とりわけ生産工場の日常経営管理を日本人スタッフに任せている。われわれが工場訪問調査した際に工場長をはじめ，生産管理や技術開発や部品購買など工場の管理要所の責任者は日本人であった。これに対してハイアール側の派遣社員は日常経営管理にあまり手を出さない。おそらく日系企業の場合，このようなケースは考えられないであろう。

　上記の特徴はハイアールのタイ事業に限らず，他のハイアール海外拠点にも見られる。2004年に筆者が訪問調査したアメリカ・サウスカロライナ州にあるハイアール工場およびニューヨークにあるハイアール地域本部の管理者はアメリカ人であった。また，2010年夏にインドのハイアール本部を訪問した時にも，経営者全員がインド人であった。

　したがって，東南アジアに進出したハイアール以外の中国系企業では，嘉陵集団，福田汽車，同仁堂も現地人の経営者を積極的に企業の重要ポストに登用し，現地の人的資源を最大限に活用している。

4-4　「革新的結合」の本領発揮と隙間市場の開拓

　自動車と電機分野では日韓企業とレギュラー競争要素とりわけ製品・製造技術と製品差別化能力で競争できない中国系多国籍企業は，「革新的結合」の本領を発揮し別の方法で市場を攻略している。これを示す事例には，華為技術の「コードレス母子機式「携帯電話」」，TCLの薄型CRTテレビおよび長虹の節

電エアコンなどのケースがあった。

　ベトナムでは最近，携帯電話市場が急速に伸び始めたが，携帯電話本体の購入費と購入後の通信費は所得水準の低い一般消費者にとって安価な消費ではない。とりわけ，固定電話端末さえも普及していない農村地域では，携帯電話はまだ手が届かないものである。2008年にベトナムに進出した中国大手通信機器メーカー華為技術は，ベトナム農村市場の消費実情に合わせて「コードレス母子機式「携帯電話」」を考案した。実はこれは携帯電話ではなく，固定電話の母子機の間に存在する微弱な電波を利用し，一定範囲において母機と子機間で互いに受信できる通信システムである。特にベトナムの農村および山岳地域では村範囲内で家族間の通信を可能にしたこの発想は，的中しているようである。要するに，「高価な携帯電話を購入しなくても，村範囲内で「携帯電話」を使える」という低所得層の需要チャンスを，華為技術はうまく掴んだ。われわれの訪問調査の際に華為技術側は「よく売れている」と説明している。

　これに類似する事例は，ベトナムTCLの薄型CRTテレビ製品である。ベトナム市場では液晶・プラズマテレビも市場に登場したが，一般消費者にとってまだ贅沢品である。このため，CRTテレビは依然として有力な商品である。TCLは，「CRTテレビの値段で液晶テレビの効果」という現地市場の低所得層消費者の需要に合わせて薄型，比較的高画質のCRTテレビのモデルを開発しベトナムで現地生産・販売している。また，インドネシアの長虹集団も類似のアイデア商品を生産している。東南アジアでは経済の高度成長に伴い，電気供給が逼迫している状態である。そのなかでインドネシアはより深刻な電気不足事情を抱えているため，これまで電気代が数度引き上げられた。一方，熱帯国家のインドネシアではエアコンは一般家庭にも必需消費財である。日系と韓国系企業は優れた節電エアコンを供給するが，低所得層には割高感があるという。2008年に現地市場に参入した長虹はこれを市場攻略の隙間として低価格でインドネシア市場向けの節電エアコンを投入し，成功を収めた，という。

4−5　「重点進攻」戦略で市場を攻略する

　東南アジアの家電市場では，フロントランナーの日系企業と後発で野心的な

韓国系企業が強い存在である。その結果，ごく最近に参入した中国系企業には市場の機会があまり残されていない。製品・製造技術から製品差別化能力まで，いわゆるレギュラー競争優位を持たない中国企業は，価格面でも絶対的な競争優位を有するとはいえない[4]。このような市場を攻略するのは，後・後発の中国企業にとって至難のことである。それにしても中国企業は賢い戦略を打ち出している。その一例はフィリピンTCLの「重点侵攻」戦略である。

　フィリピンTCLによると，フィリピンのテレビ市場は，日韓中企業によって占められているが，参入した最初時点では中国企業の市場シェアはわずかしかなかった。そこで，日系企業は，ハイエンド市場セグメント（高画質，大画面，高価格の液晶セグメント）に位置する。韓国企業のLGとサムスンは，フルラインナップ（ハイエンド→ミドルエンド→ローエンド）戦略を展開している。TCLは，ハイエンド市場セグメントを支配する日系企業との競争を避けてフルラインナップ戦略を採る韓国企業との競争を選んだ。TCLの戦略は，「卡位戦略」と呼ばれるものである。つまり，フルラインナップを有する韓国企業はその経営資源を分散しているため，必ず弱いセグメントが現れる。TCLは，LGとサムスンの強いハイエンド製品セグメントで韓国企業と正面から競争せず，その代わりにミドルエンドとローエンド製品セグメントで韓国企業との競争に経営資源を重点的に配置し，韓国企業から市場シェアを奪い合う。フィリピンのテレビ市場におけるLCDテレビの利幅は小さく，CRTの利幅が大きいので，TCLはその得意なCRT製品で市場を取ろうとした。われわれの訪問調査の時に，TCLはこの戦略で一定の成功を収めている，という。

5　まとめ

　以上，東南アジアに進出した「後発国型多国籍企業」の中国企業の競争力構築現状および中国企業が持つ独特な競争優位について説明した。最後に本章の研究によって明らかにされたポイントをまとめる。
　まず，「①市場参入 → ②事業展開 → ③事業成熟」という多国籍企業の成長経路から考えると，東南アジアに進出した中国系多国籍企業は，「①市場参入」

という初期段階にあり，ニューカマーである。当然，新規参入者に残された市場機会や競争条件はかなり厳しいものである。中国多国籍企業は現在，進出市場における足場を固めるプロセスの最中である。これを示すのは，各社の小規模な投資額と企業規模，CKDとOEMによる現地生産方針および生産品目の少なさなどである。

　次に，現在，東南アジアにおける中国企業の競争優位は「イレギュラー競争要素」に偏在している。これに対して「レギュラー競争要素」において中国企業はあまり優位性を示していない。この結果は市場参入段階にある中国企業の一時的競争構図であるが，今後，その競争優位の変化が注目される。とりわけ，②事業展開→③事業成熟の段階に入ると，中国企業にとって，現在の「イレギュラー競争要素」に強く「レギュラー競争要素」に弱い状態から，「レギュラー競争優位」に転換することは避けられない。

　第3に，東南アジアに進出した中国多国籍企業は，市場参入という段階を通過して現地事業を速やかに立ち上げようとしている。したがって，この段階における弱点（レギュラー競争劣位）を克服するために中国企業はM&Aをよく採用している。これはレギュラー競争優位を速やかに獲得する最速の方法だと考えられる。なぜなら，合併・買収を通して取得された戦略資産には，レギュラー競争優位要素——人的資源，販売網，部品・材料調達ネットワーク，製造技術など——が含まれるからである。新しい市場ではこれらの競争優位をゼロから確立するには，時間的コストがかかるに違いない。

　第4に，東南アジアに進出した中国多国籍企業は，絶対的なレギュラー競争優位をほとんど持たず，イレギュラー競争要素には強い優位性が見られる。このため，中国企業は市場参入の現段階でイレギュラー競争優位を駆使し，自分自身のレギュラー競争劣位をカバーしようとする姿勢が強くうかがえる。

　第5に，日韓企業に比べてキャッチアップする立場の中国製造業企業にとってレギュラー競争優位を確立するにはかなり時間的コストがかかるに違いないが，中国企業はさまざまな賢い戦略と手法を駆使し，先発者をキャッチアップするタイムスパンを短縮する可能性が十分にある。

　さて，本章の1つの基本問題関心「海外に進出した中国企業の場合，イレ

ギュラー競争優位からレギュラー競争優位への転換は可能か」について，筆者は「可能」という認識を持っている。ただし，2つの前提条件が必要である。1つは中国企業自身の正しい能力構築方法である。もう1つはライバル企業の変化である。中国企業自身の正しい能力構築方法については本章の分析によってほぼ明らかにされた。つまり，「市場参入」の段階をスムーズにクリアして「展開」段階にまで進むことができれば，中国企業は，すでに持っていた「イレギュラー競争優位」に「レギュラー競争優位」を徐々に加えることで，海外市場の強力な競争者になる。そして，ライバル企業の変化も中国企業の優位転換を大きく左右する。周知のように，これまでの世界電機・電子製品市場の流れをみると，今の日本企業はもはや守りの立場にあり，東南アジア市場におけるかつての絶対的競争優位を韓国企業に譲り渡している。この優位交代の背後には企業間の競争以外に技術の変化も重要な役割を果たしたと考えられる。つまり，電機・電子製品は，かつてのアナログ技術からデジタル技術へ急速にシフトしてきた。かつて電機・電子分野では日米など少数の先進国企業が製品的技術の絶対優位を持って市場を制したが，今日になると，「デジタル家電や液晶テレビのような分野では，製品差別化はかなり難しい」[5]時代に入った。日本企業はこれにうまく対応できなかったため，後発の韓国企業に一気に抜かれた。そして，もう1つの要素は国際分業の役割の変化である。かつては，家電などの電子製品の生産は企業内部の抱え込みの方式によって行われていたが，21世紀に入ると，OEM生産やEMS生産などの方式が急速に普及してきた。これは，企業の「レギュラー競争優位」に大きなインパクトを与えたに違いない。今後，この変化はさらに速まる可能性がある。上記の要素を総合的に考えると，海外に進出した中国企業には大きな可能性が与えられている。つまり，技術変化と国際分業の変化を先取りしてうまく利用すれば，中国企業は独自のレギュラー競争優位を構築することになるであろう。

　本章の分析を通じて中国多国籍企業が示した「後発国型多国籍企業」の特徴も鮮明である。一言でいえば，これまで海外展開した先進国多国籍企業が歩んだ道を中国多国籍企業は踏まずに，「近道」を模索している。

【注】

1) 経済産業省『通商白書 2010 年』，301 頁の記述。
2) 筆者の知る限りでは，海外に進出した中国企業に関連する実証調査データの蓄積はほとんど存在していない状態である。
3) この2つの概念が筆者の別の論文で初提起された。詳しくは，苑［2010］「東南アジア市場における中国企業と先進国企業との間の「非同質性競争」」（単著）立正大学『経済学季報』第 59 巻 4 号を参照されたい。
4) 筆者の現地調査によると，東南アジアのテレビ，冷蔵庫，洗濯機市場における小売価格は，日韓中の製品間に大きな価格差が存在していない。たとえば，タイの 29 インチの CRT テレビの場合，TCL の製品と LG や三星電子の製品はわずか数 10 バーツの差である。
5) 東南アジア現地調査の時に日系企業からたびたびこの証言が聞かれた。

主要参考文献

1. 苑　志佳［2010］「東南アジア市場における中国企業と先進国企業との間の「非同質性競争」」立正大学『経済学季報』第 59 巻 4 号。
2. 苑　志佳［2010］「ASEAN：中国現地企業の市場競争パターンの現状と行方」『日中経協ジャーナル』日中経済学会，2010 年 4 月号（No.195）。
3. 末広　昭［2000］『キャッチアップ型工業化論』名古屋大学出版会。
4. Dunning, J.H. [1981], "Explaining the International Direct Investment Position of Countries：Towards A dynamic or Developmental Approach", *Weltwirtshaftliches Archiv*, 117 (1), pp.30-64.
5. Dunning, J.H. [1986], "The Investment Development Cycle Revisited", *Weltwirtshaftliches Archiv*, 122 (4), pp.667-676.
6. Dunning, J.H. [1993], *Multinational Enterprises and the Global Economy*, Addison-Wesley.
7. Cheng, L.K. & Ma, Z. [2007], "China's Outward FDI：Past and Future, School of Economics", Remin University of China. Working Paper series, SERUC Working Paper, No.200706001E.
8. Hymer, S. [1976], "The International Operations of National Firms：A Study of Direct Investment," Unpublished Doctoral Dissertations, M.I.T., Cambridge.
9. Bonaglia et al. [2007], "Accelerated Internationalization by Emerging multinationals: the Case of White Goods Sector", *MPRA Paper*, No.1485.
10. Mathews, J.A. [2006], "Catch-up Strategies and the Latecomer Effect in Industrial Development", *New Political Economy*, 11 (3).

11. Li, P.P. [2007], "Toward An Integrated Theory of Multinational Evolution: the Evidence of Chinese Multinational Enterprises As Latecomers", *Journal of International Management,* No.13.

第5章

東南アジアに進出する中国多国籍企業の産業競争力
——自動車,電機・電子産業を中心に

1　はじめに

　本章は東南アジアに進出した中国の自動車と電機・電子分野の多国籍企業を観察することによってそれぞれの産業競争力を検証すると同時に「後発国型多国籍企業」が示した特徴も観察する。

　ここでは,まず,「産業競争力」という用語について説明しよう。ポーターによると,「産業は製品またはサービスを生産しながら,互いに直接競争し合う競合企業の集団である」[1]。本章は基本的に上記の定義に賛成する立場であり,「企業から産業を観察する」視点をとる。さらに,産業を構成する個々の企業が市場競争に備えて競争相手に勝ち抜くためには,さまざまな「力」を身につけなければならない。これらの「力」こそ,本章でいう「産業競争力」である。具体的にいえば,企業が持つ規模,技術,人的資源,資金,ブランド,戦略,組織,管理ノウハウなどは,上記の「産業競争力」である。本章の分析は,このような産業競争力の諸側面に注目する。

　一般的にいえば,企業の海外進出決定および海外市場におけるパフォーマンスはその企業が持つ競争優位によって大きく左右される。この点について中国企業も例外ではないが,移行経済の特有な事情から考えると,中国企業が持つ競争優位は不明確な点がある。閉鎖経済から開放経済へ移行中の国における企業の競争優位は世界市場に通用するものかどうかが証明される必要がある。企業の海外進出はその国際競争力の有無を証明する過程でもある。中国経済の移行過程を考えると,閉鎖経済から開放経済への本格的な移行は2001年の世界

貿易機構（WTO）加盟以降に行われたと考えられる。当初，中国はWTO主要加盟国との加盟交渉の際に，それぞれの基盤産業に対する「保護期間」と自由化時期について各関係国との間で粘り強く交渉していた。その理由は明らかに主要産業の国際競争力に自信がないことであった。そして，2010年前後になると，WTO加盟後の主要基盤産業の保護期間はほぼ終了し，主要産業分野を海外資本に開放せざるをえなくなった。同時にこれらの産業分野の企業は海外にも進出し始めた。また，主要産業の国際競争力優位の有無が問われる時期にもなった。

　本章の分析対象産業は，自動車産業と電機・電子産業の両分野のみに限定する。いうまでもなくこの両分野に対する分析は，海外に進出した中国産業全般を説明することはできないが，今後，増加する中国資本の海外進出の行方と傾向を一定程度で証明できるという意味がある。また，同様な制約により本章の分析地域は，東南アジア地域に限定する。

2　予備考察——中国国内における電機・電子産業と自動車産業の競争力の現状

　1990年以降，中国は「世界の工場」と呼ばれるようになったが，これは実に「生産量」のことを意味することが多く，産業の国際競争力の有無は必ずしも明らかになっていない。本節ではまず，上記の両産業分野の国際競争力の現状を検証する。分析の目的は，1) 国内における両産業の競争力状況の確認，2) 産業の国際化状況，の2点を分析することによって，それぞれの産業の国際競争力を把握することである。それぞれの産業競争力が企業の海外進出によって海外へ持ち込まれることは当然であろう。

　ところが，この両産業間の比較は，必ずしも容易ではない。そもそも中国の自動車と電機・電子産業形成の経緯・歴史が異なるだけでなく，産業組織や産業技術も大きく異なる。したがって，中国に特有な産業事情——政府の産業政策の異同，企業所有関係（国有もしくは民営）——も相当異なる。また，両産業間には比較可能な材料も少ない。これらの制約を避けるために本節では，両産

業に共通するもの——全国における企業の順位と売上高金額，所有関係，輸出状況，海外進出の状況——だけを取り上げて比較する。全国における企業の順位と売上高金額および所有関係に関する比較は，国内における産業競争力と産業的性格を把握することができる。そして，輸出状況および海外進出の状況に関する比較は，それぞれの産業の国際競争力を確認することができる。

まずは〔図表5－1〕と〔図表5－2〕に基づいて自動車と電機・電子産

図表5－1　2010年の「中国企業100強」にランクインした自動車企業

順　位	企業名	売上高（億元）	所有関係
第13位	東風汽車	2,691.6	国　有
第17位	上海汽車	2,297.2	国　有
第21位	第一汽車	2,065.5	国　有
第44位	広州汽車	1,335.9	国　有
第51位	北京汽車	1,164.7	国　有
第77位	天津汽車	770.2	国　有
総　計		10,325.1	

出所：中国企業聯合会HP（http://www.cec-ceda.org.cn/）。

図表5－2　2010年の「中国企業100強」にランクインした電機・電子企業

順位	企業名	売上高（億元）	所有関係
第37位	華為技術	1,492.5	民　間
第47位	海爾集団（ハイアール）	1,249.1	集　団
第56位	聯想集団（レノボ）	1,063.8	集　団
第65位	上海電気	898.3	国　有
第67位	美的集団	865.7	民　間
第68位	中国電子信息	858.9	国　有
第94位	中興通訊	602.7	集　団
総　計		7,031.0	

出所：中国企業聯合会HP（http://www.cec-ceda.org.cn/）。

業の国内競争力を確認しよう。「中国企業聯合会」と「中国企業家協会」は毎年、「中国企業100強」を発表する。〔図表5－1〕と〔図表5－2〕は、2010年に発表された情報に基づいて作成された資料である。これによると、売上高100強にランクインした企業数は、自動車産業分野6社、電機・電子産業分野7社という互角の状態に見えるが、それぞれの順位と売上高をみると、両産業の国内競争力は大分違うことがわかる。トップ20位には自動車企業2社（東風汽車、上海汽車）が入ったのに対して電機・電子企業は1社もランクインしていない。最高位の華為技術（37位）は、3大自動車企業の後塵を拝している。海外では高い知名度を持つあのハイアールでさえも47位であった。そして、100強にランクインした両産業の企業全般をみると、自動車企業は電機・電子企業をリードすることがわかる。

　そして、売上高金額をみると、自動車産業全般は電機・電子産業を上回っている状態である。電機・電子企業最高位の華為技術は、3大自動車企業に及ばず、広州汽車を若干上回る位置にある。家電とIT産業の雄であるハイアールとレノボは、自動車産業のサブメーカー北京汽車とほぼ同レベルの存在であった。したがって、企業100強に入った2産業のトータル売上高金額をみると、自動車産業の6社は、10,325.1億元であったのに対して電機・電子産業の7社は、自動車産業の3分の2程度で7,031億元であった。自動車は、急速に発展している要因以外に、単価も高いという要素が大きいであろうが、とにかく電機・電子産業に比べて、国内における自動車産業の競争力はより強いことがわかる。

　両産業の企業所有関係をみると、トップ100強にランクインした自動車企業はすべて国有企業である。これに対して電機・電子産業の場合は、事情が大分異なる。最高位の華為技術は、民間企業である。これ以外に集団企業が、3社（ハイアール、レノボ、中興通訊）に上る。国有企業は、2社（上海電気、中国電子信息）だけである。つまり、電機・電子産業における企業の所有関係は比較的多様化しているのに対して自動車産業では依然として「国企独大」（国有企業独占）の特徴を持つままである[2]。広く知られているように、中国の自動車産業は長い間にわたって輸入代替型産業分野であり、「自動車産業政策」に象徴される産

図表 5 − 3　2009 年中国輸出企業トップ 20 社の概要

順　位	企業名	産業分野	所有関係
第 1 位	中国石油化学工業集団	石油化学	国　有
第 2 位	中国石油天然気集団	石油化学	国　有
第 3 位	達豊電脳	電機・電子	外　資
第 4 位	鴻富錦精密工業	電機・電子	外　資
第 5 位	富泰華工業	電機・電子	外　資
第 6 位	中国中化集団	石油化学	国　有
第 7 位	諾基亜投資	電機・電子	外　資
第 8 位	仁宝信息技術	電機・電子	外　資
第 9 位	華為技術	電機・電子	民　営
第 10 位	鴻富錦精密電子	電機・電子	外　資
第 11 位	名碩電脳	電機・電子	外　資
第 12 位	緯新資通	電機・電子	外　資
第 13 位	中国海洋石油	石油化学	国　有
第 14 位	中国船舶工業	造　船	国　有
第 15 位	第一汽車	自動車	国　有
第 16 位	三星電子液晶顕示器	電機・電子	外　資
第 17 位	恵州三星電子	電機・電子	外　資
第 18 位	群康科技	電機・電子	外　資
第 19 位	英葉達科技	電機・電子	外　資
第 20 位	中国通用技術	電機・電子	国　有

出所：中国商務部 HP（http://www.mofcom.gov.cn/）。

業規制があるため，民間企業は今でも簡単に参入できない。反対に，電機・電子産業の参入ハードルは，それほど高くないので，国有企業のほか，民間，外資，集団企業が混在することになった。後に説明するように，このような産業発展の経緯は，企業の海外進出にも大きなインパクトを与えている。つまり，長い間にわたって保護された自動車産業は，国内市場に強く海外市場に弱いと

図表 5 − 4　中国の主要輸出製品上位 20 品目における電機・電子と自動車製品のシェア（2009 年）

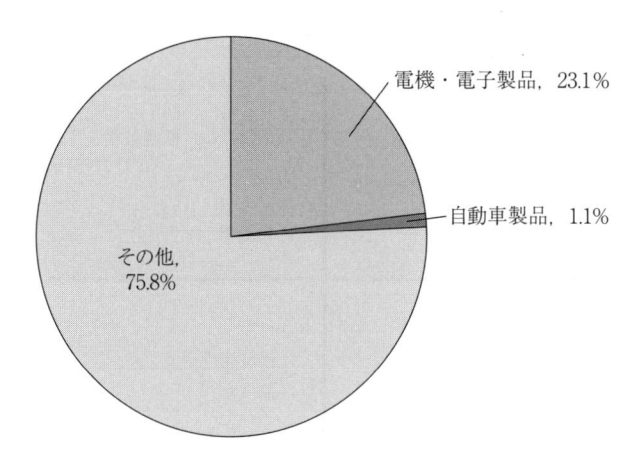

電機・電子製品，23.1％
自動車製品，1.1％
その他，75.8％

出所：海関総署『海関統計』2009 年第 12 期により作成。

いう体質を持っている。これに対して電機・電子産業は，逆の特徴——国内で熾烈な競争に直面し，海外市場を積極的に攻略する——を持っている。

　上記の産業的体質は，両産業の国際競争力にも反映している。〔図表 5 − 3〕は 2009 年の中国企業輸出トップ 20 社を示す資料である。これによると，トップ 20 社のうち，電機・電子関係の企業は 14 社を占め，輸出の主力産業になっていることがわかる。これに対して輸出トップ 20 社に入った自動車企業は，1 社（第一汽車，15 位）だけである。また，企業の所有関係をみると，輸出トップ 20 社にランクインした電機・電子企業はほとんど外資系と民営企業であり，14 社のうち，国有企業は 1 社（中国通用技術）だけである。

　そして，中国輸出品目の金額からみても，自動車産業に比べて電機・電子産業のシェアは断然高い。〔図表 5 − 4〕は，中国の主要輸出製品上位 20 品目における電機・電子と自動車製品の金額シェア（2009 年）を示すものである。このなかで電機・電子製品は 23.1％を占めるのに対して自動車製品はわずか 1.1％をしか占めない。以上の状況から下記の点がいえるであろう。まず，自動車産業は，依然として輸入代替型工業化段階の最中にあり，国内市場を中心とする分野である。したがって，自動車産業は海外市場に重点を置いておら

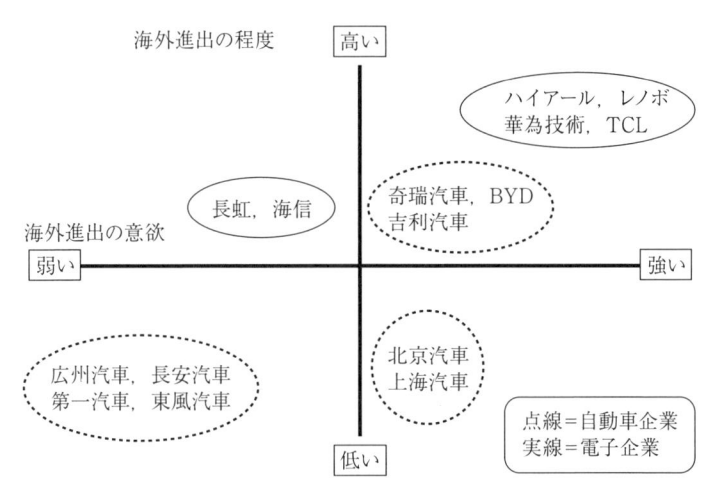

図表 5 − 5　中国の主要自動車と電機・電子企業の海外進出の意欲と進出程度

```
              海外進出の程度  ┃高い┃
                             │
                             │         ╭─────────────╮
                             │         │ ハイアール，レノボ │
                             │         │ 華為技術，TCL    │
                             │         ╰─────────────╯
                  ╭──────╮   │    ╭──────────╮
                  │長虹，海信│  │    │奇瑞汽車，BYD│
                  ╰──────╯   │    │吉利汽車     │
   海外進出の意欲            │    ╰──────────╯
   ┃弱い┃━━━━━━━━━━━━━━━━┼━━━━━━━━━━━━━━━━┃強い┃
                             │
                             │    ╭──────╮
                             │    │北京汽車│
                             │    │上海汽車│
         ╭┄┄┄┄┄┄┄┄┄┄┄╮      │    ╰──────╯
         ┊広州汽車，長安汽車 ┊      │    ┌─────────┐
         ┊第一汽車，東風汽車 ┊      │    │点線＝自動車企業│
         ╰┄┄┄┄┄┄┄┄┄┄┄╯      │    │実線＝電子企業 │
                              ┃低い┃   └─────────┘
```

出所：筆者作成。

ず，もっぱら国内市場に専念する企業が多い。これに対して電機・電子産業の場合，よりオープンな国際化段階に入り，国内市場と海外市場両方に強い。また，国有企業中心の自動車産業と多様化する電機・電子産業という構図も存在している。

　両産業における代表的な企業が示しているグローバル化の傾向はかなり異なる。〔図表 5 − 5〕は，「海外進出の意欲」と「海外進出の程度」という 2 つの測定指標を用いて 2 産業における主要企業を測った結果である。そこで，「海外進出の意欲」は，企業が内外に積極的に海外戦略を示したり海外進出の試みを最初から行ったりすることを指す。「海外進出の程度」は，これまで企業が実際に海外事業を展開しているかどうかを示すものである。〔図表 5 − 5〕によると，海外進出の意欲と程度がともに高い傾向を示す象限には，自動車企業と電機・電子企業の 2 グループがあるが，両者の間にはギャップが存在していることがわかる。つまり，電機・電子産業の企業は比較的強い傾向を示すのに対して自動車企業は若干弱い傾向がみられる。具体的にいえば，ハイアールやTCLなどトップの電機・電子企業は，すでに 1990 年代末から海外進出を図

り，海外には現地生産の拠点を設けた。一方，海外進出の意欲と程度を示す一部の自動車企業は，21世紀に入ってから海外進出し始めたが，これらの企業は今でも電機・電子企業ほど海外量産拠点を持っていない。したがって，海外進出に積極的な意欲を示す自動車企業のなかには吉利汽車やBYD汽車のような民間企業もしくは地方のマイナー国有企業（奇瑞汽車）が多い。そして，自動車産業におけるメジャー企業のほとんどは，海外進出に消極的な傾向を示している。たとえば，第一汽車や東風汽車などトップ企業は今でも海外に生産拠点を持っていない。そして，両産業には，別のタイプの企業もある。電機・電子産業の場合，海外に進出したが，これは政府の「走出去」政策への対応行動に過ぎず，本音は必ずしも海外市場を重視するわけではなさそうである。海信と長虹2社はこのタイプにあたる。これに対して自動車産業の場合，海外進出に積極的であるが，進出の実績はいまひとつという企業タイプがある。上海汽車と北京汽車がこれにあたる。このような自動車企業は，何らかの国際競争劣位を持つ場合が多い。後に分析する事例である北京汽車の海外進出の障害になった原因は，やはり優れた生産・製造技術や人的資源を持っていないことである。現地調査によると，その東南アジア現地事業を成功させるには相当の努力をする必要があると考えられる（後述）。

　以上は，電機・電子と自動車産業の競争力について，いくつかの共通指標によって比較した。両産業が示した競争力の特徴および海外進出の傾向は当然それぞれの海外事業に反映することになる。次節以降は，東南アジアに進出した中国電機・電子と自動車産業の実例を通してそれぞれの国際産業競争力を検証する。

3　東南アジアに進出した中国電機・電子，自動車企業からみた産業競争力の一般像

　本節では上記の分析結果をふまえて東南アジアに実際に進出した中国の電機・電子および自動車企業を対象にそれぞれの産業競争力を検証する。分析対象企業は，東南アジアの対象企業10社（他業種のタイ同仁堂を除く）である。こ

図表 5－6　調査対象の中国系電機・電子と自動車企業の産業競争力状況

	従業員規模	生産規模（年間）	生産体制	製品差別化状況	研究開発の有無	第三国へ輸出の有無
電子・電機企業						
タイ TCL	200 名	15 万台（LCD テレビ）	CKD 生産	7 モデル	×	○
タイ・ハイアール	2,082 名	120 万台（冷蔵庫）	現地生産	21 モデル	○	○
ベトナム TCL	370 名	170 万台（CRT テレビ）	CKD 生産	10 モデル以上	×	○
ベトナム華為	500 名	－	輸入販売	－	×	×
インドネシア長虹	100 名	20 万台（エアコン）	現地生産	6 数モデル	×	○
フィリピン TCL	250 名	5 万台（LCD テレビ）	委託生産	5～6 モデル	×	×
自動車企業						
ベトナム力帆	500 名	10 万台（オートバイ）	現地生産	3 モデル	×	×
インドネシア嘉陵	120 名	10 万台（オートバイ）	CKD 生産	2～3 モデル	×	×
インドネシア福田汽車	100 名程度	2.1 万台（小型トラック）	委託生産	1 モデル	×	×
フィリピン力帆	250 名	4.8 万台（オートバイ）	OEM 生産	1 モデル	×	×

出所：2008，09，10 年に行われた現地調査の聞き取りによる。

の 10 社に関する競争力の一般像を，〔図表 5－6〕にまとめた。

　まず，東南アジアに進出した対象企業の従業員規模をみると，両産業ともに大きな企業は少ないという共通点がある。最大規模の企業は，タイに進出した電機・電子企業のハイアールである（2,082 名）。これ以外の企業は量産企業と思われないほどの中小規模である。たとえば，中国国内では大きな認知度を持つ国有大手テレビメーカーの長虹が設立したインドネシア現地子会社は，わずか 100 名の従業員を抱える小規模であり，中国国内における長虹のイメージとはかなりの落差がある。したがって，全体的に自動車分野の対象企業の平均規模は電機・電子企業に比べて一回り小さい。最大のベトナム力帆はわずか 500人規模を抱える小さな合弁二輪車メーカーである[3]。そして，インドネシアに進出した自動車 2 社をみると，嘉陵（二輪車メーカー）は 120 名，福田汽車（商用車メーカー）は 100 名程度の規模である。とりわけ後者のインドネシア福田汽車は，北京汽車がインドネシアの現地華人企業に委託生産の形で借用した工場であり，小型トラックを生産しているが，生産現場をみた限りでは，自動車工場として，信じられないほど小さな規模である。そして，フィリピン力帆は大

手二輪車メーカー力帆が現地華人企業に協力生産を行う現地企業であり，力帆からの出資はない。

　次に，生産規模をみると，電機・電子企業と自動車企業の現地規模の間のギャップは一目瞭然である。電機・電子企業は海外現地進出の初期段階に合う規模となっているが，自動車企業の場合はきわめて小さな規模しかない。たとえば，インドネシア福田汽車の場合，年間生産量はわずか2.1万台であり（月間1,700台の計算），自動車企業として極端に小さい。二輪車メーカーの2社（ベトナム力帆，インドネシア嘉陵）はともに年間10万台の生産規模であり，こちらも小さな規模である。これに対して電機・電子産業の場合，それなりの生産規模を立ち上げている。タイ・ハイアール（冷蔵庫と洗濯機）とベトナムTCL（テレビ）は年間100万台以上の生産規模を抱え，現地生産の初期段階の規模としてふさわしいものである。

　第3に，生産体制は，両産業に共通点がある。つまり，東南アジアに進出した企業は，本格的な現地生産体勢を取るものが少なく，委託生産もしくはCKD（Complete knock-down）生産を行う企業が多い，という特徴を持つ。この地域の後発進出企業として，いきなり大きな量産体制を立ち上げるのは困難であることがわかるが，一般的には，自動車産業の海外生産の場合，委託生産やOEM生産のケースが少ない。自動車対象企業4社のうち，ベトナム力帆だけが現地生産体制を確保している。残りの3社は，委託生産（インドネシア福田汽車）やCKD生産（インドネシア嘉陵）という自動車生産らしくない方法を採用している。これに対して電機・電子産業の場合，タイ・ハイアールとインドネシア長虹が現地生産を確保している以外に，CKD生産か委託生産が主流である。

　第4に，製品差別化戦略をみると，電機・電子産業と自動車産業は大きく分かれている。〔図表5－6〕に示したように，自動車産業の場合は極端に少品種生産を行う企業が多い。二輪車メーカーの3社は1～3モデル程度で，トラック・メーカーの福田汽車は1モデルだけの体制である。対して電機・電子産業の場合，多数モデル（多品種）の戦略を採用する企業が多い。タイ・ハイアールの場合，冷蔵庫だけでも21モデルを投入している。無論，自動車と電機・電子製品生産の場合にモデル数の単純比較は，大きな意味がないが，両産

業間で海外戦略面に差異があることがわかるであろう。

　第5に，競争力の重要な指標の1つである研究開発については，両産業ともに弱い。自動車産業の4社は現地での研究開発をまったく行っておらず，親会社からの技術支援に依存している。たとえば，現地から調達しようとする簡単な部品のテスト程度の技術作業も行わない。電機・電子産業の場合もほぼ同様であるが，唯一，研究開発体制を持つ企業はタイ・ハイアールである。ただし，タイ・ハイアールの研究開発チームは，2006年に三洋電機から工場を買収した際にそのまま接収したものである。

　最後に両産業の現地企業が第3国へ輸出するかどうか，という点についてみれば，電機・電子産業と自動車産業の差は大きい。自動車産業4社はすべて現地生産・現地販売の体制をとっているのに対して，電機・電子産業6社のうち，4社（タイTCL，タイ・ハイアール，インドネシア長虹，ベトナムTCL）は，所在国以外の東南アジアへ輸出している。

　以上の分析からは，東南アジアにおける中国の電機・電子産業と自動車産業の競争力に関する一般像を下記のようにまとめることができる。

（1）自動車産業に比べて電機・電子産業の現地企業の従業員規模は，より大きい。生産規模も同様である。
（2）現地生産体制については，両産業とも現地生産のレベルは高くないが，電機・電子産業のほうが本格的な現地生産を行う企業が若干多い。
（3）製品差別化戦略については，電機・電子産業は自動車産業を大きくリードしている。多品種生産の量産企業もある。
（4）研究開発と第3国への輸出は，電機・電子産業に比べて自動車産業の競争力は一段と低い。

　総じていえば，東南アジアにおける中国の産業競争力は，優勢の電機・電子産業対劣勢の自動車産業という一般像が現状といえよう。

4 東南アジアにおける中国の電機・電子と自動車産業の国際競争力の現状

前節では，中国の両産業の企業同士の競争力について比較したが，本節は，中国企業より先に東南アジアに進出した日・韓企業と対比することによって両産業の国際競争力を検証する。

4-1 自動車産業の国際競争力

東南アジアの自動車市場といえば，日系企業の独壇場である。実際の現地調査の際に，東南アジアのどこに行っても，目に映るのは日本車ばかりである。日系企業による市場支配は，乗用車だけでなく，二輪車も同様である。このような地域に進出した中国の自動車・二輪車企業にとってこの市場を攻略するのは至難なことである。したがって，そもそも日系企業に比べて競争優位がより少ないという事実を加えると，中国企業が直面する困難は想像しやすいであろう。

ここでは筆者が訪問調査したインドネシアの中国系自動車と二輪車2社（福田汽車，嘉陵）の実例をもって検証する。まず，インドネシア福田汽車のケースを説明する。厳密にいえば，この企業は中国系企業ではなく，北京汽車がインドネシア随一の華人財閥サリム（林少良）グループ傘下の自動車組立工場（Indomobile社）を活用し，自社が開発した軽トラックモデルをこの企業に委託生産する工場である。委託生産は2008年からスタートし，月間1,700台の生産規模である。企業の経営から現場生産までの管理に福田汽車側は一切タッチしない。中国の親会社から派遣された2人のスタッフは，親会社との情報のやり取りや現地委託側との業務調整関係などに専念している。福田汽車のビジネス現地進出は始まったばかりであったため，現地市場における存在感はきわめて薄い。

〔図表5-7〕は，インドネシアにおける軽トラック市場シェアの内訳である。これによると，インドネシアの軽トラック市場は日系メーカーによってほ

figure 5 − 7 インドネシアにおけるトラックの市場状況（2008 年）

メーカー	モデル	排気量（CC）	価格（100 万ルピア）	市場シェア
三菱自動車	FE71	3,500	165	51.7%
いすゞ（1）	MHR55	2,800	155	18.1%
いすゞ（2）	NKR55（PS）	6,923	152	14.3%
日　野	110SD WU302	4,009	150	2.5%
トヨタ	DynaST M47Y	3,700	150	10.2%
福田汽車	BJ1039V3 JD3B	2,771	135	3.2%

出所：インドネシア Indomobile 社への聞き取り調査による。

ぼ独占されている。最大手の三菱自動車は市場の半分強を占めている。インドネシア乗用車市場を支配しているトヨタ自動車は，軽トラックをも現地生産し，1 割のシェアを握っている。このように，日系企業の包囲網のなかで，福田汽車は 3.2% の市場シェアしか占めていない。企業訪問調査の時に，福田汽車の軽トラック製品の競争優位は何かを尋ねたところ，「販売価格だけだ」と答えてくれた。表に示したように，福田汽車の製品価格は，同ランクのいすゞ製品に比べて 2,000 万ルピア（約 2,000 ドル）安い。また，販売面では，日系企業は独自の販売ネットワークを保有しているのに対して福田汽車は，もっぱら委託生産側のサリム・グループの販売網に依存している。実際，企業調査期間中にわれわれはインドネシアの道路で走行する福田汽車の軽トラックを一度も目撃したことがなかった。したがって，インドネシアの軽トラック市場における中国モデルはまったく認知度がない，という。

そして，インドネシアの二輪車市場に参入した嘉陵は，福田汽車より 10 年早く現地生産を開始したが，その成長は決して速いとはいえない。2009 年，現地訪問調査の際に嘉陵は 3 モデルのオートバイを CKD の形式で年間 10 万台生産していた。明らかにこの程度の生産量は，オートバイメーカーとして大きな量産企業ではない。そして，現地子会社は，国有企業の嘉陵集団と現地の有力華人企業との間に設立された小企業（120 名）である。販売は合弁相手が持つルートを利用している。現地での研究開発はまったく行われていない，と

図表5－8　インドネシアにおける自動車2社の競争優位と劣位

	嘉　陵	福田汽車
競争優位		
第1位	価　格	価　格
第2位	品　質	スピード
第3位	アフターサービス	親会社の支援
競争劣位		
第1位	資　金	ブランド
第2位	ブランド	企業知名度
第3位	製品差別化	資　金

出所：2009年11月に行った現地聞き取り調査により作成。

いう。

　以上のように，東南アジア自動車市場に参入した中国企業が強い国際競争力を示しているとは言い難い。筆者は企業調査の際に企業側に現地競争の優位と劣位について聞き取った。インドネシアの2社からの回答は〔図表5－8〕の通りである。これによると，現在，自動車産業が持つ最も重要な競争優位は「価格」である。自動車や二輪車のような耐久消費財を生産する企業として，価格上の競争優位は，必ずしも望ましいものではないのに，2社とも自社の優位として挙げた。そして，自動車産業に共通する劣位は，「ブランド力」と「資金」である。これ以外に「製品差別化」（能力）と「企業認知度」も競争劣位である。言い換えれば，多国籍企業のレギュラー競争要素では中国自動車企業は低水準にとどまっている。

　総じていえば，現在，東南アジア自動車（二輪車）市場における日中企業の競争構図は，〔図表5－9〕の通りである。市場シェアからみると，中国企業はきわめて小さなシェアしか占めていない。また，市場に投入された製品グレードは，ローエンドのものにとどまっている。これに対して日系企業は，ほとんどの東南アジア市場を支配し圧倒的なシェアを確保していると同時に，現地消費者の所得水準にあわせてハイエンドからローエンドまでのフルライン

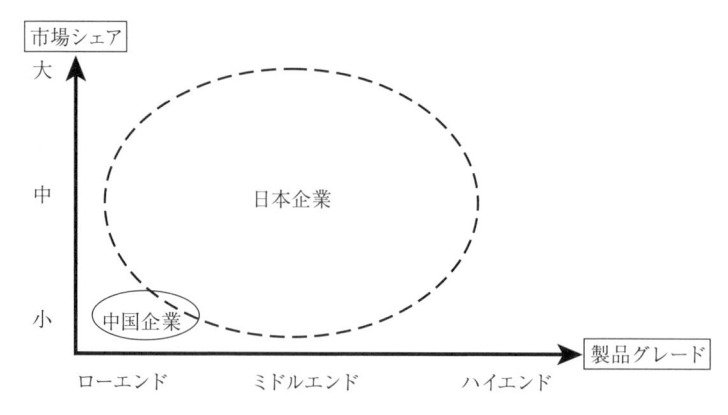

図表 5-9　東南アジア自動車市場における日中（二輪車）企業の競争構図

```
市場シェア
 大 │
   │         ╱─────────────╲
   │        ╱                ╲
 中 │       │     日本企業     │
   │        ╲                ╱
   │    ╱⌒╲ ╲─────────────╱
 小 │   │中国企業│
   │    ╲_╱
   └────┼────────┼────────┼──────→ 製品グレード
     ローエンド ミドルエンド ハイエンド
```

出所：筆者作成。

ナップ戦略をとっている。

4-2　電機・電子産業の国際競争力

　上記の自動車産業に比べて東南アジアにおける中国の電機・電子産業は，一定の国際競争力を持っている。東南アジアの電機・電子製品市場は，一部の先進市場（たとえば，シンガポール）を除き，まだ典型的な途上国市場の特徴——ローエンド・セグメント中心，遅れた製品モデル，激しい価格競争など——を有する。幸いにこの市場特徴は中国企業にとって好都合である。なぜなら，中国企業が持つ製品・製造技術と製品モデルはこの市場に適正なものであり，現地の消費者にとって手が届くレベルであるからである。全体的にいえば，東南アジアの電機・電子製品市場には，「天下三分」——オールラウンドの韓国企業，高級製品にこだわる日本企業，ロー・ミドルエンドの中国企業——という構図になっている。具体的にいえば，韓国の大手企業サムスンとLGは，セグメントのローエンドからハイエンドまで製品を投入し，きわめてアグレッシブな現地戦略を構築している。これに対して東南アジア市場の二番手に転落した日系企業は，ハイエンドおよび一部のミドルエンドのセグメントにこだわり，ぎりぎりまで頑張っている。そして，最近，この市場に参入した中国企業は，

第5章　東南アジアに進出する中国多国籍企業の産業競争力　137

図表5－10　東南アジア電機・電子製品市場における日中韓企業の構図

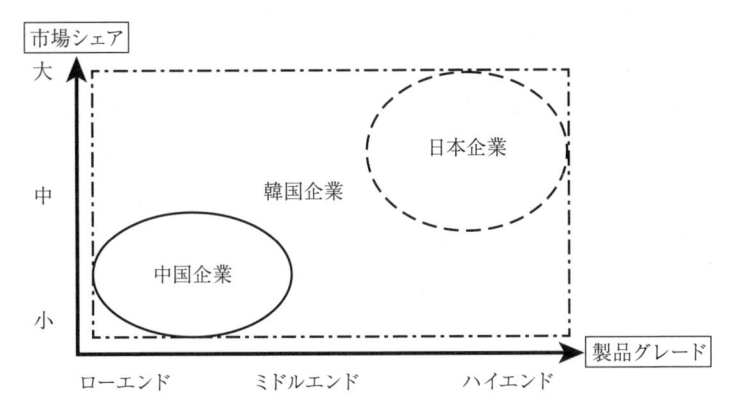

出所：筆者作成。

ローエンドという狭い市場セグメントにとどまっている（〔図表5－10〕を参照）。

以下では筆者が訪問調査したフィリピン，タイ，ベトナムの電機・電子製品

図表5－11　フィリピン CRT テレビ市場シェアの内訳（2009年）

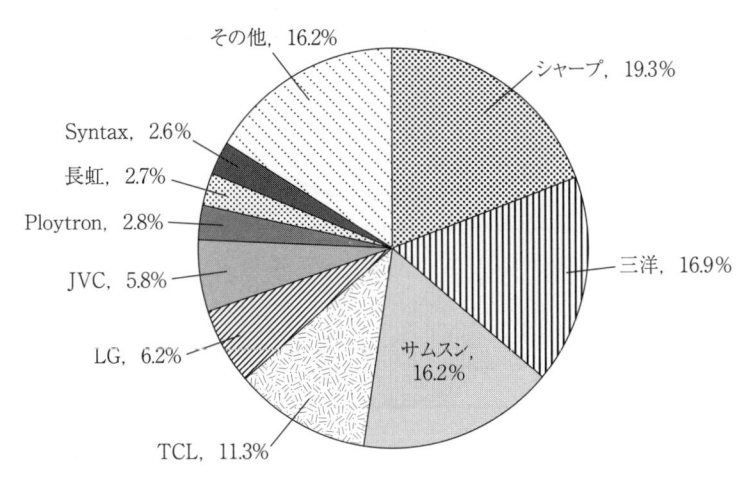

その他，16.2%
シャープ，19.3%
Syntax，2.6%
長虹，2.7%
Ploytron，2.8%
JVC，5.8%
三洋，16.9%
LG，6.2%
サムスン，16.2%
TCL，11.3%

出所：2010年夏に行ったフィリピン TCL への聞き取りにより筆者整理作成。

市場の競争状況をみながら、検証してみる。

まず、フィリピンのCRTテレビ市場をみると、〔図表5－11〕に示すように、日系のシャープ、三洋と韓国系のサムスンの御三家が、市場の半分を占めている（2009年）が、中国企業TCLと長虹も1割以上のシェア（両者総計14%）を確保し、日・韓企業とほぼ対等の立場で競争している。実際、フィリピンTCLを訪問調査した際に、「今後数年以内に日・韓企業はフィリピンのCRTテレビ市場から退出し、そのシェアを中国企業に譲るだろう」とTCL側のトップ経営者は説明した。その理由として、1) CRT市場は徐々にニッチ市場に変身すること、2) CRT市場の利幅は小さくなっていること、3) 日韓企業はCRT製品のコストダウン競争に耐えられないこと、などが挙げられた[4]。とにかく自動車産業にはみられない自信を中国のテレビ企業は持っている。

そして、タイの冷蔵庫市場にも中国企業は一定の競争力を示している。〔図表5－12〕は2007年のタイ冷蔵庫市場シェアの内訳であるが、日系企業5社が7割強のシェアを占め、圧倒的な市場支配力を示している。韓国大手のサム

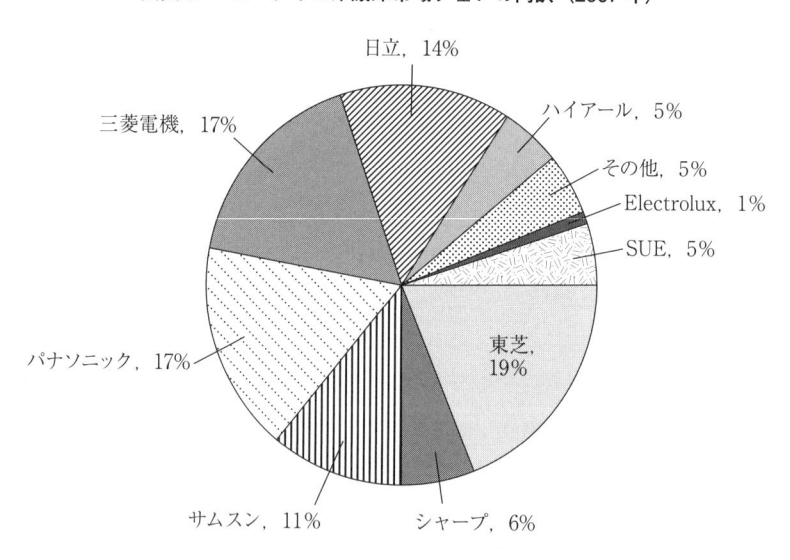

図表5－12　タイの冷蔵庫市場シェアの内訳（2007年）

- 日立, 14%
- 三菱電機, 17%
- パナソニック, 17%
- サムスン, 11%
- シャープ, 6%
- 東芝, 19%
- SUE, 5%
- Electrolux, 1%
- その他, 5%
- ハイアール, 5%

出所：2008年夏に行ったタイ・ハイアールへの聞き取り調査による。

図表 5 − 13　ベトナムに進出した日中韓電機・電子企業の現地生産品目

企　業	所属国	CRT テレビ	LCD テレビ	DVD	エアコン	冷蔵庫	洗濯機	電子 レンジ
LG	韓　国	○	○	○	○	○	○	○
サムスン	韓　国	○	○	○	○	○	○	
東　芝	日　本	○	○	○		○	○	
三　洋	日　本				○	○		
TCL	中　国	○	○					

出所：2010 年に行ったベトナムの日系企業（M 社）への聞き取り調査による。

スンさえ 1 割のシェアしか占めていない。タイの冷蔵庫市場のブランドイメージは，「日系＞欧米系＞韓国系」という先進国ブランド崇拝の特徴がある。2006 年にこの市場に参入したハイアールは，参入の翌年に 5 ％の市場シェアを獲得し，好スタートとなった。このシェアは日系のシャープの市場シェアに接近するものである。現地のスーパーを調査した際にハイアールの製品が日系大手の製品と並んで販売されている光景を目撃した[5]。したがって，進出したばかりのハイアールは今後，さらに製品ラインナップを拡充し，家電市場のシェアをいっそう獲得しようとしている。

　ただし，新規参入の中国企業にとって東南アジア市場を攻略するのは容易ではない。まず，日系企業は東南アジア市場を長期にわたって開拓しただけでなく，日本製品の現地認知度もかなり高い。日系企業はこの美味しい市場から簡単に手を引くわけにはいかないであろう。そして，1990 年代以降，意欲的に参入した韓国企業は，すでにトップの市場シェアと現地生産体制を確立しており，成長の速い市場を後発参入者の中国企業に簡単に譲らないであろう。現時点での日韓中企業の現地生産体制はアンバランスな状態である。これを示す事例が〔図表 5 − 13〕である。

　ベトナム電機・電子製品市場を具体例としてみると，韓国企業はかなり幅広いラインナップ戦略を打ち出している。そのうち，LG はすべての電子製品分野に商品を投入しているほか，サムスンもこれに近いラインナップを構築して

いる。そして，日系企業は若干控え目に見えるが，それにしても日系大手の東芝は幅広い商品ラインナップをカバーしている。これに対してベトナム TCL はテレビ分野だけに集中している。ベトナム市場の事例からわかるように，東南アジアの中国電機・電子企業は，この市場の参入段階で「一点集中攻略」という戦略を採用しているようである。無論，現段階では中国企業は日韓企業のような国際競争力をまだ確立していない可能性もある。

4-3 自動車と電機・電子産業の国際競争力に関する比較評価

これまで説明したように，両産業の比較に関する指標はそれほど多くない。したがって，東南アジア現地調査の際に両産業の企業数や規模や生産品目などを厳密に選び，対等にデータを収集するという余裕もなかった。以下では，上記の分析に基づいて東南アジアにおける中国の自動車と電機・電子産業の競争力を比較・評価してみる。比較指標は，これまでの分析のなかでも用いられた8指標——ブランド認知度，市場シェア，価格競争力，製品・製造技術，販売網，研究開発力，製品差別化，輸出——を中心とする。諸指標の評価は筆者の個人判断に基づく。これをまとめた資料が〔図表5-14〕と〔図表5-15〕である。

図表5-14 東南アジアにおける中国自動車産業の競争力評価

	高 位	中 位	低 位
ブランド認知度			○
市場シェア			○
価格競争力		○	
製品・製造技術			○
販売網			○
研究開発力			○
製品差別化			○
輸　出			○

出所：筆者作成。

図表 5 − 15　東南アジアにおける中国電機・電子産業の競争力評価

	高　位	中　位	低　位
ブランド認知度		○	
市場シェア		○	
価格競争力	○		
製品・製造技術		○	
販売網	○		
研究開発力			○
製品差別化		○	
輸　出		○	

出所：筆者作成。

　まず，自動車産業をみると，8指標のうち，唯一「中位」の競争力と評価されたのは，「価格競争力」である。これまでの説明のように，トラックにしても二輪車にしても中国企業の現地生産モデルは日系や欧米系モデルに比べてより安い値段で販売されている。この点だけは現地消費者に歓迎されるが，これ以外の指標は，「低位」と評価されるしかない。とりわけ，ブランド認知度や研究開発力などの基本競争力は，依然として初期段階のレベルにとどまり，日系企業などとは比べられないほど弱い。

　そして，電機・電子産業をみると，「高位」と評価された指標が2つ（価格競争力，販売網）ある。価格競争力は中国企業本来の競争優位といってよいが，販売網については，東南アジアに進出した中国の電機・電子企業は，ほぼ独自のルートを確立しているか，合弁パートナー（華人，華僑が多い）のルートを活用しているケースが多い。とにかく，先発者の日系企業と韓国企業に比べて大きな遜色はない。そして，「中位」とされた指標は，5つに達している。このうち，重要な基本指標の製品・製造技術も，それなりのレベルに達していると考えられる。そして，唯一「低位」となった指標は，研究開発力である。この点は進出初期段階にある中国企業にとって共通の弱点である。

　以上のように，東南アジアにおける中国の自動車産業と電機・電子産業の競

争力は，明確な差異を現している。一言でいえば，電機・電子産業は自動車産業より，比較的強い競争力を有する。

5 まとめ

最後に，これまでの分析結果および分析から示した要点をまとめよう。

まず，輸入代替型工業化政策の長期的保護を受けていた中国の自動車産業は今なお強い国内向きの産業性格を持ち，資本規模や売上高などの面では大きな存在感がある。したがって，所有関係は国有企業が圧倒的に多い。一方，自動車産業は海外市場にも進出し始めたが，その輸入代替型工業化の政策保護に由来した弱点——市場競争が苦手，硬直な経営姿勢，国際競争に必要とされる技術や品質などの不備，国際市場にふさわしい人的資源蓄積の薄さ，など——は，海外進出の障害になっている。これに対して電機・電子産業は，自動車産業と逆の特徴——国内で熾烈な競争に直面し，海外市場を積極的に攻略する——を持っている。同時に電機・電子産業には多様な所有制（国有，民営，外資，集団企業など）が存在しており，経営上のフレキシビリティを示している。

次に，両産業の国際化への取り組みも大きく異なる。電機・電子産業は国際化に積極的で強い意欲を示している。実際にも海外進出に踏み切った企業が多く，一定の成功を収めている。一方，自動車産業全体は，国内市場にこだわる傾向が依然として強い。一部の自動車企業は，21世紀に入ってから海外進出し始めたが，これらの企業は今でも電機・電子企業ほど海外量産拠点を持っていない。したがって，海外進出に積極的な意欲を示す自動車企業のなかには民間企業もしくは地方のマイナー国有企業が多い。

第3に，実際に海外進出した両産業を検証した結果，優勢の電機・電子産業と劣勢の自動車産業という構図が，現状である。具体的にいえば，現在，東南アジア自動車（二輪車）市場における市場シェアからみると，中国企業はきわめて小さなシェアしか占めていない。また，市場に投入された製品グレードは，ローエンドのものにとどまっている。東南アジア地域に実際に進出した自動車企業をみた限りでは，その国際競争力はそれほど強くない。これに対し

て，海外市場における中国の電機・電子産業は，自動車産業より比較的強い競争力を持っている。一部の海外市場セグメント（たとえば，テレビのローエンド・セグメント）において中国の電機・電子企業は日韓系企業と互角に競争できるレベルにある。

第4に，両産業の国際競争力を検証した結果，東南アジアにおける中国の自動車産業と電機・電子産業の国際競争力に，明確な差異を確認した。つまり，国際競争における「低位」にとどまる自動車産業と，「中位」の国際競争力を獲得した電機・電子産業，という構図が本章を通して確認された。

そして，筆者が提唱した「後発国型多国籍企業」との関連については若干のポイントを記したい。まず，「後発国型多国籍企業」の中国企業の海外進出は始まったばかりである。このため，海外市場の進出先発者に比べて「後発者劣位」を持つのは，当然なことである。国際競争力上の低位に位置する中国企業は今後，そのスピーディーな優位を生かして先発者をキャッチアップし，さらに追い越す可能性がないわけではない。実際，これまで中国市場でみられた家電産業での国内系企業と外資系企業との逆転劇は，海外で再現するかもしれない。次に，海外市場に進出した中国の両産業において，優位に立つ電機・電子産業と劣位に立つ自動車産業という構図はしばらく変わらないであろう。これは前述した両分野の産業的性格に由来したものであり，決して短期間で変えられない現象であろう。

【注】

1) ポーター［1992］，50頁を参照。
2) 21世紀以降，吉利汽車やBYD汽車などの民間企業が自動車産業に入ったケースは増えているが，この少数の民間企業は依然として小規模の状態にあり，国有のメジャーには比べられない存在である。
3) 2009年の現地調査の際にベトナム力帆は乗用車も生産し始めたという証言があったが，生産体制はきわめて小さなものだと推測される。
4) フィリピンTCLの事例について，詳しくは苑［2011］を参照されたい。
5) 東南アジアの家電流通は日本のような大手家電量販店の販売方法と違ってスーパー

や個人商店経由の方法が普通である。とりわけ大手スーパーは現在，最有力の流通ルートとなっているので，スーパーの家電売り場を観察するのは，現地市場を理解するための最良方法の1つであるといわれる。

> 主要参考資料

1. 苑　志佳［2010］「東南アジア市場における中国企業と先進国企業との間の「非同質性競争」」立正大学『経済学季報』第59巻4号，1〜24頁。
2. 苑　志佳［2010］「東南アジアに進出する中国企業の進出動機・競争優位・競争劣位──タイとベトナム現地調査結果による検証──」愛知大学ICCS国際中国学研究センター『ICCS現代中国学ジャーナル』第2巻，第1号，71〜83頁（http://iccs.aichi-u.ac.jp/archives/001/201004/4bb3f558afa5d.pdf）（ISSN:1882-6571）。
3. 苑　志佳［2010］「ASEAN：中国現地企業の市場競争パターンの現状と行方」『日中経協ジャーナル』日中経済学会，2010年4月号（No.195），16〜19頁。
4. 苑　志佳［2011］「海外市場に進出した中国系多国籍企業の競争力構築について──東南アジアの事例を中心に──」立正大学『経済学季報』第60巻2・3号，2011年2月20日，1〜15頁。
5. M.E.ポーター［1992］『国の競争優位』（土岐　坤他訳）ダイヤモンド社。

第6章

東南アジアにおける中国多国籍企業の分業パターン
——企業内水平・垂直分業とネットワーク

1 はじめに

　先進国の多国籍企業に比べて中国多国籍企業のさまざまな側面は，依然として不明な点が多い。本章の目的は，中国多国籍企業の企業間関係に関する戦略と行動の性格，特徴を明らかにすることを問題意識とすることと，その一環として中国企業の進出先における企業間分業・ネットワーク構築に注目して分析を行い，その性格，特徴を究明することである。この目的設定の意義は，

　① 研究蓄積の乏しい中国企業の海外進出の不明点を解明すること，
　② 中国企業の海外現地生産の性格・特徴を明らかにすること，
　③ ①，②を通して従来の多国籍企業論を再検討し，新たな理論的可能性を探ること，

にある。近年，グローバル化の進展，特にアジア地域の経済成長を背景にして世界の多くの企業が当該地域に集中し，アジア地域における企業間分業やネットワークの発展がクローズアップされてきている。企業の多国籍化，そして国際的分業関係またはネットワーク構築に関しては，すでに多くの研究蓄積がある（深尾［2008］，永池［2008］，国吉・張［2010］など）。本章はこれらの先行研究成果を踏まえつつ，海外現地経営における中国企業の事例を分析することで，途上国企業の経験を取り込んだ研究と理論化を目指したい。
　これまでの先行研究によると，企業の多国籍化経営の主な3段階——進出開始，事業展開，事業成熟——に合わせて，さまざまな意思決定が次第に本国の

親会社から進出国の現地子会社へ移っていく，という（Wilkins［1976］，曹［1994］）。企業がいったん多国籍化に踏み切ると，国内市場という慣れた「場」にあう慣行を捨ててその生産・経営のさまざまな行動・様式を，新たな環境＝進出国に合わせて再構築する必要があると考えられる。海外における企業の分業関係とネットワークの比較検討という課題にアプローチするにあたり，本章の究明すべき具体的な疑問点は以下の点に置かれる。

第1に，企業の水平的な分業関係がいかに構築されているのかという点である。同事業・同製品の企業の間の水平分業は近年かなり進んでおり，その流れのなかで企業間でも同じ事業・製品間での工程間分業やアウトソーシングが進んでいる。日本企業がこれまで同業企業との水平分業や提携の動きを積極的に展開していることはよく知られている。これに対して，中国企業の場合，同業企業の買収（M&A）や提携などの水平的統合が注目されているが，本章は中国多国籍企業の水平的分業（グループ内分業を含む）がどの程度進展しているのか究明する。

第2に，企業の垂直的な分業関係がどのように構築されているのかという点である。本章は特に製造業に注目し，原材料，部品，組立，販売の事業プロセスにおいて組立企業や部品メーカー，販売企業がどのような分業関係，ネットワークを構築しているのか，また単にモノの生産過程だけでなく，経営資源としてのヒト，情報，技術，カネの調達においてどのような企業間関係とネットワークが構築されているか，といった点を究明する。広く知られているように，日本の製造業企業は中核的部品・技術の内部化を前提として製品の差別化を指向する垂直統合の傾向がある[1]。これに対して，中国製造企業は中核的部品を内部化せず，市場から規格化された部品を調達し，組み合わせる垂直分業の方式で競争優位を築いているとの議論が広くなされている（丸川［2007］，丸川・安本［2010］など）[2]。

第3に，分業・取引を通してネットワークがいかに構築，展開されるのか，さらに提携などの統合的関係がいかに形成されるのかという点である。上記の企業間の分業関係は実は企業の事業ネットワークと一部重なっている。ここでの事業ネットワークとは，経営資源であるモノ，ヒト，カネ，情報の企業間の

複合的チャネルと流れをさす。

2 研究対象と資料の説明

上記の研究目的を達成するために，本章は東南アジアに進出した中国多国籍企業の現地子会社10社（現地生産を行わないベトナム華為技術を除く）を対象とする。

本章で使われる資料は，上記の10社に直接アンケートを依頼して，関係責任者が回答してくれたものである。そもそもこのアンケートは2008～2010年度科学研究費補助金による海外現地調査の現場（東南アジアに進出した日系企業と中国系企業）で回収したものであるが，筆者は回収したアンケートの回答内容を本章の問題関心に合わせて再分類した。〔図表6－1〕は，筆者によって再分類された調査内容を示したものである。それぞれに分類された項目の意味は次の通りである。

まず，中国多国籍企業の親―子会社間の水平分業に関する項目は3つある。海外市場開拓にあたって多国籍企業は，商品の競争力を維持するために，その商品生産に必要とする部品・原材料を本国の親会社から調達するか，それとも進出現地サプライヤーから調達するか，という選択に直面する。前者を選択した場合は垂直分業になるが，後者を選択した場合は，明らかに水平分業である。言うまでもなく現地調達比率は高ければ高いほど，水平分業の度合いが高い。逆の場合は逆になる。これを反映する項目は「部品・原材料の現地調達率」である。そして，水平分業を選択した企業は現地調達の際に，どのようなサプライヤーを選択するか，という点も重要である。現地サプライヤーもしくは現地の外資系サプライヤーを中心に部品を調達する場合，それは現地との水平分業度合いが高くなることを意味する。これに対して現地に進出した中国系部品・材料メーカーを選択した場合は，別の意味を示す。つまり，中国国内市場で築き上げた調達システムが，海外まで浸透したことを意味する。これを示す項目が「部品・原材料の現地調達先」である。第3の項目は「現地サプライヤーの能力」であるが，この項目は水平分業の「質」を示すものであり，ここ

148

図表6－1　対象企業 10 社の回答

企業名		同仁堂
所在国		タイ
企業間の水平分業関係（1）	部品・原材料の現地調達率	
	①100～81%	
	②80～61%	
	③60～41%	
	④40～21%	
	⑤20～0%	○
企業間の水平分業関係（2）	部品・原材料の現地調達先	
	①現地のサプライヤーが主	
	②中国系外資サプライヤーが主	
	③日系外資サプライヤーが主	
	④欧米系外資サプライヤーが主	
	⑤その他	○
企業間の水平分業関係（3）	現地サプライヤーの能力	
	①能力が高い	
	②ある程度能力が高い	○
	③どちらともいえない	
	④あまり能力は高くない	
	⑤能力が低い	
企業間の垂直分業関係（1）	部品・原材料の輸入先	
	①中国からが主	○
	②日本からが主	
	③欧米からが主	
	④その他のアジア諸国からが主	
	⑤その他	
企業間の垂直分業関係（2）	製品の輸出比率	
	①100～81%	
	②80～61%	
	③60～41%	
	④40～21%	
	⑤20～0%	○
企業間の垂直分業関係（3）	本社からの経営権限の委譲	
	①完全に現地主導	
	②どちらかといえば現地主導	
	③どちらともいえない	
	④どちらかといえば本社主導	
	⑤完全に本社主導	
	⑥その他	○
企業間ネットワーク関係（1）	現地販売における販売チャネル	
	①直営の小売店が主	○
	②自社の流通・卸部門から小売店に販売が主	
	③現地の流通・販売パートナーを通じて小売店に販売が主	○
	④本国系の外資流通・販売パートナーを通じて小売店に販売が主	
	⑤他国系の外資流通・販売パートナーを通じて小売店に販売が主	
	⑥その他	
企業間ネットワーク関係（2）	本国と現地との間でのビジネス慣行の違い	
	①大いに感じる	○
	②どちらかといえば感じる	
	③どちらともいえない	
	④どちらかといえば感じない	
	⑤まったく感じない	

出所：現地でのアンケート調査に基づいて筆者整理作成。

第6章 東南アジアにおける中国多国籍企業の分業パターン 149

TCL	ハイアール	TCL	力帆	長虹	嘉陵	福田汽車	TCL	力帆
タイ	タイ	ベトナム	ベトナム	インドネシア	インドネシア	インドネシア	フィリピン	フィリピン
	○						○	
			○					
		○						
○				○	○	○		○
	○	○	○				○	○
○		○		○	○			
						○		
				○	○	○		
	○		○					
○							○	
		○						○
○		○	○	○	○	○	○	○
	○	○						
			○					
				○				
	○							
○	○		○		○	○	○	○
				○				
○	○		○		○		○	
		○						
				○	○	○		○
	○	○	○	○			○	
○		○		○	○			
						○		
○	○	○	○	○	○			
							○	
								○

では現地に進出した中国企業と現地部品・原材料サプライヤーとの間にどのような水平分業型の取引関係が形成されているか，が示される。この場合，現地サプライヤーが中国企業の要求に十分に応えられるレベルの部品・原材料を供給するケースもあれば，そうでないケースもあるであろう。

　次に，企業間の垂直分業関係を示す項目も3つある。「部品・原材料の輸入先」項目は，中国企業が現地以外から部品・原材料を調達することを意味するものである。現地調達しない中国多国籍企業にとって，輸入部品を親会社の立地する中国から輸入するという選択と中国以外の第3国から輸入するという選択があるが，中国から部品を輸入する場合は，親会社への依存傾向が強いと解釈する。この場合，親会社との垂直分業度合は高くなる。これに対して中国以外の地域から部品・原材料を輸入する場合，子会社と親会社の垂直分業度合が低くなる。そして，「製品の輸出比率」項目も垂直分業を示すものである。一般的には多国籍企業が海外で商品・サービスを生産してその完成品を現地市場でなく，第3国市場に販売する場合，親会社はグローバルな市場戦略に基づいて子会社をその戦略に服従させるであろう。とりわけ，全量輸出のケースを考えると，多国籍企業がグローバルな生産拠点機能や販売機能などをそれぞれの子会社に分担させて最適なグローバル経営体制を追求する，というイメージが思い浮かぶだろう。そして，「本社からの経営権限の委譲」項目は，いうまでもなく，垂直分業の様相を示すものである。つまり，企業の意思決定という重要な権限は，トップダウン式で中央集権的な本社決定方式になるか，それとも子会社主導のボトムアップ式の分権化方式になるか，どちらかの分業関係を示す。

　第3に，本章の問題関心の1つである「企業間ネットワーク」に関わる項目は2つある。「現地販売における販売チャネル」は，現地生産から販売までの過程をつなぐ流通という重要な段階における中国多国籍企業の行動を示すものである。海外進出の経験・歴史の浅い中国企業がどのようなチャネルを選択するかは，その海外市場の競争力に影響を与えるであろう。そこでは，直営の販売チャネルを構築する選択肢もあれば，現地の既存のチャネルを活用する選択肢もある。むろん，流通チャネルの構築過程を通じて中国企業はさまざまな部

品・原材料企業との間にネットワークを形成することになる。そして，「本国と現地との間でのビジネス慣行の違い」という項目は企業間ネットワークの属性・特徴を示すものである。部品・原材料調達や完成品販売・流通を行うにあたって中国多国籍企業は数多くの企業と取引を行うが，これら企業との人的・組織的・社会的なネットワークのあり方は現地に進出した中国企業の競争力を左右するであろう。以下の節では，上記の3つのカテゴリーに関わる項目を分析し，中国多国籍企業の海外行動パターンと特徴を明らかにする。

3　中国多国籍企業の企業間分業とネットワークの実態

3-1　企業間の水平分業関係

　まず，「部品・原材料の現地調達率」の回答欄に示されたように，本章の分析対象企業は概ね低い比率で現地の部品・原材料を調達していることがわかる。具体的には対象企業10社のうち，6社は現地調達比率が0～20％の低いレベルにとどまっている。この結果は本章の研究対象企業の産業所属によるところが大きいと考えられる。つまり，自動車，電機・電子産業分野の企業は，東南アジア各国で現地生産を行う際に，部品の調達が可能な現地サプライヤーの数が限られているからである。周知のように，製造業の商品生産の場合，数多くの部品調達が必要となるが，東南アジア地域では歴史的な経緯によって製造業部品という裾野産業はあまり発達していない。たとえ強い現地調達志向を持つ企業にしても，現地の産業事情がこれに応えられないため，結局，多くの中国企業はあきらめるしかない。一方，対象企業のうち，80％以上の部品を現地から調達するものもある（タイ・ハイアールとフィリピン・TCL）。高い現地調達率を示すこの2社はさまざまな共通点を持つ。1つ目は，2社とも電機・電子産業に所属する企業である。2つ目は，まずまずの量産規模があることである。3つ目は，電機・電子産業が比較的に発達している国（タイ，フィリピン）に立地していることである。ただし，この2つのケースはそれぞれの背景と事情がある。タイ・ハイアールの場合は，タイで生産された冷蔵庫や洗濯機などの商品をタイ以外の東南アジア市場にも輸出しているため，東南アジア域内に

適用する自由貿易協定（AFTA）の免税待遇を享受するためには，一定比率以上の部品・原材料の現地調達比率を維持する必要がある。また，タイ・ハイアールの量産生産工場はそもそも旧三洋電機から買収したものである。このため，旧三洋電機時代に築き上げられた現地部品の調達ネットワークが存在している。この2つの背景のもとでタイ・ハイアールは，高い現地調達率を実現している。一方，フィリピン・TCLは，2000年ごろにフィリピンに進出した時から，現地生産は合弁パートナーの華僑企業が持っていた既存工場を活用してきた。このため，パートナーの華僑工場が持っている部品・現材料の調達ネットワークを，TCLがそのまま利用しているため，現地調達の比率は高いレベルを維持した。これらとは別にもう1つの例外的な事例は自動車・オートバイメーカーのベトナム力帆であり，その現地調達率は40～60％のレベルに達している。東南アジア地域においてベトナムは決して高い自動車産業基盤を持つ国ではないのに，これほど高い現地調達率が実現されたのはなぜか。実はこれはベトナムが実施している産業政策に関係がある。他の東南アジアの自動車生産国の経験を鑑み，ベトナム政府は国産率規制を実施している。つまり，現地部品・原材料を外資系企業に使用させることによってベトナムの自動車の裾野産業が育成される，という考え方である。しかし，自動車産業の基盤がほぼ存在していない環境のなかでベトナムに進出した力帆は現地から部品を調達することができない。このため，力帆は親会社と部品取引関係を持つサプライヤーを動員し，ベトナム力帆の工場所在地周辺に作った工業パークに中国系部品サプライヤー集合体制を作った。これによって「現地」調達率が高いレベルへ引き上げられた。10社のうち，唯一の非自動車・非電機企業の例外は，タイ同仁堂である。この企業は漢方薬を生産するメーカーであるが，同社のブランドと品質を維持するためにタイ同仁堂は，漢方材料のほとんどを中国から輸入している。このため，現地調達率は最低のレベルにとどまっている。

　「部品・原材料の現地調達先」については，「現地のサプライヤーが主」と答えた企業は5社，「中国系サプライヤーが主」と答えた企業は4社，残りの1社は「日系サプライヤーが主」という結果になっている。先に説明したように，全体的に中国多国籍企業は低い現地調達率を示しているが，ごく一部の現

地調達先をみると，現地のサプライヤーから部品が調達されている。ただし，「現地」といってもその事情はかなり複雑である。タイ・ハイアールの事例は代表的なケースである。タイ・ハイアールの主力工場は 2006 年に三洋電機から買収されたものであるが，われわれはその買収の 2 年後，その工場を訪問調査した。訪問当時，ハイアール工場は 230 社から部品を調達していたが，そのうち，純ローカルのタイ製部品は 70％ を占める，という。ただし，このローカル系サプライヤーの内訳をみると，在タイ外資系が 30％（日系，台湾系，欧州系）を占め，そのうち，日系企業はその半分程度を占める。タイ現地のローカルサプライヤーについて，ハイアール側は「納入部品の品質バラツキが大きいので，こちらは技術指導している」と説明した。多くの場合，ローカルサプライヤーとの取引の際に，サプライヤー側を代表する日本人はたびたび現れる，という。また，ハイアールと現地サプライヤーとの取引方法は「スポット取引と長期取引の間」になっている，という。そして，現地サプライヤーから部品を調達しているベトナム力帆は，機能部品は中国の親会社から輸入するが，二輪車部品の一部（タイヤ，バッテリーなど）はベトナム現地のサプライヤーを活用している。また，インドネシア嘉陵は，現地調達率が 20％ に達しているが，その現地調達部品は 5～8 種類あり，バッテリー，タイヤ，ゴム品，ペダル，シートクッション，騒音防止装置などに及ぶ。そして，現地の中国系サプライヤーから調達する企業は 4 社あるが，ここではインドネシア福田汽車を代表例として説明しよう。既述したように，この企業は福田汽車側が出資しておらず，福田汽車が委託生産の形でインドネシア華人財閥企業インドモービル（Indomobile）と提携関係を持つものである。福田汽車の軽トラックの部品が基本的に中国から持ち込まれ，現地で完成車が組み立てられるが，現地からも部品の一部が調達されている。そのうち，タイヤ（現地華人企業），トランク（現地華人企業＋現地企業），燃料タンク（華人企業）などはインドモービルがこれまで取引していた現地華人系サプライヤーから調達している。バッテリーは現地の日系企業から購入する。要するに，ここでの「中国系サプライヤー」は，現地の華人・華僑系サプライヤーであることを中国企業は理解している。

そして，「現地サプライヤーの能力」も水平分業を示す項目の 1 つであるが，

対象企業10社のこの項目に関する回答をみると，ユニークな結果になっていることがわかる。まず，「能力が高い」と答えた3社（インドネシア長虹，インドネシア嘉陵，インドネシア福田汽車）は，1）全部インドネシアに偏在していること，2）対象10社のなかで部品・原材料の現地調達率が一番低い3社であること，が共通している。これはなぜか。インドネシアに偏在していることは，おそらく下記の理由によるであろう。つまり，東南アジア地域ではインドネシアにおける華人・華僑の経済力が一番強い。実は，3社とも現地の華人企業と組んで合弁事業もしくは委託生産事業を行っている。前述したように，現地パートナーは現地での部品・材料調達のネットワークをすでに構築しているので，サプライヤーの能力は一定のレベルに達していると考えられる。このような条件のもとでインドネシアに進出した中国企業は，合弁パートナーのネットワークを通じて部品の一部を調達しているため，品質や納期といったサプライヤーの能力に関わる問題はないと考えられる。たとえば，インドネシア福田汽車の場合，委託生産先のインドモービル社は，すでに長い自動車生産の経験を持っている。これまで日系大手企業のトヨタ自動車，スズキ自動車もインドモービル社側にOEM生産や委託生産を行ってきた。これを通じて構築された部品調達ネットワークが，すでに存在しているはずである。そして，「ある程度能力が高い」と答えた3社（タイ同仁堂，タイ・ハイアール，ベトナム力帆）も上記の背景に近い事情があるが，現地パートナーは若干違う。タイ同仁堂の場合は，現地の有力な華人企業のバックアップを得たうえで，一部の周辺材料（包装材料，雑用品など）を現地調達しているだけで，パートナー側もこれを強くカバーしている。前述したタイ・ハイアールは，旧三洋電機の部品調達ルートとネットワークを利用すると同時に，華人・華僑のネットワークも築き上げている最中であるため，調達上の問題を抱えていない。ベトナム力帆も前述の通りに，自前の部品パークを作ったので，問題はない。一方，現地サプライヤーの能力について，否定的な回答（「あまり能力が高くない」）をした2社（ベトナムTCL，フィリピン力帆）は，下記の理由によると考えられる。ベトナムTCLは，香港系資本を買収したことによってベトナムに進出し，その生産拠点をベトナムの中部都市ダナンに設置した。そもそも香港系資本の時代における生産工場は，効率

的な調達ネットワークを構築していなかった。また，周知のように，ベトナムはかつて政治的な理由によって華人・華僑を排除した経緯があったため，華人・華僑の存在感はいまでも薄い。これによって他の東南アジア国と違ってベトナムでは有力な華人資本ネットワークが存在していない。このため，中国企業は華人・華僑という有力な現地の社会的資源によるサポートを受けていない。さらに，ベトナムの工業基盤は南部のホーチミンと北部のハノイに集中する傾向が強く，中部地域では比較的部品・原材料産業の基盤が弱い。このような環境に進出したTCLは，部品調達に苦しんでいるのではないかと考えられる。そして，フィリピン力帆は別の事情がある。既述したように，フィリピン力帆は，中国の自動車メーカーの力帆から協力パートナーの華人企業にOEM（相手ブランドによる委託生産）生産を行う企業である。このため，力帆側は生産管理・作業方法を記したマニュアルや設備だけでなく，部品・材料も中国からフィリピンに持ち込み，華人企業のなかで未完成品のオートバイを組み立てて完成する，という方針を貫いている。力帆側は自社の品質や生産性を保証するために社内の認定基準に基づいて部品調達を行っているが，フィリピン現地の部品，材料調達の場合にも，サプライヤーは上記の基準をクリアしなければならない。ところが，自動車関係の部品産業が発達していないフィリピン現地のサプライヤーのなかではこれをクリアできるものが多くないため，フィリピン力帆は，サプライヤーの能力を低く評価したのではないかと考えられる。

3-2　企業間の垂直分業関係

　まず，「部品・原材料の輸入先」をみると，「中国からが主」と回答した企業数は8社に達して親会社への高い依存傾向を示している。これについての分析は次の節に譲るが，その結論を先取りしていえば，中国の耐久消費財製品メーカーが一般的にコア部品などを外部から購入する傾向を示す，という「垂直分裂」型の企業行動パターンは，海外展開する場合には当てはまらない。対象企業が示した中国親会社への高度な依存は下記の理由によると考えられる。1つ目は，進出現地における部品・材料という裾野産業の未発達である。現地に進出した中国企業は，現地調達に困難な部品を安価で，かつ慣れた国内ルートか

ら調達している。その代表例は，インドネシア嘉陵である。インドネシアのオートバイ市場がほとんど日系企業によって占められているなかで，一時的に中国オートバイ企業が殺到したことがあるが，中国企業同士の無秩序な競争（値引き合戦，無責任な品質保証など）の結果，中国ブランドはひどく傷付けられた。現地の消費者は中国製オートバイを敬遠することにもなった。撤退せずに悪戦苦闘している嘉陵は，自社製品の品質を保証するために，現地調達部品を最低限に抑えて基幹部品のエンジン，フレームなどを親会社ルート経由で調達することになった。2つ目の理由として挙げられるのは，中国と東南アジア諸国連合（以下，ASEAN と略称）との自由貿易協定（FTA）の締結である。2009 年より，中国と ASEAN 諸国との交渉の末の合意に基づいて FTA は発効した。これによって電機・電子や自動車部品の大部分は FTA の対象品目となったため，現地に進出した中国企業は親会社のルートから現地生産に必要な部品・材料を無税で調達することが可能となった。3つ目の理由として，中国の親会社ルートからの部品調達に伴うコスト上の合理性が挙げられる。われわれの現地調査のインタビューでは，多くの中国子会社からこの証言を聞いた。たとえば，インドネシア長虹は，部品の 90％以上を親会社ルートから調達している。その理由について，「現地の同様な部品より，本社ルートから調達したものの方がずっと安い」と証言した。やはり，日系や韓国系多国籍企業に比べて中国多国籍企業は，グローバル展開した時点でコスト的競争優位を持っている。この点は後発国多国籍企業に特有な優位性かもしれない。上記の「中国からが主」以外に「その他のアジア諸国からが主」と答えた企業は2社（タイ・ハイアール，ベトナム TCL）である。タイ・ハイアールの場合，その主力製品の冷蔵庫の部品である鋼板（韓国），コンプレッサー（シンガポール）を中国以外から調達し，金額ベースで調達部品の4割に達している。したがって，前述したように，タイ・ハイアールは旧三洋電機時代から構築された部品調達ルートをそのまま使用しているので，上記の結果になったと考えられる。一方，ベトナム TCL の現状は同社の垂直分業体制の確立を示している。ベトナム TCL は現在，ブラウン管テレビと液晶テレビを同時に現地生産しているが，ブラウン管が東南アジア地域内で調達されている。そもそも韓国財閥企業の大宇が経営困

難のためにマレーシアのブラウン管工場を閉鎖した際に，TCL本社がこれを買収して東南アジア各地の製造工場へ基幹部品のブラウン管を供給するルートの1つとして再建した。現在，ベトナムTCLはそこからブラウン管を調達している。液晶テレビの最大部品のパネルについて，TCL本社が全世界から一括調達した後，各海外子会社に送る方法を採用している。TCL本社によるパネルの調達先は韓国，台湾などである。このようにベトナムTCLは，本社の一括調達方針に従って中国本社からパネルを仕入れている。実際，ベトナムTCLの事例は，本章の研究対象企業のなかでも数少ない垂直分業が鮮明になったケースである。

　次に，「製品の輸出比率」項目に関する回答も強い類似性を示している。つまり，輸出比率が0～20％のレベルにとどまり，強い現地販売の傾向がみられている。言い換えれば，多数の対象企業が中国親会社ルートから部品・資材を調達して現地で完成品を生産してから現地市場に販売する，というパターンが，東南アジアに進出した中国多国籍企業の現状である。前述したように，多国籍企業が海外で商品・サービスを生産してその完成品を現地市場だけでなく，第3国市場にも販売する場合，親会社は子会社をグローバルな市場戦略に従わせる。こうして，上記のグローバル戦略とグローバル展開能力を持たない多国籍企業は，まだ幼稚な段階の多国籍企業だといえる。世界進出の歴史が浅い中国企業は，とりあえず進出市場での足場を固め，現地生産の基盤を築き上げる最中にあるので，グローバル販売ネットワークの構築はその次の段階の課題だと考えられる。そして，対象企業のうち，比較的高い輸出比率を実現するものは2社もあった（タイ・ハイアールとインドネシア長虹）。タイ・ハイアールの場合は，輸出比率は60～81％に達していると回答した。その輸出先には，東南アジア市場とハイアール本社がある。ハイアールは現在，中国だけでなく世界市場においても総合家電メーカーとして世界最大となっている。企業の規模が拡大するにつれてハイアールの販売も徐々にグローバル戦略に沿って世界視野で行われるようになったと考えられる。また，中国本社への持ち帰り型の輸出はこれまでなかった現象である。今後，中国国内における諸コストの上昇によって中国企業は海外で完成品を生産して中国へ持ち帰るという戦略をとる

ケースを増やすであろう。そして，インドネシア長虹の場合もよりグローバルな販売戦略を採用している。同社の輸出は，東南アジア地域のベトナム以外に，トルコやアルゼンチンにまで及ぶ。明らかに長虹の親会社は世界市場全体を考慮し，世界各地にそれぞれ販売，生産など最適な資源配置を図ろうとしていると考えられる。

第3に，「本社からの経営権限の委譲」という典型的な垂直分業項目について，各社の回答内容と実際の現地経営実態の間には一定のギャップがある。つまり，われわれが現地調査を行った際に，対象各社は共通して「現地化」を強調したように，アンケートの回答をみても半分以上の対象企業の回答内容が，「現地主導」という大まかなものになった（うち，インドネシア福田汽車とフィリピン力帆はその特殊な事情によってアンケートに答えなかった）が，現地調査のインタビューを通じて別の事実が判明した。1）各社が回答した「現地主導」の内容は，現地子会社の内部人事（現地社員採用，現地人社員の昇進・昇格など）と組織設置および販売促進活動などに限定しているものである；2）「カネ」に関わる意思決定（現地での投資事項，販売価格，資金調達など）が親会社によって決められるという点は，各社とも共通している。いくつかの例を挙げると，「すべての投資関係の意思決定は本社にある」（インドネシア長虹）；「資金面のすべての情報は「月報」の形で月ごとに本社に報告しなければならない」（インドネシア嘉陵）；「すべての投資関係の決定権は本社にある」（ベトナムTCL）；「少額の販売促進用の資金も本社の決済が必要」（インドネシア福田汽車）。つまり，カネ関係は中国多国籍企業の意思決定の「聖域」のような事項であり，子会社は親会社に絶対的な服従地位にある。実際，現地子会社の組織と内部人事に関わる意思決定をみても親会社の関与度合いはかなり強い。その典型例はTCLである。前述したようにTCLはかなりグローバル的に展開した代表的な中国多国籍企業であるが，TCL本社では，海外子会社の人事管理方針は「向下管一級」（本社と子会社の人事はワンランクずれること）というものである。つまり，子会社の総経理（社長）とマネージャークラス人事は親会社が決定する。そして，子会社の総経理はマネージャー以下の幹部の任命権を持つ。また，子会社の組織設計についても，子会社が立案し，親会社がこれを決定する。

3-3　企業間ネットワーク関係

　企業間ネットワークに関わる「現地販売における販売チャネル」について，東南アジアに進出した中国多国籍企業は，多様なチャネルを利用している点が判明した。「直営の小売店が主」と答えた企業は5社がある。実際，5社のうち，3社は自動車関係の企業である。周知のように，自動車製品を生産する企業では自社以外の流通ルート経由で販売する方式は必ずしも多くないので，直営の小売店経由による販売という中国自動車企業の選択はわかりやすい。そして，直営店方式を採用した漢方薬メーカーのタイ同仁堂も想定内の結果である。若干の想定外の事例は，インドネシア長虹である。東南アジアにおける電機・電子製品（たとえば，家電製品）の一般的な販売ルートは，大型スーパーもしくはショッピングモールである。長虹の場合はこれだけに依存しようとしなかった。1990年代以降，長虹本社は東南アジア市場に販売子会社ネットワークを作り始めた。現在，インドネシアでは長虹の製品は一括して長虹の直営販売店経由で販売されている。そして，「自社の流通・卸部門から小売店に販売が主」と答えた企業数も5社である。したがって，この5社はほとんど電機企業である。現地調査を通じてわかった点は，各社が独自の代理店ネットワークを構築していることである。この点は前述した製品販売先に関連するが，「現地生産，現地販売」の原則を貫く中国企業にとっていかに現地市場を開拓するかは死活問題である。そこで実力のある企業は直営チャネルを作るが，これに力の及ばない企業は，代理店ネットワークを作ろうとしている。実は，中国国内でも家電製品の場合は代理店経由方式が最も多いものである。このため，中国で慣れた販売方法を東南アジア市場に持ち込もうとする中国企業が多い。TCLはその代表的な企業の1つである。タイ，ベトナム，フィリピン各国に展開した同社の子会社にインタビューした結果，TCLは投資した各国に最低200～300社の代理店ネットワークを構築している，という。したがって，流通が比較的に遅れたベトナムではTCL側は代理店ネットワークを構築しただけでなく，代理店に資本も支援している。そして，上記の緊密型の販売ネットワーク以外に「現地の流通・販売パートナーを通じて小売店に販売が主」と選択した企業数も5社ある。既述したように，東南アジアに進出した中国多国籍

企業は，ほぼ例外なく現地の華人・華僑資本と組んで合弁もしくは委託生産の方法を採用している。この進出方式のメリットの1つは，華人・華僑パートナーの販売ルートを即座に活用することができることである。本来，「立地特殊的優位」を持たない中国企業は，現地の社会的資本の活用によって自身の劣位を優位に転化しようとする賢い選択を見せる。また，東南アジアの流通業は途上国的な特徴——小規模資本，分散的店舗配置，零細な家族経営など——を持つが，近年，外資系流通資本は東南アジアに大量に進出し，スーパーやショッピングモールや量販店など多数を立ち上げている。これに刺激された地元資本もスーパーなどに参入してきた。その結果，家電やオートバイのような耐久消費財も量販店やスーパーを経由して販売される方式が普及している。また日本では考えられない例もある。たとえば，東南アジアにおけるオートバイの販売はスーパー経由が普通である。このため，中国企業はこの大規模量販ルートも重視している。一方，「本国系の外資流通・販売パートナーを通じて小売店に販売が主」および「他国系の外資流通・販売パートナーを通じて小売店に販売が主」を選択した中国企業は皆無である。これについては，中国企業が販売ネットワークを独自で構築しようとする強い意欲を反映している。

そして，「本国と現地との間でのビジネス慣行の違い」について，「まったく感じない」と答えた企業は，フィリピン力帆だけである。既述した通り，フィリピン力帆は厳密にいえば，中国企業の子会社ではなく，現地華人系の企業である。このため，フィリピン力帆は当然，地元企業として地元の商慣行に慣れている。これ以外の企業は「大いに感じる」もしくは「感じる」と答えた。この回答は，下記のことを意味するだろうと考えられる。1つ目は，中国多国籍企業の国際経営ノウハウ欠如の問題が反映されている可能性がある。つまり，中国多国籍企業には，進出国市場の事情や慣行を熟知し，これを巧みに活用できる人的資本の蓄積が少ない。2つ目は，進出した現地で構築されたさまざまなネットワークの未熟さが反映されている。

4 中国多国籍企業の企業間分業とネットワークの一般像

　本節は上記の実態説明に基づいて東南アジアに進出した中国多国籍企業に関わる企業間関係とネットワークの一般像を浮き彫りにする。上記の実態から抽出した共通ポイントもしくは類似傾向を示す資料が〔図表6－2〕である。

図表6－2　東南アジアに進出した中国多国籍企業の企業間関係

企業間の水平分業関係	部品・原材料の現地調達率	概ね低い現地調達傾向；
		本格的量産企業であればあるほど，現地調達傾向は強くなる；
		現地調達は非機能部品に限定する傾向。
	部品・原材料の現地調達先	現地外資系もしくは華人・華僑系サプライヤーから調達志向；
		中国系サプライヤーからの調達も多い；
		長期取引とスポット取引の併用傾向。
	現地サプライヤーの能力	評価のバラツキが大きい；
		現地サプライヤーへの評価が低い；
		合弁パートナー経由の場合，評価が高い。
企業間の垂直分業関係	部品・原材料の輸入先	中国親会社からの輸入が中心；
		現地の部品産業の未発達が原因の1つ；
		地域統合（FTA）は垂直分業を促進する傾向；
		コストは輸入先を左右する傾向。
	製品の輸出比率	きわめて低い輸出比率；
		現地生産・現地販売の傾向が強い；
		グローバル販売はごく一部の大企業に限定。
	本社からの経営権限の委譲	子会社への権限委譲は低レベルにとどまる；
		親会社からの権限委譲は子会社内部組織や人事に限定する傾向；
		カネ関係（投資，資金調達，利益処理など）は親会社による統制。
企業間ネットワーク関係	現地販売における販売チャネル	直営チャネルは自動車分野に限定傾向；
		電機・電子系企業は代理店ネットワーク経由傾向；
		合弁パートナーの華人・華僑ネットワーク活用も積極的；
		現地チャネル利用は量販店に限定。
	本国と現地との間でのビジネス慣行の違い	現地でのビジネス慣行への適応力は欠如；
		国際的経営人材の不足。

出所：現地調査に基づいて筆者整理作成。

東南アジアに進出した中国企業間の水平分業における共通点は次の通りである。まず，中国多国籍企業グループ内のグローバル的水平分業は，きわめて初歩的なレベルにとどまり，ほとんどの企業がこれを構築している最中である。次に，海外生産を展開する中国企業の現地子会社間もしくはグループ企業間の明確な水平分業関係——工程間，部品間，アウトソーシングなど——が見られず，在外子会社は孤軍奮闘するしかない状態である。東南アジアに進出した中国企業が示した低い現地調達率はこれを支える根拠である。第3に，進出した現地の同業企業の買収によって水平分業を強化する，という国内市場における中国企業の慣用手法が一部みられるが，この戦略は一部の企業のみ行っている。第4に，中国多国籍企業は自らの不十分な水平分業を補おうとする企業行動——現地に存在している華人・華僑という社会資本の力を借用する——を起こすことによって海外進出の初期段階における劣位を避けようとしている。第5に，海外に進出した中国企業は多くの国内慣行を海外にも持ち込もうとする傾向がある。部品・原材料調達の短期契約やスポット取引志向はこれを裏付ける。第6に，中国多国籍企業同士の間では先発して進出し，本格的量産体制を整えた企業であればあるほど，水平分業を積極的に強化しようとする意欲が見られた。最後に，海外進出の現地企業との水平分業関係をいかに構築するかに中国企業は戸惑っているようであるが，浅い海外進出経験や海外現地企業との付き合い方のノウハウに関わる知識不足はこれに関連する可能性が高い。いずれにせよ，水平分業という視点からみた中国多国籍企業は，依然として先進国多国籍企業に比べて遅れているだけでなく，その特徴もまだ明確に映しだされていない。

　そして，中国多国籍企業の垂直分業関係には多くの発見があった。現段階の現象かもしれないが，東南アジアに進出した中国企業の子会社は親会社に比較的強い依存傾向を持つ。したがって，これに関連するもう1つの発見がある。つまり，中国国内において，製造業企業が一般的にコア部品などを企業グループと関連しない外部企業から購入する傾向を示す，という「垂直分裂」型の企業行動パターンは，海外進出する場合には当てはまらない。丸川［2007］によると，「垂直分裂」とは，「経営学や経済学でいう垂直統合の逆の現象が起きて

いることを指す」(丸川 [2007], 14頁による)。つまり，パソコン産業で起こったように，製品の上流から下流に向かうバリューチェーンの各要素（たとえばIC, コンピュータ，OS，応用ソフト，販売）のすべてを１つの企業が手掛けていたものが，バラバラに分離されて，おのおの別の企業が担うようになる現象である，という。実際，「垂直分裂」は，中国企業のコストダウンの謎を解き明かす１つのキーワードになっている。そもそも，家電や電機などのような現代産業のスタートが遅かった中国の参入企業が製品差別化戦略を優先して競争に勝ち抜くのは容易ではない。なぜなら，自前の製品・製造・部品技術をゼロから開発して蓄積するためには大規模な初期投資を必要とするからである。このため，中国企業は，産業参入の最初から基幹部品（テレビなら，ブラウン管やパネル）を外注に依存することになった。このような基幹部品の外注の最大のメリットは，複数の部品メーカー同士を互いに競わせることによって調達コストを引き下げられる点，および基幹部品メーカーの方でも規模の経済性が働く点，にある。広く知られているように，中国の重要な産業のなかでは，上記の「垂直分裂」は珍しくない現象である。しかし，「垂直分裂」が成立する前提条件は必要である。それは，多数の基幹部品メーカーが存在し，互いに激しく競争することである。この条件がある限りでは完成品メーカーは垂直分裂のメリットを享受することができる。しかし，東南アジアに進出した中国企業は，進出現地で慣れた「垂直分裂」から享受するメリットを保障する条件――多数の部品メーカーの存在，多様な部品調達チャネル，豊富な部品市場情報など――を一気に失った。これによって現地生産に必要とする最低限の品質レベルを有する基幹部品は親会社の流通チャネルから調達するしかない。そして，部品を親会社から輸入するもう１つの促進要因として，地域統合が挙げられる。自由貿易協定（FTA）に象徴されるような地域統合は，かつて多国籍企業行動にそれほど莫大な影響を与えなかったが，今後は途上国多国籍企業の海外生産・経営にさまざまなインパクトを与えるに違いない。第３に，中国多国籍企業の垂直分業におけるもう１つの現象は，強い「現地生産・現地販売」の傾向があることである。海外進出の歴史が浅い中国多国籍企業は，とりあえず進出市場での足場を固め，現地生産の基盤を築き上げる段階にあり，グローバル販売ネット

ワークの構築はその次の段階の課題だと考えられる。実は，すでに一部の中国多国籍企業がグローバル販売に動き出したことは大きな意味を持つであろう。第4に，親会社から子会社への権限委譲の視点からみると，現段階における中国多国籍企業は，「強い親会社と弱い子会社」という欧米型の垂直統合型パターンを示している。この点では，より分権的なパターンを示す日本型多国籍企業とかなり異なる。しかし，そうは言っても親会社の強い垂直干渉は，子会社の「カネ」関係の意思決定に集中する傾向がみられるが，非「カネ」関係の意思決定に関して親会社は比較的緩いコントロール傾向を見せる。

　そして，経営資源であるモノ，ヒト，カネ，情報の企業間の複合的チャネルと流れを意味する企業間ネットワークについて，中国多国籍企業は意外にもこの構築に遅れているか明確なパターンを示していない。そこでは意味深い現象もある。つまり，東南アジアの現地社会資本である華人・華僑という媒介役のネットワークは，中国企業の企業間ネットワークの脆弱さをカバーする役割を果たしている。しかし，この要素は東南アジアに限定される可能性が高い。今後，世界範囲で展開する場合，中国企業はいつでもどこでも華人・華僑という社会資本を利用できるとは限らない。そして，企業間ネットワークの弱さは2つの原因に由来するかもしれない。既述したように，1つ目は，中国多国籍企業の国際経営ノウハウ欠如の問題である。つまり，中国多国籍企業には，進出国市場の事情や慣行を熟知し，これを巧みに活用できる人的資本の蓄積が少ない。2つ目は，進出現地で構築されたさまざまなネットワークの未熟さである。

5　まとめ

　本章は，東南アジアに進出した中国企業を中心に中国多国籍企業の企業間関係に関する戦略と行動の性格，特徴を明らかにする，という目的で分析を試みた。振り返ってみると，中国企業の本格的な海外進出は過去の10年間程度に過ぎない。企業の多国籍化が必ず経過する主な3段階――進出開始，事業展開，事業成熟――からいえば，中国企業の海外進出段階はあくまで「進出開始」に当たるものであろう。このため，本章が明らかにした点は，上記の進出

開始に特有な特徴かもしくは事業成熟まで貫くものかについて，また，東南アジア限定の特徴かそうでないかについて，今後見極める必要がある。いうまでもなく中国多国籍企業に関する研究，とりわけ現地調査に基づく実証研究がきわめて限られているなかで，筆者はできる限り，東南アジアに進出した中国企業の行動を一般化した。ここでは，本章の限定性を率直に説明する。つまり，本章の分析によって明らかになった「中国多国籍企業の特徴」は，〔製造業，非独占産業，中国の周辺地域〕に一般性を持つ。これに対して世界各地に野心的に展開する石油企業や金融投資企業などの中国国有資本は別の企業間関係などを持つ可能性があるかもしれない。以下ではこれまでの分析によって明らかになった点をまとめてみる。

　第1に，本章が最も関心を持つ海外進出の中国企業間の水平分業は，それほど発達しておらず，きわめて初歩的なレベルにとどまり，ほとんどの企業がこれを構築している最中であることがわかる。中国企業は同業企業の買収や提携などの水平統合を通じて水平分業を行おうとする傾向があるといわれるが，本章の研究を通じて上記のような企業間関係の存在は東南アジア地域では一般的特徴として確認されていない。ただし，中国の多国籍企業間における弱い水平分業は，企業の多国籍化の初期段階に特有な現象であるか，もしくは今後も長期的に存続するものであるか。この点については実証的根拠が足りないため，留保するしかない。今後，中国多国籍企業が国内市場で慣れた手法——M&A，同業提携など——を海外の進出現地に持ち込むかどうかも追跡調査することによって確かめる必要がある。この点は筆者の問題関心の延長線上にあるものでもある。

　第2に，中国企業間の垂直分業関係について本章は大きな発見をした。つまり，中国企業は，国内市場において多用される中核・基幹部品の外部化・外注化（もしくは垂直分裂化）という慣行を海外に持ち込まず，その代わりに強い垂直統合の傾向（親会社のチャネル経由でこれらの基幹部品を直輸入する）を見せる。また，親-子会社間の意思決定権限の委譲を象徴とする分業関係も強い垂直統合の特徴がみられる。つまり，意思決定の視点から見た中国多国籍企業は，「強い親会社と弱い子会社」という欧米企業のような垂直統合型パターンを示して

いる。

　最後に，分業・取引を通してネットワークがいかに構築，展開されるのか，さらに提携などの統合的関係がいかに形成されるのか，という中国多国籍企業の事業ネットワークについては，段階的な発見しかない。要するに，進出現地における製品販売や現地のビジネス慣行への適応など，企業の「立地特殊的優位」に関わる関係はまだ十分に確立されていない。この点は，中国企業のさらなる多国籍化に伴ってそのパターンが現れるだろうと考えられる。

【注】

1）深尾［2008］では，中国における日本企業を調査した結果，下記の事実を発見した。つまり，日系の部品メーカーは少数の組み立てメーカーに限定して部品を納入する傾向にあり，これらの組み立てメーカーの大多数が日系企業であることが示された。言い換えれば，海外に進出する日本企業は，グループ内および系列内の部品メーカーとの間に垂直的分業関係を意識的に構築する傾向が強い。詳しくは，深尾京司編［2008］『日本企業の東アジア戦略——米欧アジア企業との国際比較』日本経済新聞出版社，第7章を参照されたい。

2）丸川［2007］によると，中国製造業企業の場合，中核部品を含む基幹部品を企業内生産にこだわらず，外部から調達しようとする傾向が強い。彼はこの現象を「垂直分裂」と呼んでいる。

主要参考文献

1．苑　志佳［2010］「東南アジア市場における中国企業と先進国企業との間の「非同質性競争」」立正大学『経済学季報』第59巻4号。
2．苑　志佳［2010］「東南アジアに進出する中国企業の進出動機・競争優位・競争劣位——タイとベトナム現地調査結果による検証——」愛知大学ICCS国際中国学研究センター『ICCS現代中国学ジャーナル』第2巻，第1号。
3．苑　志佳［2010］「ASEAN：中国現地企業の市場競争パターンの現状と行方」『日中経協ジャーナル』日中経済協会，2010年4月号（No.195）。
4．苑　志佳［2011］「海外市場に進出した中国系多国籍企業の競争力構築について——東南アジアの事例を中心に——」立正大学『経済学季報』第60巻2号。
5．国吉澄夫・張　季風［2010］『広がる東アジアの産業連携』九州大学出版会。
6．曹　斗燮［1994］「日本企業の多国籍化と企業内移転」『組織科学』Vol.27，No.3。

7. Dunning, J.H. [1993], *Multinational Enterprises and the Global Economy*, Addison-Wesley.
8. 中国商務部［2011］『2010年中国対外直接投資統計公報』。
9. 永池克明［2008］『グローバル経営の新潮流とアジア——新しいビジネス戦略の創造』九州大学出版会。
10. 深尾京司編［2008］『日本企業の東アジア戦略——米欧アジア企業との国際比較』日本経済新聞社。
11. Wilkins, M. [1974], *The Maturing of Multinational Enter-prises*, Harvard University Press.
12. 丸川知雄［2007］『現代中国の産業』中新公書。
13. 丸川知雄・安本雅典編［2010］『携帯電話産業の進化プロセス——日本はなぜ孤立したのか』有斐閣。

第7章

東南アジア家電市場における中国多国籍企業の現地生産の特徴
―― インドネシアの日系M社とタイの中国系ハイアール社の比較を中心に

1 はじめに

　本章は，東南アジア家電市場に急速に進出した中国企業に照準を合わせ，同市場の競争相手の日本企業との比較によって中国多国籍企業の現地生産・現地経営における諸特徴を明らかにするものである。具体的にいうと，本章は，東南アジア地域に進出した中国企業の現地生産の主な側面――競争力全般，親子会社関係，本社派遣者の役割，グローバル化，現地化など――を検討する。本章の分析を通して中国多国籍企業の海外現地生産のいくつかの特徴――親会社による高度なコントロール，人的側面の現地化，現地事業の要所への緊密なコントロール，現地の社会的資本の積極的利用など――が発見された。
　一般的に「家電」とは，家庭用電気製品のエアコン，冷蔵庫，炊飯器，電子レンジ，洗濯機，乾燥機，掃除機，パソコン，電話，ファックス，ビデオカメラ，テレビ，ビデオデッキ，DVDプレーヤー，CDプレーヤー，コンポ，ラジカセなど幅広い製品群をさす商品コンセプトである。家電は日本では市場の円熟期を迎えたが，アジア地域では依然として普及途上にある国がある。東南アジアはその典型地域である。1990年代以降，東南アジアの家電製品市場は大きく変貌している。そもそも日本企業はこの市場において圧倒的な強さを持ち，市場の支配者であった。東南アジア家電市場における日本企業の支配地位は日系企業が早い時期から実行した対東南アジアへの直接投資と現地生産によって支えられてきた。これまでの先行研究によると，日本の家電メーカーは，他の分野よりも相対的に早い時期（1960年代頃）から東南アジア現地に進

出した。当初は東南アジア諸国の輸入代替型工業化に対応した直接投資が主であったが，その際の製品構成は複合型生産であった。それが1980年代の円高対応の進出のなかで輸出拠点としての役割を担うようになり，さらに日本との製品の棲み分けや工程の分担などが実施され，やがて現地国内の需要に対応する生産も開始されるようになった[1]。ところが，1990年代以降，日本企業の東南アジア諸国での工場新設のペースは緩やかになった。さらに，これらの東南アジア諸国におけるめまぐるしい経済環境の変化や現地労働者の賃金高騰，韓国系メーカーの追い上げによって日系家電メーカーの競争力は次第に低下してしまった。21世紀に入ると，韓国財閥企業による東南アジアへの進出は一層活発になってきた。それが成功した代表例が家電分野で，韓国ブランドは今や東南アジア現地市場での知名度も高く，消費生活に深く浸透するようになった。2011年以降は，韓国資本の大型スーパーマーケットや金融など進出する業種も多様化しており，東南アジアの可能性が注目され始めている。高い成長率と6億人を超える人口の多さ，消費力の向上などが魅力で，韓国企業の進出を後押ししている。東南アジア地域のなかで，インドネシアを例にとると，同国の人口は約2億4,000万人で，中国，インド，米国に続き世界4番目の人口大国である。近年，賃金の上昇などで経営環境が悪化している中国に代わり，新たな労働力の確保や消費市場の開拓先として注目が集まっている。家電業界のなかでも，いち早くインドネシア市場へ進出した韓国財閥企業のLG電子は現地化戦略で主要家電のシェアが1位となり，その地位を不動のものにしている。同国を新興国の1つとして捉え，早期から市場攻略に動き始めたことが功を奏した。

　さらに，2000年以降，中国系家電メーカーも東南アジアへの直接投資と現地生産を開始した。2008年のリーマンショック後，東南アジア家電市場における日本企業を取り巻く環境は大きく変化したと同時に，同地域の家電製品市場における日本企業は現地戦略の再編を迫られた。2011年，中国の家電製造大手メーカーのハイアールは，三洋電機の日本における洗濯機，家庭用冷蔵庫事業と東南アジア4カ国における白物家電の販売事業について，三洋電機の親会社であるパナソニックと買収に最終合意した[2]。協議によれば，両社は

2012年に関連会社の株式譲渡や三洋グループの従業員約3,100人の転籍などを進めた。また今後一定期間に限りインドネシア，マレーシア，フィリピン，ベトナムの4カ国で，ハイアール製の冷蔵庫，洗濯機，テレビ，エアコンなどに「SANYO」ブランドを使用することにも合意している。ハイアール側は，三洋電機グループの家電事業の買収を機に自社の弱みである研究開発能力を引き上げ，東南アジア市場における販売の現地化を実現することになった。

　以上のように，現在，日韓中3カ国の企業は，東南アジアの家電市場をめぐって激しく競争している。では，各国の多国籍企業は，どのような競争パターンを示しているのか。とりわけ，後発参入者として東南アジア家電市場に参入した中国多国籍企業は，どのように先発の日韓企業と競争し，その後発者の劣位を克服するか。本章は，筆者による東南アジア現地調査を通じて取得した生の情報に基づいて日中多国籍企業間の競争様式および現地生産のパターンの異同を明らかにするものである。本章が採用する研究手法は「比較研究法」である。周知のように，比較研究法は，社会科学の分野において時間的・空間的に異なる場の多様な社会事象の観察から，その事象間にある同一性あるいは異質性を求め，そこから社会事象の法則性を発見する手法である。本章は，東南アジアの家電市場開拓に先行した日本企業と比較することによって新規参入者の中国多国籍企業の現地生産・経営の特徴を明確にすることを目的とする。

2　研究比較対象の選定と対象企業・工場の概要

　上記の問題関心を解明するために本章では，インドネシアに進出した日系企業M社（以下，インドネシアM社と略称）とタイに進出した中国企業（ハイアール）の2社を選定した[3]。この2社を選定した理由は次の通りである。
（1）2社の親会社ともに各自の国内市場におけるトップの総合電機メーカーである。インドネシアM社の親会社は長年，日本の総合家電メーカーの雄として産業界に君臨してきた。同社は早い段階からグローバル化を展開し，現在，東南アジア各国に現地事業ネットワークを構築している。これに対してタイ・ハイアールの親会社ハイアールは，中

国家電の第1位（売上高）だけでなく，2011年以降，世界の総合家電メーカーの第1位として知られている。同時にハイアールは海外進出にも積極的に取り組んでいる。東南アジア市場はハイアールにとって最も重要な海外市場となっている。
（2）東南アジアにおける2社はともに家電製品を生産しているという点でも共通している。後ほど説明があるが，インドネシアM社は家電製品のほかに電子部品など中間財や電機メーカー向けの設備も製造している，言葉通りの総合電機メーカーとして東南アジアに事業を展開している。これに対してハイアールの東南アジア事業はこれまで，「家電」だけに集中し，経営事業の幅が比較的狭かったが，先に述べたように，同社による三洋電機グループの家電事業の買収を機に今後，総合家電メーカーとして東南アジア市場でのポジションとシェアを急速に伸ばすに違いない。
（3）東南アジアにおける2社は互いにライバルもしくは潜在的ライバルとして相手を意識している。このため，同市場における2社の市場競争戦略面においても直接対決に関わる発想があると考えられる。

〔図表7－1〕は対象2社の進出国市場における事業概要である。対象企業の所在国であるインドネシアとタイは，東南アジア家電製品の最重要市場である。日系企業と中国系企業にとって，進出時期こそ異なるが，東南アジア市場への入口として，インドネシアとタイが最も重視される進出地域である。まず，日系M社をみると，同社の対東南アジア進出の第1号は1961年に設立されたタイ工場であったが，これに引き続き，1970年にインドネシアにも現地生産工場を同国における最初の家電工場として立ち上げた。筆者の現地調査当時（2009年），インドネシア全土におけるM社の子会社もしくは事業所数は11カ所（うち，製造9カ所，販売2カ所）あり，東南アジア全地域では比較的拠点が多い国となっている。2008年，9の製造拠点の営業実績は，売上高総額が744億円，輸出額が580億円，というレベルに達している。また，同年に2つの販売子会社は，240億円の売上高を達成している。11拠点で雇われた従業員数は12,001名になり，インドネシアの雇用に大きく貢献している。生産品目は，M

172

図表 7 - 1　東南アジアにおける日中電機 2 社の概要

対象企業	日本・M 社	中国・ハイアール（海爾）
子会社所在国	インドネシア	タイ
最初進出時期	1970 年 7 月	2007 年 4 月
所有形態	グループによる単独出資	工場：合弁（海爾：90％，三洋電機：8％，現地華人：2％）
所在国事業所数	製造：9 社，販売：2 社	製造：1 社，販売：1 社
全事業所の従業員数	12,001 名	2,082 名
生産品目	家電全般，AV 機器，同部品	家電（冷蔵庫，洗濯機）
輸出比率	約 20％	約 60％
輸出先	マレーシア，中東，香港，日本，シンガポール	中国，東南アジア

説明：2 社への調査時期について，日本 M 社は 2009 年，中国ハイアール社は 2008 年。
出所：現地聞き取り調査情報により作成。

社の伝統製品のエアコン，冷蔵庫，洗濯機，オーディオ，ビデオカメラから，電池，照明器具，モーター，ファン，IC 組立などの電子部品まで多岐に及ぶ。そして，インドネシアの各子会社・事業所で生産された家電と電子部品は世界の各市場に輸出されている。訪問当時，インドネシア M 社の製品はマレーシア，中東，香港，日本，シンガポール，アメリカなど数多くの市場に販売された。インドネシア各子会社全体の輸出率は 20％ 以上に達しており，その親会社のグローバル市場戦略に統括されている。また，現地事業の所有形態は，M 社による単独出資がほとんどである。

　そして，中国系のハイアール社は中国で最も早く海外戦略を展開し，そして大きく成功した有数の電機企業の 1 つである。近年におけるハイアールは，真のグローバルブランド構築のために，中国を基地とし全世界に製品を出荷することに重点を置く戦略から，「その国の求めるハイアールブランドを創造する」という戦略への転換を行っている。グローバルブランド戦略の実施にあたり，重要視すべきは製品競争力と企業運営競争力を向上させることだけではなく，部品メーカーや販売店，そしてユーザーのメリットをも同時に実現することで

ある。ハイアールブランドは単一文化を超え，多元文化へと持続発展することをめざしている。2007年のハイアールの売上は1兆7,700億円（1,180億元）を達成し，世界経理人誌で最も影響力のあるブランド100選の83位にもなった。さらに，2010年売上は2兆355億円（1,357億元）に達し，2010年4月「Business Week」の「世界で最も革新的な企業50社」で28位にランクされた[4]。

海外進出では，ハイアールは1999年より，世界の主要都市での販売を開始し，独自の販売網・アフターサービス網を構築することによってハイアールブランドの知名度および信頼において一定の評価を得ることができた。これらの活動を通じて，ハイアールは海外進出を本格化していくことになった。海外進出に伴って研究開発面では，ハイアール中央研究所を設置し，世界市場のニーズに先駆けた新製品の開発にも意欲的な取り組みを開始し，パソコンの販売・旅行代理店業・保険事業・不動産業・医薬品業など，事業の多角化を推進した。ハイアールは，家電のトップメーカーとして，ブランドに対する考え方を非常に明快に持ち，海外展開の当初はヨーロッパ，そのあとアジア，次にアメリカ，そして最後に日本への進出という4つのステージに分けて世界進出を図ってきた。具体的にいえば，ハイアールの海外進出は，1999年の米国サウスカロライナ州での海外工場設立に始まり，その後，2001年パキスタン，2001年バングラディシュ，2001年イタリア，2002年オーストラリア，ニュージーランド（輸出），2002年マレーシア，タイ（販売会社），2002年日本（三洋ハイアール），2003年ヨルダン，2004年フランス（輸出），2007年インドとタイ（現地生産），というように海外生産拠点（買収を含む）と販売拠点の設立を展開している（松尾[2008]）。したがって，東南アジア市場への進出実績をみると，2012年現在，販売会社3拠点，工業団地1拠点，工場3拠点，販売代理店3,338店，という広大なネットワークが構築されている。

そして，本章の分析対象のタイ・ハイアールについて説明しよう。ハイアールによるタイへの事業展開は2002年にバンコクに設立した販売会社からスタートした。その後，ハイアールはタイにおける現地生産の可能性と機会をうかがったが，そのチャンスは2006年に現れた。この年に経営不振に陥った日本の三洋電機は事業再編のため，海外事業の縮小と整理を開始したところ，三

洋電機との提携関係を持つハイアールが，三洋電機のタイ主力家電工場の買収の可能性を協議し始めた。2007年に入ると，両社の交渉は成立し，ハイアールが三洋電機のタイ工場を「合弁」の形で買収することになった。両社の「合弁」という合意は大きな意味があると同時にハイアール側の期待もあった。なぜなら，ハイアール側は，タイ合弁事業を通じて三洋電機の現地生産・経営の経験とノウハウおよびこれを身に付けた三洋電機側の人的資本を手に入れたいからである。この経緯のもとで2007年に，タイにおけるハイアールの初の生産事業がハイアール側と三洋電機側による合弁（出資率は，ハイアール側が90％，三洋電機が8％，現地華人資本が2％）という形で正式にスタートした。訪問調査の時点では，タイにおけるハイアールの従業員規模は2,082名であった。そして，現地生産品目は，冷蔵庫（9割以上），洗濯機（5％程度）のみであった。また，現地で生産された家電製品は1割程度でタイ以外の市場（他の東南アジア地域と中国）へ輸出されている。

　以上のように，インドネシアとタイにおける日系M社とハイアールの現地事業には大きな違いがあった。第1に，進出時期についていえば，日系M社は，1970年代にすでにインドネシアに進出し，長い現地生産と経営の経験を蓄積している。M社に比べて中国系ハイアールは，30数年遅れてタイ市場へ参入したばかりである。両社の現地生産経験の蓄積のギャップは大きい。第2に，東南アジアのそれぞれの進出国における両社の現地事業規模と経営内容にも大きなギャップがある。日系M社は，幅広いラインナップと数多くの現地事業所を持っているのに対してハイアールは，わずかの生産品目しか現地生産せず，事業所も2カ所しかない。第3に，現地子会社の従業員規模も約6倍のギャップがあり，日系M社は圧倒的な優位を持つ。第4に，グローバルネットワークからみると，日系M社は，全世界的な視点をとり，東南アジアで生産された製品をグローバル的に販売している。これに対してハイアールも輸出はしているが，その輸出地域（本国と隣国市場）は，かなり限定されている。

3 東南アジアにおける日中多国籍企業の現地生産・経営の比較分析

以上，東南アジアのそれぞれの所在国における比較対象企業全般の事業について説明したが，本節では，2社のそれぞれの生産工場を1つずつ取り上げた比較分析をする。ただし，タイにおけるハイアール社の現地生産工場は1つしかないため，バンコクにおけるハイアールのKabinburi工場を取り上げる。日系M社の場合は，数多くの工場・事業のなかから家電製品を生産するジャカルタ工場を比較対象とする。

3-1 日系工場と中国系工場の全般についての比較

上記の2つの工場の対比資料が〔図表7-2〕である。まず，日系M社のジャカルタ工場は1970年に設立されたM社の最初の現地工場である。この工場は，インドネシアにおけるM社の子会社11社のなかの家電主力工場でもある。現在，工場の生産品目は，AV機器，冷蔵庫，エアコン，洗濯機からファンやモーターなどの部品まで幅広く及び，6品目に達している。そのうち，冷

図表7-2 東南アジアにおける日中電機2社の調査対象工場の概要

	日系M社	中国系ハイアール社
調査対象工場	ジャカルタ郊外工場	バンコクKabinburi工場
生産品目	AV機器，冷蔵庫，エアコン，洗濯機，部品	冷蔵庫，洗濯機
従業員数	1,709名	2,033名
本社派遣社員数	11名	7名
工場の売上高	149億円（2008年）	131億円（2007年）
敷地面積	184,984m^2	278,250m^2
建屋面積	72,709m^2	120,171m^2
工場製品の輸出比率	23%	60%

出所：現地聞き取り調査情報により作成。

蔵庫は売上高の約半分を占める最重要製品である。工場の従業員規模は1,709名で，比較的大きな量産工場である。この工場には日本親会社から11名の派遣社員もいる。また，工場で生産される製品の23％がインドネシア以外の市場へ輸出されており，工場の年間売上高は149億円に達している（2008年）。

一方，中国系ハイアールのKabinburi工場については，先に述べたように，この工場は2007年に三洋電機からハイアールに売却されたもので，訪問調査の時点では，2,033名の従業員を雇っていて，規模的には日系M社より若干大きい。現地工場の生産品目をみると，2品目（冷蔵庫と洗濯機）しか生産していない。この点については，本社の現地市場戦略および方針に関連するが，大きな量産工場規模に対して生産品目数は比較的少ない。また，ハイアール本社から派遣された中国人スタッフ数は7名で，日系工場より少ない。Kabinburi工場の年間売上高は131億円に達している（2007年の実績）。また，この工場の輸出率は60％に達しているが，その輸出先は，本社および隣のマレーシア市場だけである。

以上のように，本章の比較対象の2工場の売上高，従業員数，敷地面積，建屋面積などはほぼ同様な規模であるが，いくつかの点について2工場は，やはり異なる。第1に，2工場の生産性が異なる。一般的にいえば，工場の生産性の違いは技術，設備，労働者の熟練度，組織の在り方などによって決められているが，ここでは2工場の年間売上高と従業員数で単純に計算すると，日系M社のジャカルタ工場は，年間に1人当たり約716万円であるのに対して中国系ハイアール工場は，年間に1人当たり約644万円であり，両工場のギャップは72万円もある。第2に，2工場の規模（従業員数，敷地面積，建屋面積など）はほぼ同様であるが，生産品目についてM社工場はハイアール工場より多くの品目を同時に生産している。一般的にいえば，同規模の工場の場合，生産品目数の多い工場における運営・管理は難しくなる。なぜなら，生産品目数が多くなればなるほど，生産計画の日常的な管理から，部品調達の管理や従業員に関わる労務管理まで，きめ細かい工夫や効率的な運営が求められるからである。要するに，日系M社のジャカルタ工場のほうがより効率的に運営されるものであると考えられる。第3に，両工場の製品輸出率も異なる。日系M社

工場は明らかに親会社のグローバル戦略に沿ってその製品を世界市場に販売・輸出している（輸出率が23％）。これについて工場関係者は，「当工場の製品輸出は，本社のグローバル部署が統一調整する」と証言した。一方，中国系ハイアールの工場も輸出しているが，その輸出先は中国と東南アジアだけである。第4に，工場に常駐する本社からの派遣社員数が異なる。日系M社工場では，11名の日本人派遣社員が全従業員に占める割合は0.6％であるが，ハイアール工場の場合，日系工場の半分（0.3％）しかない。実際，これまで筆者が調査した中国系多国籍企業は，比較的少人数の中国人派遣社員が海外工場・事業所を管理・運営するケースが多かった。ハイアールのタイ工場もそのケースに当たる。これは今後，定着する中国多国籍企業のパターンになるかもしれない。そして，筆者が観察した限りでは，2工場の生産設備については，大差がない。既述したように，ハイアールのKabinburi工場は三洋電機から買収されたものである。買収直後に筆者はこれを訪問調査したが，工場の現場生産ラインは，比較的新鋭のものであった。

3−2　日中企業の親—子会社関係の比較

これまでの先行研究によると，日本型多国籍企業の親子会社関係は「グローバル・サプライ」タイプに属する（安室［1992］）。「グローバル・サプライ」タイプの企業では，親会社が世界各地の情報を分析しつつ，輸出を中心とした戦略を立案し，各子会社が本社の戦略を実行する部門として機能する。このタイプの多国籍企業は，日本企業に一般的に見られる形態であったという。そのために子会社のコントロール方法としては，組織によるコントロールではなく，日本的経営をベースにヒトによるコントロールを主としていた。山口［1995］によると，日本多国籍企業の親子会社の特徴として次の3点が挙げられる。

① 意思決定，情報に関する厳しい親会社の統治；
② 能力，権限，意思決定権の大部分の親会社集中；
③ 海外での事業をグローバル市場への配送パイプラインとみなす経営者の意識。

日本型多国籍企業は，主要な機能を日本に集中することでグローバルな規模

の経済性を達成し，かつフレキシブルな生産システムを確立することで，市場の多様化にも対応した。しかし，その一方でいくつかの問題も存在する。1つ目は人的現地化のレベルの低さである。つまり，日本人が海外子会社経営の中心になり，受け入れ国出身の従業員が経営に参加しにくい，高コンテクストな状況になっている点である。2つ目は，在外子会社の従属的地位である。つまり，受け入れ国にある子会社が，本社の実行機関であるので，受け入れ国ではいつまでもアウトサイダーのままであるという問題である（山口［1995］，5頁）。それでは，日系M社ジャカルタ工場の状況はどのようなものであるか。

　まず，日系M社ジャカルタ工場の位置づけについては，M社の東南アジア市場の「地域本部」がシンガポールにあり，これが東南アジア市場全般の計画やこれに関連する意思決定を行うと同時に，本社にある「アジア太平洋本部」から直接指示をうけるという。具体的にいえば，ジャカルタ工場自身は，生産以外の意思決定——生産計画，現地投資，販売先など——を行う必要がなく，上記の親会社および地域本部から指示があれば，その通りに執行する，という機能を持つ存在である。言い換えれば，ジャカルタ工場は，名目通りの「在外生産工場」の1つである。そして，ジャカルタ工場の生産に関わる諸側面は，日本の親会社に強く依存している。具体的にいえば，ジャカルタ工場の生産品目に使われる材料——鉄，鋼板，アルミ材，プラスチック材料，樹脂など——は「ほとんど日本から輸入する」という。子会社の責任者の証言によると，「インドネシアの裾野産業は弱いので，この工場が使えるものはほとんどない」という。また，工場の設備も「ほとんど日本から持ち込んだもの」である。そして，ジャカルタ工場の「自主権」はかなり限定されている。たとえば，工場のトップ（工場長）は親会社が任命する。工場長以下の幹部任命については，現地と親会社の共同選別で任命するという。工場の投資事項や商品販売関係などに関わる意思決定については，「現地提案 → 本社決裁」という方式によって決められる。概ねいえば，ジャカルタ工場が持っている意思決定権限は，低レベルでかつ非重要な事項に限られている。以上のように，先行研究が明らかにした日本型多国籍企業の親子会社関係パターンは，ほぼそのままM社のジャカルタ工場に当てはまる。

第7章　東南アジア家電市場における中国多国籍企業の現地生産の特徴　179

一方，中国ハイアール社のKabinburi工場は，かなりユニークな親子会社関係を見せている。まず，ハイアールの場合は，日系企業のような海外「地域本部」に当たる分権的権限・指揮構造を持っていない。タイ工場に関する「重要事項」——投資関係，資金調達，工場の上部人事など——に関わる意思決定は，本社から派遣された子会社社長（MD）が青島にある本社に提案して，本社がこれを決裁する，という。とりわけ，子会社の「カネ」関係のすべての経営事項は，子会社が決定する権限を持たずに本社による意思決定を仰ぐ。この点は欧米多国籍企業のような高度な垂直統合型の意思決定パターンに属すると考えられる。そして，工場の生産関係のハード面では，工場の元持ち主の三洋電機の色が濃い。訪問調査の時点で工場の主要設備は，ほとんど日本製のものであった。したがって，Kabinburi工場のマザープラントは，中国国内の本社工場ではなく，旧三洋電機の群馬工場である。これに関連して工場生産に必要とする金型および工場現場における作業マニュアルや作業基準などは，旧三洋電機工場のもの（日本から持ち込んだもの）をそのまま継承している。これに対して工場内では，中国本社から持ち込んだ設備や管理システムなどはかなり限られている。実は，Kabinburi工場では，生産関係に関わる管理が本社から派遣された中国人スタッフでなく，三洋電機から出向してきたスタッフによって行われている。たとえば，工場の生産計画の制定に関わる中心メンバーは，日本人スタッフである。これだけでなく，工場の資材調達，品質管理，エンジニアリングなど重要な管理責任も日本人出向社員が負っている。さらに，工場の管理システム全般は，「三洋式」だと言われた。中国本社は，子会社の研究開発（R&D）および新製品の試作などについて，直接コントロールする。先にも触れたように，そもそもタイにおける三洋電機工場を買収したハイアールは当初，三洋電機が持つ海外生産のノウハウおよび人的資源をフルに活用したかったので，買収後，工場の日常的管理運営は三洋電機から出向してきた日本人スタッフに任せている。

以上のように，親子会社関係について東南アジアにおける日系と中国系企業は別々の特徴を示している。つまり，日系企業に比べて中国系企業は，より現地化の傾向を示している。とりわけ，提携関係を持つ日系企業との連携に中国

企業はかなり熱心的である。その理由は，先進国企業との連携と協力を通して海外現地生産・経営に関わる知識やノウハウの不足を補おうとする思惑があると考えられる。一方，カネ関係の経営事項——資本増資，買収，再投資など——に関しては中国多国籍企業の親会社が強くコントロールする。

3-3　本社派遣者の役割の比較

　これまで多国籍企業の海外現地生産・経営のスタイルもしくはパターンという点をめぐって，「欧米型多国籍企業」と「日本型多国籍企業」の議論があった。日本型多国籍企業モデルとは，日本の多国籍企業の特徴は本国における日本企業の経営スタイルや組織特性が海外の子会社に反映されたものであり，日本の多国籍企業をアメリカやヨーロッパ多国籍企業とは異なった新しいタイプの多国籍企業とみなすことである（高宮［1981］）。ここでは，海外進出を展開した日系企業の特徴として，日本人出向社員の比率の高さや日本本国への権限の集中が挙げられる。日本多国籍企業が持つ上記の特徴の原因については，欧米多国籍企業に比べて日本企業の海外進出の歴史の浅さと未熟性に由来するといわれた（ヨシノ［1977］）。しかし，欧米の多国籍企業に比べて日本人出向者の比率が顕著に高く，また戦略や経営の決定権が本国へ集中しているという傾向は，日本企業の海外経験が長くなった現在でも基本的には変わっていない。その理由について板垣［2003］は，下記のように説明している。つまり，「日本の多国籍企業の基本的な特徴は，品質管理能力や在庫管理能力に示されるオペレーション効率に関するパフォーマンスの高さと収益性に関するパフォーマンスの低さというパラドックスにある。日本企業の海外子会社は，オペレーション効率に関してはかなり良好なパフォーマンスを達成している。にもかかわらず，なぜアメリカおよびヨーロッパ企業の海外子会社に比べて低い利益率しか実現することができないのか。このパラドックスを解く鍵は，オペレーション効率を高める技術，技能，ノウハウ，およびそれらを具体化した人材といった経営資源の蓄積と活用を重視する日本企業の組織特性にある。オペレーション効率と収益性との間のパラドックス，および経営資源の蓄積と活用重視の経営は，日本国内および海外における日本企業に共通の特徴である。しかも，日本

第 7 章　東南アジア家電市場における中国多国籍企業の現地生産の特徴　181

図表 7 - 3　調査対象工場の経営管理層の人員構成

調査対象工場	日系 M 社ジャカルタ工場	中国系ハイアール社 バンコク Kabinburi 工場
工場長	日本人	日本人
副工場長	現地人	中国人
生産管理部長	日本人（内，兼任数名）	日本人
品質管理	日本人	現地人
購　買	日本人	日本人
経　理	日本人	中国人
生産計画	日本人	日本人
販　売	日本人	現地人
人　事	現地人	現地人

出所：工場調査聞き取り情報により作成。

　の多国籍企業の特徴とされてきた，日本人出向社員の比率の高さ，本国中心の経営，インフォーマルな情報ネットワークの重要性などの点も，このパラドックスおよび経営資源蓄積型の経営によって説明することができる」。このように，日本多国籍企業の場合，海外現地生産を効率的に管理運営するために，海外子会社における日本人派遣社員を多く投入し，子会社の管理要職に日本人を就かせる，という点が特徴である。

　さて，M 社のジャカルタ工場の状況はどうか。〔図表 7 - 3〕は本章の分析対象企業における本社派遣者数と現地工場でのそれぞれの役割分担状況を示すものである。M 社ジャカルタ工場には本社から 11 名の日本人が駐在している。工場の経営管理層におけるポストと国籍をみると，副工場長と人事部長のみが現地人である。副工場長のポストに現地人を充てるという点は，現地の役所との交渉ややりとりおよび工場内の現地人幹部・社員とのパイプ役として活用することを意味する人事であると考えられる。また，人事担当部長に現地人を起用する背景も同様である。つまり，人事担当者は日常的に現地人社員との接触（人事面での相談，給与関係のやりとりなど）が多く，現地人しか担当できないとい

う客観的な背景があるので，日本人派遣者はやれない業務である。そして，ジャカルタ工場における上記のポスト以外のものが日本人派遣者によって独占されている。日本人担当者の説明によると，工場全体の意思決定権は日本人工場長を中心に日本人スタッフが行う。とりわけ，工場における生産企画，生産管理，品質管理など日常的工場管理運営の担当ポストに日本人を就かせる理由は，工場で生産される商品が海外市場にも輸出されるため，世界におけるM社統一の品質レベルを維持するためである，という。また，購買や販売部署にも日本人派遣者が占める理由として，日本国内の資材・部品サプライヤーおよび本社との連絡が頻繁に行われること，グループ内の企業とのやりとりも多いこと，などが挙げられる。現地人スタッフはそのような業務を遂行することができないわけではないが，言語上や人脈上の制約があるので，日本人派遣社員がこれを遂行するほうがよりスムーズだという。M社のジャカルタ工場は，すでに40年の歴史を持つ古参工場であるため，現地人スタッフは一定レベル以上の能力を持っているはずであるが，彼らは重要な業務を任されていないのが現実である。工場主力製品の冷蔵庫の開発を例にとってみれば，工場駐在の日本人設計スタッフの指導のもとで，現地人スタッフは「外装などの改造レベルの業務程度」を担当する，という。とにかく，工場の重要なポストと業務が日本人によって独占された背景には，工場オペレーションの高効率と製品の高品質を同時に維持したいというM社側のこだわりがあると考えられる。

　一方，ハイアール社のタイ子会社における中国人派遣者数は7名いるが，Kabinburi工場に日常的に駐在する者は2名だけであり，工場の副工場長と経理担当である。工場の生産に関わる日常的オペレーション業務——資材・部品調達，エンジニアリング，IE（技術関係業務）など——は主に三洋電機からの出向スタッフによって行われる。また，日常業務の一部——QA（品質関係業務），販売，人事——の責任者は現地人スタッフである。この工場を訪問調査した時は，ハイアール社がこの工場を三洋電機から買収した翌年であり，本社からわずか2名のスタッフを現地工場に派遣して管理運営に当てただけである。この体制でハイアールの製品が問題なくスムーズに生産されるのか，という疑問は当然あった。これについては下記の事実が後に判明した。まず，新製品を投入

する場合，ハイアール側は，本社から多くの支援者が短期出張の形でやってくる。新製品生産が無事に立ち上がると，支援者は本社に戻る。そして，生産現場における日常的な管理運営は，現地人スタッフが行うが，これらの現地人は，ほとんど現地の華人である。彼らはさまざまなルートを経由して他社からハイアール工場に雇われた。彼らとハイアール側の派遣者との間には言語上・文化上のギャップがあまりなく，ハイアール側の方針や考え方などをよく理解できる，という。さらに，この工場に数年間勤務した経験を持つ日本人スタッフが工場の管理運営における要所を管理することは，ハイアール側の弱点——現地管理運営ノウハウの欠如，現地の関係企業とのネットワークの不備，など——をカバーしている。

以上のように，日系企業に比べてハイアール本社の派遣者の役割の特徴は，次の諸点である。まず，子会社への派遣者数は比較的少ない。この点は決してハイアールだけに限定されることではなく，筆者がこれまで調査した中国系多国籍企業に共通することである。第2に，本社からの派遣者は，子会社運営全般と財務という要所をしっかり占めるのに対して，現地生産の日常的管理には利用可能な資源をフルに活用する点である。第3に，現地人スタッフを大胆に起用する手法も中国系企業の特徴である。

3-4 製品販売チャネルの比較

多国籍企業の製品販売の方式については，本国の親会社と海外の子会社間の関係は水平分業と垂直分業に分けられる。具体的にいえば，完全所有の子会社を前提とした場合，「現地生産・現地販売」という方式は，親会社と子会社の間に水平分業関係が存在することを意味する。つまり，特定の海外市場に子会社を設立することによって親会社はその海外市場に商品を輸出していた分を，現地生産へ切り替える。これに対して「現地生産・海外販売（輸出）」という方式の場合，親会社と子会社の間には垂直分業の関係が形成されていると考えられる。この場合，親会社はベーシックな技術資源（設備，生産ノウハウ，管理テクニック，技術者など）を子会社に提供し，子会社がこれを使って商品を生産するが，親会社は子会社によって生産された商品の販売を本社の世界市場戦略に応

じてコントロールする。このプロセスには本社と子会社との間にはっきりした上下関係もしくは垂直分業関係がみられる。

　M社ジャカルタ工場の製品販売状況をみると，上記の「現地生産＋現地販売」が80%を占めるのに対して「現地生産＋輸出」は20%である。全体的にみれば，M社の親会社と子会社の間には概ね水平的分業関係が構築されている。工場製品の輸出について親会社のグローバル部署は本社の世界販売戦略に合わせて全体的に調整する責任を負う。つまり，ジャカルタ工場の輸出製品分についてM社の子会社はタッチせず，本社の専門部署にその販売を任せる。工場の輸出先は，マレーシアに40%，中近東に30%，日本に30%という構成である。一方，インドネシア市場での販売をみると，M社はインドネシアに専属の販売子会社を持っているため，ジャカルタ工場の製品はM社専属の販売会社に一括納入する。M社の販売会社はこれらの商品をインドネシア全土にあるM社のディーラーネットワークに配送して販売する，というシステムである。M社の場合，直属ディーラーには出資もしている。現在，インドネシアにおけるM社の直属ディーラーは30数社ある。これ以外のディーラーは非直属（資本関係が存在しないディーラー）の現地企業群である。

　一方，ハイアールKabinburi工場の製品販売は若干複雑な事情がある。既述のように，Kabinburi工場はハイアールによって三洋電機から買収されたもので，三洋電機は依然としてこの工場の少数出資パートナーである。このため，Kabinburi工場では三洋電機の製品も生産されている。三洋電機の製品販売については，先のインドネシアM社のやり方と類似している。つまり，Kabinburi工場で生産された三洋電機の家電製品がタイにある三洋電機の直属販売会社に全量納入されて，その販売会社経由でタイ市場に販売される。ここまで三洋電機と日系M社は同じであるが，インドネシアM社と異なる点は，三洋電機がタイに直属するディーラーを持っていないことである。要するに，三洋電機のタイ販売会社は，工場から仕入れた製品を非直属ディーラーに配送してユーザーに販売してもらう。訪問調査時点では三洋電機と取引するディーラー数は50社程度であった。そして，ハイアール側の製品販売をみると，工場生産の60%が中国本社およびマレーシアへ輸出され，残りの40%が現地のタイ市場に販売

される。現地販売分のチャネルは，4割がディーラー経由で6割が現地の大手スーパーである。前者のディーラーネットワークについて，「その大部分は華人・華僑企業である」という。要するに，日系企業と違い，ハイアールの現地販売方法は，1）直属販売子会社による一括販売方式をとらないこと，2）子会社経由で非専属のディーラーに販売すること，3）現地の華人・華僑への高い依存傾向，などが挙げられる。

　以上のように，タイ・ハイアールの販売チャネルの特徴は次の点である。第1に，タイ子会社製品の60％が輸出されるという実態をみると，ハイアールの親子会社関係には比較的強い垂直分業関係が存在している。一般的にいえば，海外進出の経験が浅い多国籍企業は，垂直的分業ではなく，水平分業的な親子会社関係を形成しやすいと考えられる。なぜなら，グローバル展開の度合いが低ければ，多国籍企業の親会社はグローバル的に販売する力を十分に持たないからである。なのに，なぜハイアールはこれほど強い垂直分業関係を形成しているか。それは，日本企業に比べて中国企業はトップダウン型の集権的な統治構造を有するからである。この点は親子会社間に垂直的分業関係を形成させやすいと考えられる。そして，中国国内におけるコストの急上昇（労働コスト，流通コストなど）もこれに寄与していると考えられる。要するに，中国国内の構造的要因＝コスト上昇に対応するために，タイ・ハイアールで生産される冷蔵庫と洗濯機は中国国内販売の目的で中国本社に納入される。第2に，中国多国籍企業の進出現地における流通・販売ネットワークはまだ十分に整っていない。この弱みをカバーするために中国企業はさまざまな資源（合弁相手のチャネル，現地華人・華僑のネットワークなど）を活用しようと努めている。

3－5　現地との分業関係——部品調達の比較

　海外市場開拓にあたって多国籍企業は，商品の競争力を維持するために，その商品生産に必要とする部品・原材料を本国の親会社から調達するか，それとも進出現地サプライヤーから調達するか，という選択に直面する。前者を選択した場合は垂直分業になるが，後者を選択した場合は，明らかに水平分業である。言うまでもなく現地調達比率が高ければ高いほど，水平分業の度合いが高

図表7－4　日系 M 社ジャカルタ工場とハイアール社バンコク工場の部品調達状況

	日系 M 社ジャカルタ工場	中国系ハイアール社バンコク Kabinburi 工場
部品／原材料の現地調達率	40%程度（主力製品の冷蔵庫の場合）	80% 以上
部品／原材料の現地調達先	主に日系サプライヤー	主に現地系サプライヤー
現地サプライヤーの能力	あまり能力は高くない	ある程度能力が高い
現地サプライヤー数	250 社程度	230 社程度
現地調達の方法	長期的取引がほとんど	長期的取引関係と短期的取引関係の中間
現地サプライヤーとの関係	評価などについては技術指導を行う	外注指導をしている
部品／原材料の輸入先	主に日本から	主に他のアジア国から

出所：工場調査聞き取り情報により作成。

い。逆の場合は逆になる。日中2工場における部品調達の状況を示す資料は〔図表7－4〕である。

　まず，日系 M 社のジャカルタ工場についてみてみよう。主力製品である冷蔵庫の場合，ジャカルタ工場は，部品全体の60%を輸入している。残りの40%は現地サプライヤーから調達している，という。輸入分の内訳をみれば，冷蔵庫の重要部品の冷却機は中国にある M 社グループ子会社から輸入し，この部分は3割を占める。鋼板（冷蔵庫ボディー用など）は韓国の鉄鋼メーカーの製品を購入している。その理由はコストにあるという。残りの部品（コンプレッサーなど）については，ジャカルタ工場は他の東南アジアにおける M 社の部品製造の子会社から（マレーシア，シンガポール）調達している。そして，40%にあたる現地調達の部品をジャカルタ工場は現地サプライヤー250社から調達している。しかし，そのうちの多くの部品企業が「現地サプライヤー」としてカウントされるなか，その中身はかなり複雑な状況である。具体的にいえば，重要な部品サプライヤーのなかに日系資本のサプライヤーは10社，台湾系と韓国系企業も数社，残りは純現地系サプライヤーである。これらの現地系サプライヤーの能力（技術，納品対応，管理など）について，M 社は「あまり高くない」とマイナスの評価をしている。ただ，取引関係は概ね長期的取引関係を形

成しているというのも，M社の方針として「部品サプライヤーを簡単に変えない，一緒に進化し発展しよう」が掲げられているからである。また，M社に供給される部品に関わる技術関係について，ジャカルタ工場側はサプライヤーに「技術指導をしている」という。広く知られているように，日本企業の場合，完成品企業と部品企業との間には，1）長期取引関係の維持，2）技術的指導関係の存在，3）完成品に関わる技術情報の共有，4）場合によって相互出資関係の形成，などが挙げられる。全体的にいえば，M社ジャカルタ工場では日本的な色が強い取引関係がみられる。

　そして，ハイアールKabinburi工場の主力製品である冷蔵庫を中心とする部品調達は下記のように行われている。まず，部品・材料の80％がタイ以外の国・地域から輸入されている。たとえば，冷蔵庫の重要部材の鋼板は日本から調達されており，コア部品のコンプレッサーはシンガポールにあるグループ関係企業から輸入されている。全体的にみれば，工場の海外輸入分のうち，日本から40％（鉄，箱体材料など），中国から15％（電装品，熱交換器，基板など），韓国から20％（鉄，化学材料など），そして，シンガポールから20％（コンプレッサー），というグローバルな調達ネットワークを形成している。しかも，その海外調達の割合は日系M社より高い。タイ現地における部品調達は全体の20％しかないが，調達範囲は，230社に及ぶ。そのうち，純ローカル製部品は70％を占めるが，残りの30％は，在タイ外資系企業からのものである。このうち，日系企業は40社程度で，商社とコイル部品関係のものである。加工部品の欧州系企業は，5社がある。台湾系と韓国系サプライヤーは10数社に達している。そして，地元のタイ系サプライヤーについて，ハイアールの日本人責任者は，「バラツキが大きいので，こちらから外注指導を行っている」と説明した。要するに，日系企業の海外経営の特徴の1つである部品企業との連携関係が依然として維持されている。しかし，部品調達の取引関係は，工場買収後まもなく変化しているようである。訪問調査の時点では，ハイアールKabinburi工場の部品取引は，「スポット取引型と長期取引型の中間に位置する」と説明された（日本人責任者）。一般的に中国国内の電機企業の取引慣行は，スポット取引が多い。ハイアール社はタイ工場を買収した後まもなく，中国型の取引慣行をタイ

にも適応させたのではないかと考えられる。ところが，部品調達のスポット型取引は，品質面および技術面での問題を避けられないのではないか。ハイアール Kabinburi 工場は，旧三洋電機工場時代の慣行とノウハウを都合よく継承している。たとえば，部品調達に関するベンダー会議が月に1回開催されている。工場側は部品サプライヤーの納品状態に基づいて各部品企業に A, B, C, D, E, F のランクを付ける。F を 3 回出したサプライヤーはハイアールのサプライヤー・リストから外される，という。同時に工場側は，品質と技術問題を抱える部品企業に技術指導を行う。

以上のように，ハイアールのタイ工場は，部品調達という海外進出にあたって避けては通れない経営課題を短期間で解決したといえる。しかもその調達はかなり高いレベルのグローバル化を実現している。振り返ってみたら，タイ進出がそれほど長くないハイアール社は，どのように，これほどグローバルなネットワークを構築したのか。冒頭で説明したように，ハイアール Kabinburi 工場は旧三洋電機から買収したもので，しかもわれわれの訪問調査は買収後まもない時期に行われたため，工場の部品調達ネットワークは旧三洋電機の購買ネットワークをそのまま継承しているに違いない。したがって，旧三洋電機の工場を買収した理由には，この部品調達のネットワークとノウハウを一括して入手したかったという点があると考えられる。

4　まとめ

これまで，東南アジア家電市場に進出した中国企業ハイアールのタイ工場の事例を中心として，同じ東南アジア市場の競争相手の日本企業 M 社のジャカルタ工場との比較によって中国多国籍企業の現地生産・経営における諸特徴を分析した。最後には，これまでの分析によって明らかになった中国多国籍企業の海外生産および現地経営のポイントをまとめる。

まず，日本企業に比べて中国多国籍企業は，海外進出の時期がまだ浅く，「後発国型多国籍企業」の特色を持っている。とりわけ，東南アジアという地政学的な近隣市場の場合，中国企業は進出の初期段階にある。また，現地事業

規模（従業員，生産品目，投資金額など）をみると，現在の中国多国籍企業は日系多国籍企業に後塵を拝している。東南アジア市場は日本企業にとって伝統的な重要市場であったため，戦後から開拓した市場でもある。この市場に進出したばかりの中国多国籍企業の現地事業規模はまだ限られている。したがって，同じ理由によって中国多国籍企業は，海外市場全般という視点でグローバル・ビジネスを展開していない。とりわけ，海外各拠点間のビジネス展開は，これからの課題となっている。

　第2に，親子会社関係について中国多国籍企業は強い「後発国型多国籍企業」の特徴を示している。たとえば，日系多国籍企業に比べて中国多国籍企業は，より強い現地化の傾向を示している。とりわけ，提携関係を持つ日系多国籍企業との連携に中国多国籍企業はかなり熱心である。その理由は，先進国企業との連携と協力を通して海外現地生産・経営に関わる知識やノウハウの不足を補おうとする思惑があると考えられる。一方，カネ関係の経営事項——資本増資，買収，再投資など——に関しては中国多国籍企業の親会社が強くコントロールする。

　第3に，本社からの派遣者の役割について，日系企業と比べた中国多国籍企業の特徴として，1）比較的少ない子会社への派遣者数，2）本社からの派遣者が子会社運営全般と財務という要所をしっかり占めるのに対して，現地生産の日常的管理には利用可能な資源をフル活用すること，3）現地人スタッフを大胆に起用する，などが挙げられる。

　第4に，中国多国籍企業の現地子会社の販売チャネルの特徴について，親子会社関係には比較的強い垂直分業関係が存在していることが発見された。一般的に，日本企業に比べて中国多国籍企業はトップダウン型の集権的な統治構造を有するため，親子会社間に垂直的分業関係が形成されやすいと考えられる。同時に，中国多国籍企業の進出現地における流通・販売ネットワークはまだ十分に整っていない，という点も事実である。この弱みをカバーするために中国企業はさまざまな資源（合弁相手のチャネル，現地華人・華僑のネットワークなど）を活用しようと努めている。

　第5に，海外現地生産に必要な部品調達ネットワークについて，中国企業は

進出現地の企業買収や進出までに築き上げられた輸出・提携関係などを活用することによって独自のネットワークを作ろうと模索している。本章の事例は，必ずしも一般性を有するわけではないが，海外の合弁パートナーおよびさまざまな社会的資源を動員し，進出初期の弱みをカバーする試みが中国企業にたびたび多用された。

　以上のように，中国多国籍企業の海外進出は，徐々に小規模に試しにやってみた直接投資から本格的なグローバル化へレベルアップしている。本章の事例に示したように，中国大手企業では海外の既存の先発企業を買収することによってグローバル化を実現する手法が多く採用されている。このようなテークオーバー方式による海外進出は最近の中国企業の主要方式となったと同時に，これは「後発国型多国籍企業」の特色でもある。この手法利用の理由とメリットとして，1）海外の既存の戦略的資産の取得，2）買収された企業の現地生産・経営の経験とノウハウの取得，3）買収された先発企業の人的資本の利用，などが挙げられる。

【注】
1） これに関連する先行研究には，渡邊［2003］がある。ここでの記述は，渡邊［2003］「日系家電メーカーにおけるグローバル化の進展と分業再編成」『中国の台頭とアジア諸国の機械関連産業——新たなビジネスチャンスと分業再編への対応——』アジア経済研究所，調査報告書，101頁の内容を引用した。
2） 『中国証券報』2011年10月18日の記事による。
3） 日系企業の実名を使わない理由は現地調査当時，「研究結果の発表時に社名公開しない」との約束があるからである。
4） ここでの記述は，ハイアールのホームページ（http://www.haier.com/jp/company/global/）を参照した。

主要参考文献
1．板垣　博［2003］「日本の多国籍企業：高い効率と低収益性のパラドックス」『武藏大學論集』第51巻第2号。
2．苑　志佳［2010］「ASEAN：中国現地企業の市場競争パターンの現状と行方」『日中経

協ジャーナル』日中経済協会,2010年4月号(No.195)。
3. 川井伸一[2011]「中国企業の対外進出と東南アジア――理論的再検討」地域研究コンソーシアム・京都大学地域研究統合情報センター・愛知大学国際中国学研究センター『ASEAN・中国―19億人市場の誕生とその衝撃』JCAS Collaboration Series No.1(田中英式・宮原 曉・山本博之編)。
4. 高橋五郎編[2008]『海外進出する中国経済』(叢書――3,現代中国学の構築に向けて)日本評論社。
5. 高橋文郎[2005]「ハイアール中国最大の家電メーカーの成長戦略と国家戦略」青山学院大学『青山マネジメントレビュー』No.8。
6. 高宮 誠[1981]「ヨーロッパにおける日本の多国籍企業:その活動と公共政策に関する含意」高宮 晋編『多国籍企業と経営の国際比較』同文舘。
7. 『中国証券報』。
8. 安室憲一[1992]『グローバル経営論』千倉書房。
9. 安室憲一[1986]『国際経営行動論(改定増補版)』森山書房。
10. 山口隆英[1995]「進展する海外子会社の自主経営――電気機器企業における海外子会社の自立性――」『商学論集』(福島大学)第64巻第1号。
11. ヨシノ,M.Y.[1977](石川博友訳)『日本の多国籍企業』ダイヤモンド社。
12. 松尾 篤[2008]「「海爾集団(ハイアール)」の海外進出」『PHP Business Review』第32号。
13. 渡邊博子[2003]「日系家電メーカーにおけるグローバル化の進展と分業再編成」『中国の台頭とアジア諸国の機械関連産業――新たなビジネスチャンスと分業再編への対応――』アジア経済研究所,調査報告書。

第Ⅲ部

中国多国籍企業のフロンティア
——南アジア

第8章

中国の対インド直接投資の現状と特徴
——東南アジアとの比較を中心に

1 はじめに

　本章は，東南アジア地域と対比することによって南アジア新興国の代表地域であるインドへの中国直接投資に照準を合わせて，その直接投資の特徴は何かを論じるものである。

　これまでの章で説明したように，中国対外直接投資の地域的特徴は鮮明である。つまり，アジア途上国向けの割合はきわめて高く他地域を大きく上回っている。アジア地域に中国企業が集中して進出する理由として，1) この地域の市場の高い発展潜在力，2) 地理的に中国に近いこと，3) さまざまな資源・エネルギーの存在，などが挙げられる。ところが，大きな潜在力を持つ南アジア地域の新興国への中国直接投資の背景と現状はどうであろうか。また，中国の対南アジアへの直接投資は今後，どのように展開していくか。本章は，東南アジアへ進出した中国多国籍企業と対比することによって南アジア新興国の代表地域であるインドへの中国直接投資に照準を合わせ，上記の問題関心を明らかにするものである。インドを研究ターゲットにした背景は次の通りである。

　中国に続き経済大国への道を進み始めたインドは，世界経済のなかでますますその存在感を高めている。インド経済は1991年に本格的な自由化政策を導入して以降，概ね好調な経済成長を維持しており，とりわけ2005～06年は連続して9％を上回る高成長となった。今後の発展可能性をみると，インド経済は近いうちに世界有数の力を持つに違いない。このように高い発展潜在力のインドに投資した中国企業は，着実に増えている。一方，インドと中国は

1962年の国境紛争以降，長く対立関係が続いていたが，1988年のラジブ・ガンジー首相の訪中をきっかけに徐々に関係改善が図られてきた。中印間の最大の懸案である国境画定問題については，2005年に両国間に「国境問題解決のための政治的パラメーター及び指導原則に関する合意」が結ばれた。近年は，経済面での関係強化が著しく貿易額も急速に伸びている。同時に，両国間の相互直接投資も徐々に増加している。現段階では中国の対インド直接投資は，規模が小さく，インドの対中直接投資に及ばないが，個別分野（たとえば，IT産業）の対インド直接投資は相当の規模に達している。しかし，中国の対インド直接投資に関する正式な政府統計および実証研究はともに不完全な状態にある。このため，中国の対インド直接投資はほとんど知られていないのが現状である。このような状況のなかで，2010年に筆者はインドに進出した中国多国籍企業を対象に実態調査を行った。この調査を通じて中国の対インド直接投資に関する不明点が一定程度明らかにされた（苑 [2012]，川井 [2013] などを参照）。本章は，これらの学術的発見に基づいてインドへの中国直接投資について東南アジアへの中国直接投資と対比しながら，上記の問題関心を明らかにする。

2　インドへの中国直接投資に関する先行研究

　前述したように，中国企業の対インド直接投資に関する先行研究の蓄積はきわめて少なく，参照できるものが限られている。本節では，これまで限られた先行研究をサーベイすることによって中国企業の対インド直接投資の全体像を把握する。

　まず，中国の対インド直接投資に関する最初の先行研究として，小島 [2007] が挙げられる。小島の研究によると，中国の対インド直接投資を解く1つのカギとなるのが2004年7月に公表された「対外投資国別産業指導目録」である。当目録では，特にアジア地域（全体の3分の1以上に相当する23カ国を列挙）への対外直接投資を最も重視している点が特徴的であり，南アジアに関してはインド，パキスタン，バングラデシュの3カ国に言及されている。2003年以降，両国のさらなる関係改善をテコに，インド政府の外国直接投資に対する相次ぐ

規制緩和措置（たとえば，電気通信や銀行の分野における過半数の出資比率を容認，外資単独による建設・不動産開発の解禁など），中国企業によるインド市場への理解度の向上などもあいまって，中国企業の対インド投資が徐々に進展を見せ始めている。その意味で同投資がこれから飛躍的な発展を遂げていくためにも，制約要因となっている相互の投資保護協定の未締結状態に一刻も早く終止符を打つことが望まれるところである。これに関しては，2005 年の中印政府間の共同声明で，中印間の「投資促進・保護協定」の早期締結に向けた協議の努力を両国が確認しあったことが一歩前進と評価されよう。

　中国の対インド直接投資の今後について，小島［2007］は，次のように分析している。中国企業の対インド投資は，20 世紀末時点での初期段階からようやく実質的な展開が繰り広げられる第 2 段階へと移行したばかりの状況にある。このため，中国からの直接投資がこれから順調に増大していけるかどうかは，両国間で決められたいくつかの合意事項を双方がどれだけ真剣に受け止め，誠実に対応・実行していくかにかかっているといっても過言ではない。単に口約束だけに終わることの無いよう，あくまでも両国の貿易・投資拡大をめざして官民挙げて努力することこそが正に問われている。実際，首脳によるインド訪問からわずか半年足らずの間に起こった中国の大手 IT 企業華為技術の新規投資に対するインド政府の関与が挙げられる。当案件は，依然として「国家安全上の理由」ということで待ったがかけられたままの状態と見られる。こうした矢先，今度はインド港湾運営大手のムンバイ・ポート・トラストが，新ターミナル建設計画の入札から，香港系のハチソン・ポート社を華為技術と同様の理由で排除する方針であることが明らかとなった。インド側では，中印間で取り交わされた事項でも「合意が実施される確証はない」との悲観的な見方も根強く，中国に対する警戒感を緩めていないのが現状である。インド政府による今後の対応如何によっては，せっかく伸び始めた両国間の貿易・投資面にも大きな影を落とさないとも限らないので，その動向がきわめて注視されよう。いずれにせよ，中印両国の関係は一方で牽制し合いながら，もう一方では経済重視の観点からそれぞれの思惑で結びつくといった，ある意味ではお互いにしたたかな側面も垣間見える。文字通り協調と競争の狭間でバランスを取り

つつ，双方はより多くの果実を分け合いながら，ともに実利志向で相互関係を前進させていこうとの姿勢であると思われる．従前にも増して，アジアの大国となった両国の行動からますます目が離せないことだけは確かである．

　一方，中国国内の対インド直接投資に関する先行研究として，馬 [2008] が挙げられる．馬 [2008] は，中国企業の対インド直接投資の動機に注目し，企業レベルの視点から対インド直接投資を分析している．その主要内容は次の通りである．まず，中印両国間には，相互直接投資の強い補完関係が存在していると指摘した．つまり，中国は現在，製造業の世界の中心となったのに対してインドは，世界有数のサービス産業規模を抱えている．双方のこの特有な産業構造上の特徴は，両国間の企業に相互投資の客観的条件を与えている．製造業に関して中国は，すでに対外直接投資を行えるレベルに上がり，資金面と技術面では対インド進出が可能になった．したがって，中国の製造業には資金過剰の分野が徐々に現れ，対外進出の機会をうかがっている．これに対してインドは，海外からの直接投資を誘致する最中にあり，製造業の対インド直接投資を必要とする．そして，インドのITサービス産業などは世界有数の技術レベルを持つ．これは中国産業の弱い分野の1つであるため，インドのITサービス産業の対中進出には大きな空間が存在している．中国企業の対インド進出動機について，馬 [2008] は，次の4つを列挙した．まず，「市場獲得型」動機が挙げられる．つまり，製造業分野では中国は，すでに市場飽和の段階に進んだ結果，国内投資や市場拡大の余地が徐々に縮小しているのに対してインドの製造業は，大きな市場潜在力を持っている．たとえば，インドでは，カラーテレビ市場の年間成長率が15％以上，エアコン市場の成長率が30％に達している．これらの耐久消費財はいずれも需要が大きい．そして，工業製品分野ではインド消費者は国内で生産されたものを好む傾向がある．直接輸出より，現地生産されるものが歓迎される．これによって中国企業は対インド直接投資を刺激される．第2の対インド進出動機は，「資源獲得型」である．つまり，鉄鉱石や木材などについてインドは豊富な保有量を持つのに対して中国は，これらの資源が不足している．とりわけ，鉄鋼業について中国は世界最大の生産量を持っているのに，国内産の鉄鉱石がその需要に追い付けない．これによって中国の

鉄鋼企業は対インド進出の強い意欲を抱えている。第3の進出動機は,「技術獲得型」である。中国は製造業の一部分野――電子部品,家電,IT機器など――において一定の技術力を持っているが,これらの分野のコア技術は弱い。さらに,ITソフトウェア分野では中国は技術的後進性を持っている。中国に進出した外資系企業からの技術的スピルオーバー効果も決して大きくないので,技術の獲得チャネルは,海外に直接投資して海外現地生産によって吸収した技術を中国国内に移転させることである。一方,インドは決して技術全般の先進国ではないが,個別産業分野は世界有数の技術力を持っている。IT産業はその典型例であろう。とりわけ,人的資源に支えられるITソフトウェア開発やソフトウェアに関連するBPO (business process outsourcing) のノウハウなどは,世界有数の高いレベルに達している。したがって,ITの技術開発に従事する優れたインド人技術者こそ,中国のIT企業にとって最も欲しがる資源である。そして,第4の進出動機は,「貿易障壁回避型」投資である。すでに,中国は世界最大の貿易国になっているが,改革開放時期以来の輸出指向型工業化政策の実行の結果,中国は常に輸出超過状態にあり,巨額の外貨準備高を抱えている。反面,世界範囲での貿易保護主義が次第に高まっている。とりわけ,途上国から中国に対する貿易保護主義的な要求は徐々に強まっている。インドはその代表的な国の1つである。中国は現在,インドにとって有数の貿易パートナーとなっているが,インド側が抱えている対中貿易赤字は,インド側のアンチダンピングや相殺関税の発動を誘発している。このようなインド側の貿易保護主義的措置を回避する手段として,企業は対インド直接投資を選ぶケースが増えている。

3 中国の対インド直接投資の環境と現状
──対東南アジア直接投資との比較

さて,インドの外資進出環境はどうであろうか。また,中国の対インド直接投資はどの段階にあるか。対インド直接投資の規模,業種などはどのような特徴を持っているか。本節では,中国企業のもう1つの進出地域である東南アジ

アと比較しながら，インドへの中国直接投資に関する特徴を説明する。

3−1　インドの投資環境

まず，インドへの直接投資環境はどのようなものであろうか。ここでは，ジェトロの資料に基づいてインドの投資環境を説明しよう。

インドは世界最大の民主主義国家，世界で第10位の経済大国（名目GDP, 2012年）であり，堅実な成長と豊富な熟練労働力を有し，大きな投資の機会を提供している。インドは，購買力平価で世界第4位，工業化で世界第10位に位置している。1991年の経済改革開始以降，投資，貿易，金融，為替管理手続きの簡素化，競争法の立法化，知的財産権法の改正等の分野で主要な施策が講じられてきた。インドは，新興国市場のなかで最も自由化され，透明性の高い外国直接投資政策を有しているという。最近の多くの調査では，インドが投資先として魅力が高まっていることが強調されている。

インドの投資政策は，インドへの継続的な大量の資本の流入を図り，インドと外国企業との間の技術提携を促進することを目的として策定されている。インドの外国投資政策は，主に，産業政策，商工省が発行するプレス・ノート，1999年外国為替管理法（Foreign Exchange Management Act, 1999）およびインド準備銀行が発行する規則や通知により規制されている。これらにおいて，投資の条件や，外国投資が認められていない部門，投資が認められる部門における投資の制限（部門別の上限）が定められている。産業政策推進局は，インドにおける外国投資に関し，詳細な政策を定めている。産業政策推進局が発行した政策を運用し監視するインドの主要な機関は，外国投資促進委員会（Foreign Investment Promotion Board）およびインド準備銀行である。外国投資促進委員会は財務省の一組織であり，産業政策に従い外国投資を規制する役割を担う規制組織である。インド準備銀行は，外国為替管理法の運用に携わる機関である。外国直接投資政策や外国為替管理法違反が生じた場合，インド準備銀行が制裁を科す。また，外国為替管理法違反があった場合，インド準備銀行も示談手続き（compounding proceedings）を行うことができる。過去数年間にわたって採用されてきた政策により，さまざまな部門への外国投資が行われるようになった。しかしなが

ら，インド企業に出資しようとする外国の投資家は，外国直接投資政策が，産業政策推進局が過去20年間にわたり随時発行してきた173を超えるプレス・ノートによって常に改正されてきたことから，常に，曖昧・不確実といった問題に直面してきた。プレス・ノートが累積し，一覧性のある情報源がなかったため，投資家の間に混乱を生じ，曖昧な点も生じていた。そのため，明確性・透明性が求められていた。

透明性が高く，当局の負担を軽減する政策枠組みを導入することにより投資を促進する方法として，産業政策推進局は，2010年3月31日，統合外国直接投資政策（Consolidated FDI Policy）を発行した。統合外国直接投資政策は，外国直接投資に関する大部分の内容を集約・編集し，包括的に定めようとしたものである。ただし，外国直接投資政策は常に改正されることから，統合外国直接投資政策には6月のサン・セット条項が定められており，2010年に発行される政策がこれにとって代わる旨が定められていた。2010年9月30日，この定めに従い産業政策推進局は2010年第2通知を発行した。これは，すべての従前のプレス・ノートおよび通知（3月31日に発行された通知を含む）を含み，またこれらにとって代わる。これは，2010年10月1日現在の外国直接投資政策を反映したものである。

インドは，一部の産業部門——小売り，宝くじ，賭博，不動産，原子力，および大量高速輸送システム，など——を除き，事実上，すべての部門において外国直接投資を受け入れている。外国直接投資は，2つのルート，すなわち政府承認ルート（Approval Route。Government Route ともいう）および自動承認ルート（Automatic Route）の下で行われる。政府承認ルートが適用される部門への外国直接投資は，外国直接投資政策上，外国投資促進委員会の事前の承認が必要となる。120億ルピー以下の金額の外国からの資本流入の申請については，外国投資促進委員会は財務省に対して勧告を行う。120億ルピーを超える金額の外国からの資本流入の申請については，外国投資促進委員会は，内閣経済諮問委員会（Cabinet Committee on Economic Affairs）に対して勧告し，これが審査する。一方，大多数の部門への外国投資については，外国投資促進委員会またはインド準備銀行の承認を要しない。このような，外国投資促進委員会またはイ

ンド準備銀行の承認を要しない外国投資が，自動承認ルートに基づく外国投資となる。外国投資が行われる企業は，単に国内への送金後30日以内にインド準備銀行の地域事務所に通知し，外国の投資家に対する株式発行後30日以内に必要書類を当該事務所に届け出れば足りる。

　そして，インドの労働事情について，労働法制は中央政府と各州の共通管轄事項であるが，一定の範囲で各州独自の取り決めが可能なため，労働法の細部が州ごとに異なる場合がある。労働法制は近年の経済環境に不適応で，とりわけ提出書類の数や頻度の多さなど運用面での煩雑さが指摘されている。硬直的な労働法制が経済成長の足かせになっているとの議論はあるものの，2000年代中盤は高い経済成長を記録している。総じていえば，経済自由化以前から労働者保護の色彩が強く，産業平和実現の名のもと，法規制，調停・強制仲裁などのかたちで政府による介入や司法の判断が行われるため，労働の現場が影響を受けることがある。他方，労働法制の保護を受けづらい零細組織での就労や非正規労働者，また自営業者は9割を超える。労働争議法は制定後の改正で，従業員の解雇・事業所閉鎖・レイオフの際，100人以上の組織では所管政府の許可が必要となった。希望退職者募集などの実務的対応でどうにか対処しているのが実態である。労働組合法は近年一部改正されたが課題は多い。同法は組合承認を経営者に義務付けていない。インドでは複数組合化しやすく，交渉当事者の確定が難しい場合がある。また，外部指導者を一定比率まで組合役員とすることを認めており，企業外部の要因で個別企業の労使関係が影響を受けやすい構造になっている。ジェトロの調査によれば，1）労務上問題点がある，2）人件費が高く，上昇している——という点においては，中国に比べると，ビジネス上のリスクは低い。ストライキ件数は1990年代の自由化後も引き続き減少しており，2010年は262件であった。日系企業の紛争が日本のメディアで大きく取り上げられたが，インド全体として見るとき，大きな変化を決定付けるものではない。複数組合化，外部指導者容認，政府・司法介入などにより，インドでは歴史的に，団体交渉当事者における紛争処理能力は弱い。労働組合の政党系列化も問題である。

　上記のインドの投資環境に対して東南アジアの投資環境はかなり異なる。外

資に対する東南アジアの姿勢は基本的には開放型で，海外のノウハウや技術を有効活用し成長へとつなげている。概ね良好な経済状況にあるが，さらなる成長に向けては課題も多い。主なものとして，法制面での透明性・信頼性の確立，脆弱な金融システムの強化や未発達な金融市場の整備，域内経済格差の是正，省エネ対策，域内安全保障バランスの維持等を指摘できる。

　北村［2009］は，これまでの東南アジアの対内直接投資について次のようにまとめている。外国直接投資の導入を梃子にした輸出指向型工業化によって経済成長を続けてきた東南アジアでは，今後は新たな比較優位産業の創設による産業構造の高度化への挑戦の時期を迎えており，これまで以上に外国投資を効果的に活用せねばならないという認識を深めている。そのためこれまでの投資の量的拡大を意図した外資政策を見直す動きが速まっている。現在各国の外資政策は固有の構造的課題を解消し，産業高度化に資するような質を重視する選択的なものへと変更されている。周知のように，1980年代は直接投資を通じて民間企業のグローバル化が本格化した時代であった。しかし当初は先進国間投資が大きなシェアを占めており，発展途上地域に対して直接投資が急増したのは，1980年代の後半の通貨調整を契機として，日本企業が一気にグローバル化を進めてからである。途上地域のなかでも特にアジアは，競争力低下を回避するため直接投資を増大させた日本，アジア新興工業経済群（NIEs）企業を迎え入れることで世界的なグローバル化の流れとの一体化を速めることができた。なかでも安価な労働力など生産諸資源に恵まれかつ，規制緩和・自由化を進展させることによって直接投資を積極的に誘致した東南アジアは，1980年代後半から1990年までの短期間にこれら諸国から記録的な規模の直接投資を導入させ，1970年代に次ぐ第二次投資ブーム期を迎え，電子機器などの機械産業や労働集約産業の国際的な生産基地として世界的に注目を浴びた。投資ブームがピークを迎えた1990年には，日本およびNIEs両地域からの投資額は全受け入れ投資額の約64％を占めたのである。しかし，バブル経済の崩壊以降の景気低迷や企業のリストラの進行などから，対中投資を除いて日本企業の対外投資意欲が減退したこと，NIEs企業がより安い労働力や市場を求めて中国やベトナムに投資先をシフトしたこと，いわゆる日本やNIEs企業のチャ

イナ・シフトによって，1991年以降アジア主要投資国からの東南アジアへの直接投資拡大の勢いは減速した。かわってこの間に東南アジアへの関心を高めたのは欧米企業であり，域内市場の成長，外資への開放分野の拡大をメリットとして，石油化学，発電事業など大型案件を中心に直接投資を活発化させ，1994年も特にアメリカがシンガポール，マレーシア向けで，イギリスがインドネシア向けでそのプレゼンスを飛躍的に高めている。

以上の説明に基づいて，インドの投資環境が〔図表8－1〕にまとめられている。この表からは，東南アジアに比べてインドの投資環境はかなり異なることがわかる。まず，外資政策をみると，東南アジアはこれまで概ね，一貫して外資に友好的な政策を採用してきた。また，外資に対する規制が比較的少ない。これに対してインドの外資政策は1991年の自由化政策の導入を境に，外

図表8－1　インドと東南アジアの投資環境の比較

	インド	東南アジア
外資政策	1990年代まで強い規制 1990年代以降，規制緩和	概ね，一貫して外資に友好的でオープン 規制は比較的少ない
市場の潜在力	きわめて大きい	大きい
経済成長	1990年代まで緩慢な成長 1990年代以降，高度成長	長期にわたって高度成長
国民所得水準	低所得レベル	高所得，中所得，低所得の多様性
産業構造の特徴	サービス産業の割合が比較的高い 比較的弱い第2次産業	第2次産業の割合が高い
労働環境	労働保護の色彩が強い 労働組合も闘争的で強い	労働組合はそれほど強くない 労働規制も比較的緩い
インフラ状況	大幅に遅れている 電力，道路，港湾事情は厳しい	比較的に整備されている
基盤産業	強い地元企業がある 全般的に弱い	全般的に弱い
部品産業	弱い	弱い
法的環境	整備されているが，非効率的	途上状態

出所：現地調査に基づいて筆者作成。

資への強い規制を実行していた1990年代までの期間とその後の外資への規制緩和の期間，という2つの時期の間に政策的転換があった。これに関連してインドへの外国企業による直接投資が1990年代以降，急速に増えた。そして，インドの経済成長状況も上記の外資政策に似ている。つまり，1990年代までの時期におけるインドの経済成長は緩慢なものであったが，1991年の経済自由化政策が採用されてから，経済成長率は急速に高くなった。この点について，長期的に高い経済成長を維持していた東南アジアとはかなり異なる。そして，市場発展の潜在力という点について，インドと東南アジアはともに大きな可能性を持っている。その理由として，1) 両地域ともに大きな人口規模を持つこと，2) 両地域はともに速いペースで1人当たりGDPを伸ばしていること，3) 両地域ともに高い経済成長率を実現していること，などの点が挙げられる。第3に，産業構造をみると，インドと東南アジアには大きな違いが見られる。東南アジア諸国は，輸入代替型工業化の時期から工業化を追求し，その後，輸出指向型工業化への政策的転換期以降になっても一貫して製造業を重視してきたため，各国の産業構造における第2次産業の割合は比較的高い。これに対してインドの産業構造では，サービスを中心とした第3次産業の割合が比較的高い。インドが1991年の経済改革による自由経済路線へと転換したことにより，急速にインド経済を牽引するまでに成長したのがサービス産業である。国際経常収支のなかのサービス産業の貿易収支は，1996年以降，一貫して黒字である。インドのGDPに占める産業構成比をみると，1947年の独立時の第1次産業（農林水産業），第2次産業（工業），第3次産業（サービス業）の比率は60％，20％，20％，それが1972年度には45％，21％，34％となり，1999年度には25％，24％，51％，と大きく変化している。現在でもサービス産業の割合は依然として最大である。こうしたサービス産業中心の経済成長を遂げるインドの産業構造をその他の東アジア諸国と比較すると，東南アジア諸国では，概して農林水産業の割合の減少に伴い鉱工業の割合が徐々に高くなっているのに対して，インドは，鉱工業の割合が20％台にとどまる一方，サービス産業の割合が50％を超えており，発展途上国としては特異な構造となっている。このような特異な産業構造はインドへの直接投資にも影響を与えている。

つまり，製造業への投資よりもむしろ，サービス分野への投資が好都合であるということである。第4に，東南アジアに比べてインドの労働環境は既述したように，1）法的手続きに沿うルールの整備，2）比較的労働保護の色彩の強い政府の姿勢，3）経営側に対して労働組合は対立的な立場に立つ，などの点が特徴的である。第5に，インドへの直接投資に最も影響を与える要素は，やはりインフラ事情である。東南アジアの場合にもインフラの整備は必ずしも十分ではないが，東南アジア各国政府は輸出指向型工業化政策を実施するためにインフラ整備に早い段階から着手した。このほか，日本など先進国は政府開発援助（ODA）などを通じて東南アジアのインフラ建設を積極的に支援してきた。その結果，東南アジアにおける電力や道路や港湾など，主要なインフラは比較的整備されている。これに対してインドの事情はかなり異なる。インフラ整備等（電力不足，湾港施設のお粗末さなど）の事業環境にはインドの各都市間で格差がある。ニューデリーであってもインフラ整備は十分ではない。首都ニューデリーを含むインド全土で停電が頻発しているため大きな工場やオフィスは自家発電設備を備えている。また大都市近辺では車両の増加に道路整備が追いつかず，日常的に渋滞が発生している。それに対して，インドの行政府は外国企業の誘致をさらに進める意向であるとともに，事業環境が十分ではない状況を改善する意向を持っている。第6に，東南アジアの投資環境に比べてインドにおける有利な条件もいくつかある。基盤産業（鉄鋼，自動車，電機など）について，タタ・グループのような強い地元企業が存在している。また，法的環境についても，東南アジア諸国に比べてインドは，しっかり整備されている。その反面，非効率的な側面もたびたび指摘されている。

3-2 中国の対インド直接投資の現状

インドへの中国直接投資の特徴を明らかにするためには，まず，東南アジア地域への中国直接投資を説明しよう。中国の対東南アジア直接投資に詳しい石川［2005］によると，中国は「出走去」と呼ばれる海外投資促進戦略を1998年に打ち出しており，東南アジアへの中国企業の直接投資は2000年から増加し始めている。中国が東南アジアに対して自由貿易協定（FTA）と海外投資を推

進する目的は共通している。つまり，それは東南アジアの市場と資源の確保である。東南アジアに対する経済協力も近年活発化しており，「FTA」「海外投資」「経済協力」の三位一体戦略により，東南アジアとの経済関係の緊密化と国益の確保を進めているといえよう。したがって，中国の対東南アジア直接投資の特徴について，石川［2005］は下記のようにまとめている。2001年に各国で大型プロジェクトが認可され，中国企業の進出が目立ったが，中国の直接投資は全体としてみれば比重が小さく，投資国としては日本，韓国，欧米諸国に比べると小さな位置しか占めていない。しかし，中国は国家対外経済戦略として対外直接投資を促進しており，東南アジアはそのターゲットであり，また，一部の東南アジアの国は中国からの投資を積極的に誘致しており，今後，中国の直接投資は確実に増加すると考えられる。中国からの直接投資の内容は，ゴム加工などの天然資源加工や中国製品の輸入販売などの商業から，業種では機械や金属，業態でも中国製品の輸入販売から現地製造など本格的な企業進出に変わりつつある。エネルギーなどの資源確保のための直接投資が活発化している。2000年前後に中国製品や中国企業が東南アジアに急激に進出を始めたときは，中国脅威論が喧伝され，警戒感を持ってみられた。こうした脅威論は現在沈静化しており，東南アジア諸国では，中国企業の進出と現地生産は市場の一部の需要にこたえる動きと受け取られている。すなわち，中国製品に対する一般的な評価は「安いが低品質」というものであり，東南アジアでは農村や中下層所得者のニーズを満たす役割を果たしている。オートバイ産業では，中国企業の進出は需要を掘り起こし，市場を拡大する役割を果たしたと評価できる。

　一方，中国とインドの貿易・直接投資関係はどうであろうか。インドは歴史的経緯から中国に対する不信感を払拭できずにいるが，経済面では実務的な対応をとっている。貿易関係はインドの輸入超過で推移している。両国間の貿易額は拡大傾向にある。貿易額は2000年の29億ドルから08年には517億8,000万ドルにまで増え，年平均伸び率は43％に増えた。現在，中国はインドにとって最大の貿易パートナー，そして，インドは中国にとって10番目の貿易パートナーとなっている。だが両国間の相互直接投資の実績をみると，2010

年現在,中国に進出しているインド企業は約100社,中国側は60社余りの企業がインドに投資している。企業数をみると,両国間の相互直接投資は,依然として小規模のままの状態である。そして,やや古い情報の2010年の年間実績(フロー金額)を例にすると,中国商務部による対インド直接投資の認可額は,わずか2,671万ドルであった。これに対してインドの対中直接投資の金額は,4,931万ドルに達した。総じていえば,両国間の相互直接投資はともに小規模のままで,推移している。

上記の中国の対インド直接投資はどれほどの小規模であろうか。ここでは中国商務部が公表した情報に基づいて東南アジアと比較することによって確認しよう。〔図表8－2〕は,2003～2010年の間のインドと東南アジア諸国への中国直接投資のフロー金額を示すものであるが,〔図表8－3〕は,同地域と同期間のストック金額を示すものである。まず,フロー金額を比較しよう。上記の〔図表8－2〕が示したように,中国の対東南アジア直接投資のフロー金額では,シンガポールが目立つようになった。その理由は,かねてよりシンガ

図表8－2　インドと東南アジア諸国への中国直接投資の推移(フロー,万ドル)

	2003年	2004年	2005年	2006年	2007年	2008年	2009年	2010年
インド	15	35	1,116	561	2,202	10,188	-2,488	4,761
カンボジア	-	-	-	-	30	-	-	-
インドネシア	2,680	6,196	1,184	5,694	9,909	17,398	22,609	20,131
ラオス	80	356	2,058	4,804	15,435	8,700	20,324	31,355
マレーシア	197	812	5,672	751	-3,282	3,443	5,378	16,354
ミャンマー	-	409	1,154	1,264	9,231	23,253	37,670	87,561
フィリピン	95	5	451	930	450	3,369	4,024	24,409
シンガポール	-321	4,798	2,033	13,215	39,773	155,095	141,425	111,850
タイ	5,731	2,343	477	1,584	7,641	4,547	4,977	69,987
ベトナム	1,275	1,685	2,077	4,352	11,088	11,984	11,239	30,513
ブルネイ	-	-	150	-	118	182	581	1,653
ASEAN全体	9,737	16,604	15,256	32,594	90,393	227,971	248,227	393,813

出所:『2010年度中国対外直接投資統計公報』中国商務部。

図表8－3　インドと東南アジア諸国への中国直接投資の推移（ストック，万ドル）

	2003年	2004年	2005年	2006年	2007年	2008年	2009年	2010年
インド	96	455	1,462	2,583	12,014	22,202	22,127	47,980
カンボジア	5,949	8,989	7,684	10,366	16,811	39,066	63,326	112,977
インドネシア	5,426	12,175	14,093	22,551	67,948	54,333	79,906	115,044
ラオス	911	1,542	3,287	9,607	30,222	30,519	53,567	84,575
マレーシア	10,066	12,324	18,683	19,696	27,463	36,120	47,989	70,880
ミャンマー	1,022	2,018	2,359	16,312	26,177	49,971	92,988	194,675
フィリピン	875	980	1,935	2,185	4,304	8,673	14,259	38,734
シンガポール	16,483	23,309	32,548	46,801	144,393	333,477	485,732	606,910
タイ	15,077	18,188	21,918	23,267	37,862	43,716	44,788	108,000
ベトナム	2,873	16,032	22,918	25,363	39,699	52,173	72,850	98,660
ブルネイ	13	13	190	190	438	651	1,737	4,566
ASEAN全体	58,695	95,570	125,615	176,338	395,317	648,699	957,142	1,435,021

出所：『2010年度中国対外直接投資統計公報』中国商務部。

ポール政府や企業は，中国国内において不動産開発，省エネや資源循環を重視した環境配慮型都市開発をはじめさまざまな分野の連携で先行しているからである。その上，中国によるシンガポールのインフラ等投資で関係性を強めているためである。そして，東南アジアのなかでも，カンボジア，ラオス，ブルネイの3国は中国から受け入れた直接投資が比較的少ない。これに対してインドへの中国の直接投資は，上記の3国のレベルに相当するかもしくはそれを下回る程度である。2010年のフロー金額を例にとると，対インド投資金額は，対ブルネイを上回っただけで，それ以外の東南アジア地域に比べられないほど，小額であった（4,761万ドル）。したがって，ストック金額もほぼ同様の特徴である。2010年現在のストック実績をみると，中国の対インド直接投資額は，4億7,980万ドルであったのに対して，対東南アジアの直接投資額は，143億5,021万ドルであった。つまり，対インド投資は，対東南アジア投資額の3.3％に相当するに過ぎない。

そして，中国の対東南アジア直接投資の業種別では，下記の特徴があると指

摘されている。第1は，メコン河流域の後発開発途上国（ミャンマー，カンボジア，ラオス）に対する交通インフラ，天然資源の採掘，水力発電等への集中的な投資が多いことである。この背景には，メコン河上流に位置する中国内陸南部の経済成長がある。中国側の狙いとしては，近隣国にある天然資源開発と利用，中国からの輸出増加に加えて，中国の雲南省からミャンマーを抜けてインド洋に至る輸送のルート確保など，中国を取り巻く南方の地理的条件を反映した動きがあると考えられる。第2の特徴は，製造業向け直接投資の広がりである。2009年，中国からの東南アジア製造業向け直接投資額は2.8億ドル（構成比10％）となり，主な投資先はベトナム，シンガポール，マレーシア，タイ，インドネシアである。中国と東南アジアの自由貿易協定（2010年1月発効済）を受けた今後の生産分業再編や拡大により，中国と東南アジア相互での直接投資の流れが増大する可能性は十分にある。

一方，中国のインドに対する投資奨励業種としては，農産物栽培のほか，採掘業では石炭，鉄鉱石；製造業では冷蔵庫・エアコン等の電気機械，テレビ等の電子設備，プラスチック製品，医薬品；サービス業ではソフト開発，交通運輸，インフラ建設などが挙げられている。中国商務部の認可統計によると，中国企業のインド向け直接投資（金融業を除く）実績は1993年から掲載されており，10年後の2003年末現在，家電などの機械製造，IT産業，繊維関係を中心に累計で15件，中国側の出資額は契約ベースで2,063万ドル（2004年は2件，220万ドル）であった。他方，投資受け入れ側であるインドの商工省産業援助局の作成資料によると，1991年8月～2003年末における中国からの直接投資（累計）は，同じく認可ベースで件数が合計36件，金額が74億3,300万ルピー（約2億2,600万ドル。国別シェアは0.3％）となっている。双方の統計には明らかな乖離が見られ，これから判断する限り，中国企業による対インド投資の規模は，中国政府が把握する公式統計の金額よりもずっと大きいことがわかる。

以上の東南アジア地域への中国直接投資との対比から，インドへの中国直接投資の現状は次のようにまとめられる（〔図表8－4〕）。まず，対インド直接投資は，金額と件数ともにきわめて小規模のレベルにとどまっている。そして，投資分野をみると，対東南アジアの場合，エネルギーや製造業を中心とした投

図表8−4　インドと東南アジアへの中国直接投資の比較

	インド	東南アジア
投資規模	小さい	大きい
投資分野	サービス業，製造業	製造業，エネルギー
投資動機	市場獲得 エネルギー獲得 戦略資産獲得 技術獲得 貿易障壁回避	市場獲得 エネルギー獲得 効率追求
投資時期	2000年以降	2000年以降
現地環境	中国企業への産業規制あり 部品調達困難	規制が少ない FTAがあり
文化的接近性	遠い 華僑・華人は存在せず	近い 華僑・華人の存在感が大きい
現地市場ライバル	地元企業	日，韓企業

出所：現地調査に基づいて筆者作成。

資が多いのに対して，対インド直接投資は，サービス業(電気通信，ITソフトウエア開発など)および製造業に集中する傾向が見られる。これは，インドの産業構造の特異性(サービス産業の割合が高い)にも関連している。第3に，対インド直接投資の動機は，多様なものに及ぶ。「市場獲得」と「エネルギー獲得」の2つの動機は，東南アジアへの直接投資の動機にも共通するが，対インド直接投資の特有な動機でもある。そのなかでも「戦略資産の獲得」の動機は面白い。その代表例は，ハイアールによる韓国財閥グループ大宇のインド子会社の買収である。2004年，インドのプネーにある大宇グループの子会社が経営不振によって閉鎖に追い込まれたが，中国の大手家電メーカーであるハイアールは，これを速やかに買収することになった。この買収は，ハイアールの対インド進出を実現したという海外戦略上の意味以外に，韓国の家電技術資産を獲得した意味も兼ねている。また，「技術獲得」と「貿易障壁回避」という投資動機も対インド直接投資のポイントである。これについては，既述した先行研究(馬

[2008], 苑 [2012]) にも合致するので, 説明は割愛する。第 4 に, 中国企業による対東南アジアと対インド直接投資を対比する時に, 最も異なるポイントは, 中国企業にとっての文化的接近性の違いであろう。東南アジア地域は, さまざまな意味での親近性——地政学的接近性, 社会的発展段階, 人文的な類似性, 華人・華僑を仲介する社会的なつながり, 地域内分業関係, など——を持っているが, インドは, 中国企業にとって「遠い国, 遠い社会」である。最後に, 中国多国籍企業にとって, 東南アジア市場とインド市場でのライバルはそれぞれ異なる。つまり, 東南アジアに進出した中国企業は, この市場の先発者に当たる日系企業や韓国企業と競争することになるが, インド市場に進出した中国企業は, 地元のインド同業企業と競争するケースが多い。

4 中国企業の対インド直接投資の特徴
——ハイアールと華為技術の事例を中心に

　これまで, 先行研究および関係統計資料によって中国の対インド直接投資の特徴を概観した。本節では, 上記の概観よりもっと「見える形」——インドに実際に投資して現地経営している中国多国籍企業の事例を観察する方法——によって中国企業の対インド直接投資の特徴を見極める。具体的には, 東南アジアとインドにともに進出し, 現地生産・経営を行っている中国の代表的な多国籍企業の 2 社——家電企業のハイアールと IT 通信企業の華為技術——の事例を中心にインドへの中国企業の直接投資の特徴を見よう。

　まず, ハイアールの事例をみよう。ハイアールのグローバル展開は, 概ね 4 つの段階——第 1 段階＝ブランド戦略段階 (1984 ～ 1991 年), 第 2 段階＝多角戦略段階 (1992 ～ 1998 年), 第 3 段階＝国際化戦略段階 (1999 ～ 2005 年), 第 4 段階＝国際ブランド戦略段階 (2006 年～現在に至る) ——を経過した。同社の対外進出は第 3 段階以降に本格的にスタートした。つまり, 2000 年より, ハイアールは世界の主要都市での販売を開始し, 独自の販売網・アフターサービス網を構築することによってブランドの知名度および信頼において一定の評価を得ることができた。これらの活動を通じて, ハイアールは海外進出を本格化してゆ

第8章　中国の対インド直接投資の現状と特徴　213

図表8－5　タイとインドにおけるハイアール現地事業の概要

企業名	タイ・ハイアール	インド・ハイアール
設立時期	2007年	2004年
現地企業形態	合弁（三洋電機，現地資本と）	単独出資
従業員数	2,082名	1,400名
中国派遣社員数	7名	0名
生産品目	家電（冷蔵庫，洗濯機）	CRTテレビ，冷蔵庫
生産方式	現地生産	現地生産
輸出の有無	中国，東南アジア	中東，ネパールなど
生産能力・売上高	120万台／年間（冷蔵庫）	150万台／年間（冷蔵庫）

出所：現地調査の聞き取りにより整理作成。

くことになった。21世紀に入ってから，ハイアールは，真のグローバルブランド構築のために，中国を基地とし全世界に製品を輸出することに重点を置く戦略から，「その国の求めるハイアールブランドを創造する」という戦略への転換を図った。

さて，東南アジアとインドへのハイアールの現地事業はどのような状況であろうか。〔図表8－5〕は，ハイアールがタイとインドに設立した子会社の概要を示すものである。まず，ハイアールによる両地域への進出時期は，ほぼ同じ時期の2000年以降である。タイとインドでの子会社の設立は，上記のグローバル化戦略に沿って行われた企業行動であると考えられる。そして，タイとインドの子会社の出資形態はそれぞれ異なる。タイ・ハイアールは，「合弁」の出資形式を採用した。一方，インドの子会社は，単独出資の形態である。単独出資の背後には，2つの理由があると考えられる。既述したように，東南アジア地域に比べてインドでは，中国企業が利用可能な社会資源＝華人・華僑が少ないため，信頼できる合弁パートナーがいない。もう1つの理由として，インド政府の規制によってハイアール側はインド子会社に本社社員を派遣して管理運営にあたることができない（就労ビザが発給されないため）。これによってハイアール本社は，フルコントロールしやすい単独出資の方法を採用したのでは

ないかと考えられる。そして，従業員数をみると，タイ・ハイアール（2,082名）は，インド・ハイアール（1,400名）を上回った。また，2つの子会社への本社派遣社員数は，タイ子会社に7名，インド子会社にゼロ名である。上記のように，インド子会社の場合，政府規制によって本社派遣社員は長期間で駐在することができないため，その結果は決してハイアール本社側の方針ではなかった。2つの子会社の市場について，現地市場にのみでなく，海外市場にも商品が輸出されているが，インド・ハイアールのほうは，比較的広い市場をカバーしている（中東，ネパールまでに輸出する）。2つの子会社の生産量は，ほぼ同レベルに見えるが，タイ・ハイアールでは，より多くの機種を生産しているため，インド・ハイアールより規模が大きい。そして，最後に強調しなければならない共通点が一点ある。つまり，両国にあるハイアールの子会社はともに，他の先発多国籍企業から買収したものであるということである。

　以上，タイとインドに進出したハイアールの現地生産状況を比較した。おおざっぱにいえば，ハイアールにとっての海外現地の進出環境と条件について，インドよりタイのほうが比較的有利だと考えられるが，ハイアールの両地域への進出後の進展状況をみると，インド・ハイアールは，すでに進出当初の劣位を徐々に克服し，インド市場での存在感を大きく確立した。これまではインド市場向けの洗濯機の大半とエアコンを外部に生産委託し，他の商品は中国本土各生産拠点から輸入していたが，冷蔵庫の製造を手がけるインド・プネー工場（マハラシュトラ州）には今後，これらの製品の生産ラインを新たに設ける。インド国内での売上増加がその狙いである。このほか冷蔵庫の生産能力も拡張する。洗濯機は現在，プネー工場で2モデルの少量生産を行っているが，2014年をめどに年間50万台に引き上げる。エアコンについても当面は年間50万台を生産できる体制をめざす。このほか，冷蔵庫の年産能力を現在の100万台から今後2年間で200万台に倍増させる。これら工場の拡張計画に向けて投じる資金は約10億ルピーに達する。このうち4億ルピーを冷蔵庫の増産に充てる方針が明らかになった。ハイアールの2011年のインド事業売上高は97億2,000万ルピー，2012年は125億ルピーに拡大しており，2013年は160億ルピー超に高める。新ラインの設置などを通じて2014年までにすべての製品を国内で生

産できる体制を構築し，今後5年間でインド事業の売上高を700億〜750億ルピーに引き上げる方針である。したがって，インド・ハイアールのグローバル化も加速する。インド・ハイアールによって生産された冷蔵庫は20〜25%をアフリカや旧ソ連圏諸国に輸出している。今後は2014年をめどにインドで製造するすべての製品の2割を輸出に振り分ける計画である。インドにおける生産体制の拡充に加え，販路の拡大も進める。インド・ハイアールは現在，国内で170の専門店，大手家電量販店4,500店で自社製品を販売している。これを今後，それぞれ250店，6,000店に増やす計画である。

　そして，2番目の企業例は，華為技術である。華為技術は1988年に設立され，通信機器の研究開発，製造，マーケティングに特化したハイテク企業であり，通信事業者にカスタマイズされたソリューションを提供している。2010年の売上高は1,852億元（約2兆2,965億円），売上高の75%は海外からとなっている。2010年の売上高は2009年に比べ24%増加した。2010年の営業利益は293億元（約3,630億円），キャッシュフローは285億元（約3,529億円）であった。華為技術の売上高はエリクソンに次いで世界2位，モバイル・ブロードバンド製品，モバイル・ソフトスイッチ，パケットコア製品，光ネットワーク製品では世界シェア1位である。2010年2月，米国の著名なビジネス誌「ファスト・カンパニー」の「Most Innovative Company Ranking」（世界で最も革新的な企業ランキング）にて，facebook, Amazon, Apple, Googleに続き，第5位に選ばれた。華為技術の顧客は中国電信，中国移動，中国網通，中国聯通などの中国企業だけでなく，ブリティッシュ・テレコム，AIS，テレフォニカ，シンガポール・テレコム，ドイツ・テレコム，テリアソネラなどの企業も含んでいる。現在，華為技術は300近い通信事業者に製品・ソリューションを提供しており，世界トップ50事業者のうち45社が華為技術の製品・ソリューションを使用している。毎年，売上の10%以上をR&Dへ投資し，全従業員の46%が世界20ヵ所にあるR&Dセンターで研究開発に携わっている。2008年に国際特許出願件数で世界1位になり，2009年は第2位，2010年は第4位であった。日本における知名度は低いが，イー・モバイルが携帯電話事業に新規参入するにあたり，華為技術製の基地局設備および携帯端末を採用している。

海外直接投資を行った中国の多国籍企業のなかでは華為技術は最も早い段階から海外に進出した企業の1つである。華為技術の対外直接投資は1993年の米国貿易拠点の設立にさかのぼることができるが、インドと米国研究開発センターの設立や本格的投資展開は1998～1999年頃になる。先行研究の姜［2011］によると、華為技術の海外進出を促進する要因として、1）華為技術の「所有特殊的優位」、2）中国国内市場の飽和、3）中国政府の政策、4）国際通信市場の競争状況、5）創業者の企業家精神、などが挙げられる。

〔図表8－6〕はベトナムとインドに投資して設立された華為技術の子会社の概要である。ベトナムとインドに設立された華為技術の子会社の進出時期は大きく異なり、インド子会社が1999年、ベトナム子会社が2008年にそれぞれ設立された。2つの子会社の出資形態も違う。特にベトナム子会社は、「合弁」会社——ベトナム国営通信企業との共同出資——である。実際、世界各地に進出した華為技術は、単独出資にこだわるケースが多い。なぜなら、通信企業の技術ノウハウに関わる企業秘密が多く、海外パートナーとの共同運営が困難だからである。ベトナム子会社の共同出資は、ベトナム側の産業規制による結果である。つまり、通信分野への単独外国投資が認められないからである。対してインド子会社は華為技術の単独出資会社である。そして、2つの子会社の従

図表8－6　ベトナムとインドにおける華為技術の現地事業の概要

企業名	ベトナム・華為技術	インド・華為技術
設立時期	2008年	1999年
現地企業形態	合弁	単独出資
従業員数	500名	6,000名
中国派遣社員数	数名	従業員の1割
生産品目	電信サービス	電信設備およびソリューションサービス
生産方式	現地生産＋輸入	現地生産＋輸入
輸出の有無	無し	無し
生産能力・売上高	5.9億ドル	15億ドル（2009年）

出所：現地調査の聞き取りにより整理作成。

業員規模をみると，インド子会社は，ベトナム子会社の12倍であり，巨大な規模に達している。筆者の現地調査によると，インド子会社の規模は，華為技術の本社規模に次ぐレベルで，海外子会社のなかでは最大である。1999年，インドに研究所を設立する際の華為技術の主な目的は世界の最も進んだソフトウェア開発市場に接近し，豊富なIT人材を利用し先進の研究開発体制を確立することにある。もちろん，それに加えて新興国のインド市場を開拓する目的もある。しかし当初，華為技術という企業に対する認知度が低く，優秀な現地人材があまり集まらなかった。当初の研究員のほとんどは本社から派遣された中国人であった。持続的な投資と努力，それに加えて現地化の進行により現在ではインド人社員が中心となり，研究所に滞在している中国人は主に業務研修者，あるいは業務連絡を担当する人員だという。そして，2つの子会社へ派遣された華為技術の本社社員数もかなり異なる。ベトナム子会社には数名の派遣社員しかいないのに対して，インド子会社に駐在する中国人社員数は全社員数の1割，つまり，600名以上に達した。派遣社員数からは，華為技術側の海外戦略をうかがえる。つまり，巨大でかつ発展潜在力を有するインド市場を最重視する華為技術は多くの人的資源を投入し，海外最大の子会社を本格的に育成している。この戦略は，2つの子会社の売上高からもうかがえる（インド子会社，15億ドル，ベトナム子会社5.9億ドル）。

5　まとめ

　本章はこれまで東南アジアとの比較の視点から中国の対インド直接投資の特徴を分析した。最後に，上記の分析を通じて中国の対インド直接投資に関わる主要ポイントをまとめよう。

　まず，インドへの中国の直接投資規模は，中国の対東南アジア直接投資の最少額の国のレベルに相当するかもしくはそれを下回る規模である。中国の対インド直接投資がこれほど少額になった理由として，1）インド側の中国に対する強い警戒感に基づく投資規制，2）インド側の遅れた投資環境・条件，3）インド市場の未熟さと制限性，4）中国投資側の慎重さ，5）投資側の現地情報や

知識に精通する人材の不足，などが挙げられる。ただし，事例分析からわかるように，中国の対東南アジアへの直接投資は「全体的に多いが，個別案件が小規模」という特徴を持っているのに対して，インドへの直接投資は「全体的に少ないが，個別案件が本格的」という面白いポイントもある。

　第2に，中国の対インド直接投資の時期は決して東南アジアより遅いわけではなく，1990年代末ごろから，すでに行われたが，上記のさまざまな制限要因によって投資規模が速く伸びることはなかった。2000年以降，対インド直接投資がついに対東南アジア直接投資によって抜かれてしまった。今後の中国対インド直接投資は，急速に伸びる可能性がきわめて低い。そして，事例分析を通して下記の点も注意すべきである。つまり，中国の対東南アジア直接投資は，現地市場の「現在」を重視するのに対して，対インド直接投資は，インド市場の「今後」を重視するというユニークなポイントがあるということである。華為技術の事例のように，進出当初は，必ずしも迅速に現地市場を攻略したわけではないが，進出の基盤をしっかり固めてから，徐々に市場を攻略し始め，最終的に先発ライバルから大きな市場シェアを奪うことに成功した。

　第3に，中国の直接投資分野をみると，対東南アジアの場合，エネルギーや製造業を中心とした投資が多いのに対して，対インド直接投資は，サービス産業（電気通信，ITソフトウエア開発など）および製造業に集中する傾向が見られる。これは，インドの産業構造の特異性（サービス産業の割合が高い）にも関連している。別の角度から解釈すれば，中国の対東南アジア直接投資は，「広い産業分野に投資するが，産業別の重点は必ずしも明瞭ではない」という特徴が見られる。これに対して中国の対インド直接投資は，「狭い産業分野に，重点的に投資する」という戦略的なポイントをうかがえる。

　第4に，中国の対インド直接投資の動機は，多様なものに及ぶ点が見られた。「市場獲得」と「エネルギー獲得」の2つの動機は，中国の対東南アジアへの直接投資の動機にも共通するが，対インド直接投資に特有な動機もある。そのなかでも「戦略資産の獲得」「技術の獲得」「貿易障壁の回避」の動機は，対東南アジア直接投資にない，面白いポイントである。したがって，対インド直接投資の幅広い動機は今後，中国企業のインド進出の潜在的可能性をも意味

するであろう。

　第5に，東南アジア地域に比べて中国の対インド直接投資の現地環境と条件は，だいぶ異なる。前述のように，中国企業が対インド直接投資を行う際に，最もチャレンジに当たることは，文化的接近性の違いであろう。東南アジア地域は，さまざまな意味での親近性もしくは親和性——地政学的接近性，人種的な類似性，華人・華僑を仲介する社会的なつながり，地域内分業関係，など——を持っているが，インドは，中国企業にとって「遠い国，遠い社会」である。言い換えれば，中国の進出企業にとってインドの現地生産・経営環境は「冷酷性＝ルール重視」——法制社会のベースに基づく企業行動が求められること——である。

　最後に，中国多国籍企業にとって，東南アジア市場とインド市場でのライバルはそれぞれ異なる。つまり，東南アジアに進出した中国企業は，この市場の先発者に当たる日系企業や韓国企業と競争することになるが，インド市場に進出した中国企業は，地元のインド同業企業と競争するケースが多い。

主要参考文献

1. アジア経済研究所ホームページ（http://www.ide.go.jp/）。
2. 石川幸一［2005］「活発化する中国企業のASEAN投資」（財）国際貿易投資研究所，季刊『国際貿易と投資』Spring 2005 / No.59。
3. 『インド新聞』（http://indonews.jp/）。
4. 苑　志佳［2012］「インドにおける中国多国籍企業の現地生産——現地調査結果による検証」立正大学『経済学季報』第62巻2号。
5. 川井伸一［2013］『中国多国籍企業の海外経営—東アジアの製造業を中心に』日本評論社。
6. 北村かよ子［2009］「拡大するASEANへの外国投資」アジア経済研究所ホームページ。
7. 経団連のホームページ（http://www.keidanren.or.jp）。
8. 小島末夫［2007］「中国企業の対インド投資」愛知大学「国際中国学研究センター」『中国経済の海外進出（走出去）の実態と背景——中国企業海外直接投資に関する研究とその方法——』。
9. ジェトロ［2010］『インド投資ガイド』。

10. 姜　紅祥［2011］「中国の通信機器産業の対外直接投資と戦略的資産獲得」中国経営管理学会 2011 年秋季研究集会（11 月 5 日於龍谷大学）報告論文。
11. 住友信託銀行［2010］「経済の動き——中国の対外直接投資の現状と方向性」住友信託銀行『調査月報』2010 年 12 月号。
12. 中国商務部『各国投資環境—印度』（2011 年版，中国語）。
13. 中国商務部『2011 年度中国対外直接投資統計公報』（中国語）。
14. ハイアール社ホームページ（http://www.haier.com/）。
15. 馬　塾君［2008］「中国対印度直接投資的動因分析」（中国語）東北財経大学『財経問題研究』第 12 期。

第9章

インドにおける中国多国籍企業の現地生産とパフォーマンス
── インドに進出した中国企業4社による検証

1　はじめに

　第8章では，中国企業の対インド直接投資の背景と現状および特徴について分析したが，インドへ進出した中国多国籍企業のインド市場でのパフォーマンスはどうであろうか。中国多国籍企業は，どのような競争優位によって現地生産・経営を行っているか。本章は，「見える」形でインドに進出した中国企業を具体的に分析することによって上記の問題関心を明らかにする。また，本章の分析を通じて「後発国型多国籍企業」の特徴も浮き彫りにする。

　本章の分析対象となった中国の企業数は4社（鞍鋼集団，中鋼集団，ハイアール集団，華為技術）である。「わずか4社の分析によって在インド中国企業の一般像を浮き彫りにすることができるか」という疑問が生じうるが，既述したように，そもそも中国企業の対インド直接投資の金額と進出企業数は少ない。筆者が現地調査を実施した2010年現在では，ニューデリー周辺に立地する中国企業は数十社程度であった。この事情を考えると，4社の企業数は決して少なくない。本章は，この4社への詳細なヒアリングから入手した生の情報に基づいて在インド中国多国籍企業を分析する。対象企業の産業分野は，鉄鋼2社，電子1社，IT関係1社という分布である。この産業的構成状況を考えると，産業分析は無理である。このため，本章は産業分析を避けて中国多国籍企業の対インド進出動機，進出の段階，現地市場における競争力状況（競争優位，競争劣位など）などを中心として分析する。

2 研究対象 4 社の概要

　本章の研究分析対象になった 4 社の在インド中国企業の概要は，前掲，〔図表序－2〕に示した通りである。まず，分析対象企業の 4 社に共通する点を以下に挙げる。第 1 点は，対インド進出の歴史が浅いことである。4 社のうち，最も早く進出したインド華為技術は 1999 年にインド子会社を設立したが，ほかの 3 社はすべて 2000 年以降にインドに進出したばかりである。

　第 2 点としては，すべての対象企業が「単独出資」の資本形態をとっている点が挙げられる。この点については中国企業の対インド進出の共通点になるかどうかは，はっきり言えないが，新規進出した中国企業であればあるほど，単独出資の形式を採用する傾向が強いのではないかと考えられる。その理由は，現地インド企業との合弁事業の運営は困難であるためだと推測される。

　次に対象企業 4 社の親会社の資本所有形態をみてみる。公的所有は 3 社（中鋼集団，鞍鋼集団，ハイアール集団），民営企業 1 社（華為技術）という内訳であり，公企業を中心とする中国企業が対インド進出の主力になっている。われわれが訪問調査した在インド中国企業から聞き取った情報によると，インドに進出した中国企業のうち，華為技術以外の民営企業はほとんどない，という。これまで中国の対外進出には「国強民弱」（国有企業が多く民営企業が少ない）の現象があるといわれているが，対インド進出の実態はその通りである。

　さらに対象企業 4 社の企業規模はきわめてばらつきが大きいという点も特徴として挙げられる。最大規模のインド華為技術は 6,000 名（インド全国），インド・ハイアールは 1,400 名の従業員を雇用し，比較的大きな規模に達しているのに対して，鉄鋼関係の 2 社は，それぞれ 42 名（インド中鋼集団），1 名（インド鞍鋼集団）というきわめて小規模の現地法人である。実際，鉄鋼 2 社のインド事業の主な活動内容は，本業の鉄鋼生産ではなく，鉄鋼製品もしくは製鋼設備や材料を販売（貿易）することである。本格的な現地生産を行っているのは，インド華為技術（電信設備およびソリューション・サービスの生産・提供）とインド・ハイアール（テレビ，冷蔵庫の生産・販売）だけである。

第9章　インドにおける中国多国籍企業の現地生産とパフォーマンス　223

図表9－1　中国多国籍企業トップ50社における対象企業親会社の実績
（2010年度，非金融類企業）

	海外子会社の営業収入額	海外資産総額	対外直接投資ストック額
中鋼集団	第18位	第25位	第15位
ハイアール	第43位	50社ランク外	50社ランク外
鞍鋼集団	第41位	50社ランク外	第36位
華為技術	第7位	第11位	第47位

出所：中国商務部『2010年度中国対外直接投資統計公報』により作成。

　また対象企業4社の現地生産・経営の実績をみると，インド華為技術は年間15億ドルの売上高を実現し，大規模な企業になっており，インド・ハイアールも年間150万台（冷蔵庫）の生産実績を持っているのに対し鉄鋼業の2社は，比較的少額の現地売上高しか実現していない。
　以上のように，対象企業4社の在インド事業は，大規模展開の2社と小規模にとどまる2社という構図となっている。これは投資する親会社の規模や海外事業の方針・戦略と関係するか。答えは否である。実際，対象企業4社とも，中国の大型もしくは特大型企業を代表する規模になっており，対外進出も積極的に行っている企業でもある（〔図表9－1〕を参照）。とりわけ，鉄鋼2社の親会社は，「海外子会社の営業収入額」と「対外直接投資ストック額」では中国企業の代表的な存在であるが，2社の在インド事業は小規模のままになっている。2社への聞き取りによると，インド側は，中国鉄鋼企業による現地生産関係の投資を歓迎しないようである。以下では在インド中国企業の現地生産とパフォーマンスを分析する。

3　インドにおける中国多国籍企業の現地生産とパフォーマンス

3－1　対インド進出動機と競争ライバル意識

　中国企業の海外進出の歴史は浅いため，企業の海外進出動機は，理論的にも実証的にも必ずしも明らかにされていないが，過去には少数の先行研究が残さ

図表 9 － 2　中国企業 4 社の進出動機

インド中鋼集団	インド・ハイアール	インド鞍鋼集団	インド華為技術
1．鉄鉱石など資源確保	1．市場獲得	1．市場獲得	1．市場獲得
2．国家の「走出去」戦略	2．戦略資産獲得	2．資源獲得（鉄鉱石）	2．人的資源獲得
3．経営国際化			

出所：各社への聞き取りにより作成。

れている。そのうち，前掲の World Bank [2006] は，300 社超の海外進出実績のある中国企業を対象にアンケート調査したことに基づいて分析が行われた研究である。これによると，中国企業の海外進出動機の上位 3 位は，1) 市場獲得，2) 海外戦略資産獲得，3) グローバル経営戦略，となっている。そして，日本国内の先行研究のなかでは，丸川・中川 [2008]，高橋 [2008] も，上記の World Bank の調査結果とほぼ同じ結果を示している。

そして，インドに進出した企業の進出動機について対象企業 4 社はどうであろうか。〔図表 9 － 2〕は現地調査の聞き取り情報に基づいてまとめられたものである。これによると，対象企業 4 社のうち，3 社は「市場獲得」をインド進出のトップ動機として挙げている。つまり，先行研究と同様の結果を在インド中国企業も示している。そして，対象企業が挙げたもう 1 つの対インド進出動機は「資源獲得」である。とりわけ，鉄鋼 2 社はともに鉄鉱石の資源獲得を進出動機として挙げた。これは，対インド進出の特有な動機かもしれないが，多くの先行研究によって指摘されたように，中国系多国籍企業は，石油，天然ガス，金属鉱石などを狙う目的でアフリカ，アジア，南米に野心的に直接投資を行っている。対インド進出の動機の 1 つは，上記の指摘にほぼ合致している。ただ，本章の対象企業 4 社のなかでは特例もある。それは，インド華為技術である。ものづくり分野ではない華為技術は，天然資源でなく，人的資源を獲得することを目的の 1 つとして，インドに進出した，という。華為技術のメインビジネスは，移動通信ソリューション・サービスであるが，ソリューションソフト開発は，技術者・エンジニアに委ねる傾向が強い。広く知られているように，インドは IT ソフトに精通した人的資源を大量に保有する国である。

1999年にインドに進出した華為技術は当初，情報技術（IT）の人材が豊富なインド南方都市バンガロールに拠点を設置し，その後，市場占有率の拡大に伴って子会社本部をニューデリーに移した。そして，対象企業のなかでインド・ハイアールは，別の動機を持っている。それは「戦略資産獲得」である。2004年，ハイアールは，韓国財閥企業大宇がインド中部都市プネーに持っていた新鋭テレビ組立工場を買収したことによってインド進出を実現した。それまで大宇はインドのテレビ市場に参入していたが，同じ韓国財閥の三星電子，LG電子および日系企業との競争にやぶれ，最終的に大きな経営赤字が発生したため，撤退に追い込まれた。ちょうどその頃，インド市場への進出をうかがっていたハイアールは，速やかにこの機会を利用して，設備や人員などを含む大宇の新鋭工場を丸ごと買収した。

また中国企業の海外進出は国家戦略や政府の呼びかけによって支えられてきたとよくいわれるが，本章の対象企業4社の場合，インド進出の動機として「国家の海外進出戦略に合わせたもの」と挙げた企業は1社だけ（インド中鋼集団）（しかもインド進出動機の第2位）にとどまっている。また，「グローバル経営」という進出動機が挙げられたのもこの企業である。おそらく大型国有企業である同社は，政府から何らかの影響やコントロールを受けた結果，インド進出に踏み切った可能性が高い。

そして，インドに進出した中国企業のライバル意識はどうであろうか。一般的には，一国の企業は国境を超えて海外にその事業を広げる際にその進出先市場における現地企業もしくは先に進出した他の多国籍企業をライバルとして見ることは当然のこととして，それと同時に，同じ国内の競争ライバルを強く意識することもある[1]。しかし，インドに進出した中国企業対象4社への調査結果は，意外なものである。〔図表9－3〕は，これを示すものである。

まず，実質的現地生産を展開した2社（インド・ハイアール，インド華為技術）と貿易ビジネスしか行わない2社（インド中鋼集団，インド鞍鋼集団）は，ライバル対象がはっきり分かれている。前者は，インド現地における既存外国多国籍企業を競争ライバルとして意識するのに対して後者は，主に中国同業他社を一番強力なライバルとして見ている。この現象が起きた原因は，はっきりわから

図表9－3　中国企業4社が答えたインドにおける自社のライバル

インド中鋼集団	インド・ハイアール	インド鞍鋼集団	インド華為技術
中国建設材料（インド）	サムスン電子	宝鋼集団（インド）	エリクソン
中化国際（インド）	ソニー	武漢鋼鉄（インド）	ノキア
香港宝図	LG電子	POSCO	ZTE

出所：各社への聞き取りにより作成。

ないが，おそらく下記のことが考えられる。第1に，インドでの現地生産・経営を行っているインド・ハイアールとインド華為技術はともに，中国国内から進出した中国企業との競争がなく，もっぱら先行して進出した他国の多国籍企業と競争することになっている。インド・ハイアールは，最初の現地生産から，インド市場での先達である日系や韓国系企業との競争が強いられている。われわれが調査した2010年現在，もう1社の中国大手テレビ企業TCLもインドに進出したが，その市場パフォーマンスはほとんどないに等しい。結局，インド・ハイアールは，サムスン電子とソニーを相手としてその競争戦略を構築した，という（インド・ハイアールCEOによる）。一方，インド華為技術も同じ背景を持つ。そもそも華為技術は中国国内市場でも電信業界の最大手企業であって他社の追随を許さないトップ企業でもある。インド市場に進出した当初から，中国の同業企業からの競争を受けずに市場の先達である欧州企業（エリクソン社，ノキア社など）と競争することが決まっている。ただ，最近インド市場に参入したもう1社の中国大手企業のZTE社（中興通信）が，市場シェアを急速に伸ばしているため，インド華為技術はZTEをライバルとして強く意識し始めた。

　第2に，対象企業のうちの鉄鋼関係の2社はインドにおいて本業の鉄鋼生産を行っておらず，鉄鋼関係商品（鉄鉱石，製鉄・製鋼設備，鉄鋼完成品など）の輸出入業務だけを行っている。しかも2社のビジネス規模は大きくない。この2社の共通点は，インド市場で貿易業務を行う同業他社を自分のライバルとして意識している。この点は，中国国内における鉄鋼産業内の激しい競争状況を海外にまで反映しているといえよう。つまり，現在，鉄鋼企業間は，原材料（とり

わけ，鉄鉱石）の調達や海外市場シェアをめぐって激しく競争している。同業他社の海外進出を敏感に意識し，自社も同様な行動に出るというパターンは，在インド中国鉄鋼企業の実態だと考えられる。以上のように在インド対象企業4社のライバル意識は次のようにまとめられる。

　まず，中国企業のインド進出動機をみると，最重要動機にあたるものは，「市場獲得」と「資源獲得」の2つである。その次の動機は，「戦略資産獲得」である。この結果は，中国企業の海外進出動機に関する先行研究とほぼ一致している。またやや意外な結果として，国家戦略の「走出去」（海外進出）という動機は，在インド中国企業に当てはまらないことが挙げられる。いいかえれば，中国政府が企業の海外進出を呼び掛けても，海外に進出するかしないかの決断は企業独自の判断と戦略であることがわかる。

　次に，国有企業2社——中鋼集団，鞍鋼集団——は，インド進出した中国企業同士との競争を強く意識している。既述したように，ある国のある産業の寡占企業同士の間で競争が成立しており，そのなかのある企業が先行的に海外へ直接投資を行うと，国内における競争相手が市場シェアの将来の変化に敏感に対応して，それなりの対策をとるであろう。その対策は，競争相手企業の海外進出と同様な行動である。なぜなら，このような対策をとらなければ，国内市場における自社の地位が維持されなくなるからである。このような企業行動は「防衛型対外直接投資（Defensive FDI）」と呼ばれる[2]。周知のように，中国国内の鉄鋼産業では国有大型企業による独占状態が鮮明である。21世紀に入ってから国内鉄鋼市場は供給過剰の状態に陥り，各企業は激しく競争している。この状況に対する対策の1つは海外へ活路を求めることである。インドは，世界的にも良質な鉄鉱石資源を大量に保有する国であるため，中国鉄鋼メーカーはこれを求めるためにインドへ進出している。鉄鋼企業2社はその事例にあたる。調査結果からわかるように，インドに投資した鉄鋼企業同士間で互いに強いライバル意識を持っている背景には，すでに中国国内で確立された競争態勢——市場シェア，企業規模，利益規模など——を維持したいことがうかがえる。

　第3に，民営と集団企業2社——インド華為技術とインド・ハイアール——

はインド市場での外国多国籍企業をライバルとして強く意識している。上記の「防衛型対外直接投資」に対して，「攻撃型対外直接投資（Offensive FDI）」という概念もある。つまり，ある国のある産業における既成の市場バランスを打破するために，ある企業が積極的に海外へ直接投資を行うことによって市場シェアを高めたり競争力を強めたりしようとする競争戦略を採用することである。インド華為技術とインド・ハイアールは，中国国内における各自の産業分野（通信と電子）のトップ企業であるが，通信と電子産業はともに，激しい競争分野でもある。2社は，積極的な海外直接投資によって海外市場を獲得したり，海外の既存の外国企業資産を獲得したりすることによって国内市場におけるトップの地位を維持しようとしているのではないかと推測される。つまり，両社はインド進出の当初から，インド市場のシェアもしくはインドにおける企業資産をとろうとする「攻撃型対外直接投資」を行ったと考えられる。

　第4に，本節の分析によって明らかにされたように，電子・IT関係の企業は本格的な海外展開をしているのに対して鉄鋼関係企業はまだ海外進出の初期段階にとどまっている。両者間の違いは一目瞭然である。たとえば，インド現地の企業規模だけを挙げると，インド華為技術は，バンガロールとニューデリーを中心とする地域に6,000人規模の従業員を雇っている。また，ハイアールも1,000名以上の規模を有する。いずれも現地生産・経営にふさわしい企業規模に達している。これに対して鉄鋼企業2社はともに小規模の現地事業しか有しない。とりわけ，インド鞍鋼集団の企業規模は，わずか1人しかなく，しかも現地経営の規模も信じられないほど少額にとどまっている。

3－2　インド市場における中国多国籍企業のR&Dと市場シェア

　多国籍企業の海外パフォーマンスを示す典型的な指標として，研究開発（R&D）体制および現地市場におけるシェアが挙げられる。一般的に企業は，R&Dによって独自技術や新製品を開発することによって価格競争を回避し有利な価格を設定できるとされる。したがって，R&Dは売上や利益や生産性に貢献し，R&Dによって企業は成長力を持つことができる。このため，R&Dは「成長力の源泉」や「企業成長のエンジン」などと形容されることがある。無

図表9－4　インドにおける中国企業4社の現地R&Dの内容・範囲

インド中鋼集団	インド・ハイアール	インド鞍鋼集団	インド華為技術
無し	開発チーム：有り	無し	開発チーム：2,000名
	開発実績：現地市場向け冷蔵庫		本社以外の最大の開発チーム

出所：各社への聞き取りにより作成。

論，企業は，経営の多国籍化に伴ってそのR&D業務を本国市場だけでなく，進出国市場に適する製品や製造技術に関連する研究開発も行うことが考えられる。とりわけ前者の現地製品開発の有無は，現地市場パフォーマンスを左右する，重要な戦略でもある。

〔図表9－4〕は本章の分析対象企業4社のR&D状況を示すものである。国有鉄鋼2社は，現地でのR&D活動をまったく行っていない。前述したように，この2社は本業の鉄鋼の現地生産をしておらず，純粋な貿易業務だけを行っている。したがって，2社の現地企業規模も小さい。このため，本業関係のR&Dが行われていない。これに対して電子・ITの2社は，本格的な現地子会社R&D体制を構築している。まず，インド・ハイアールは，その工場所在地のプネーにインド市場向けの製品開発部署を設置している。われわれの現地調査の時は，この開発チームによって開発された新しい冷蔵庫モデルが公開されたばかりで現地のテレビ・コマーシャルにも登場した。ただ，インド・ハイアールの開発部署は，大宇の子会社時代に設置されたものであり，ハイアールに買収された後，そのまま受け継がれたものでもある。おそらく，インド市場への進出にあたってハイアールは，研究開発チームを含む大宇の戦略的資産を最初から狙ったのではないかと思われる。そして，IT通信設備分野のインド華為技術は，インド・ハイアール以上の大きな研究開発チームを抱えている。そもそも親会社の華為技術は，中国企業のなかでも有数のハイテク企業であり，毎年，売上高の10％以上をR&Dへ投資している。また，全従業員の46％が世界20ヵ所にあるR&Dセンターで研究開発に携わっている。2008年には国際特許出願件数で世界1位になり，中国のトップレベルの実績を持つ。

インドに進出した1999年当初，子会社がインドのIT産業中心地であるバンガロールに設置された。その狙いは，インドの優れたIT研究開発人材を活用することであった。1999年にバンガロールに開発センターが設立された時に，インド華為技術は，研究開発要員を中心とした従業員2,000名を採用し，「開発センター」を立ち上げた。現在，この開発センターは，華為技術の持つ最大の海外センターである。2000年以降，インド電信市場は急速に発展したため，インド華為技術もその業績を拡大した。2009年，インド華為技術はその本部をバンガロールから首都ニューデリーに移し，従業員数を6,000人に拡大した。現在，全従業員数に占めるR&D関係の従業員は2,000人で，つまり，3分の1の従業員がR&D関係要員である。これほど本格的なR&D体制を築いた背景として，1) インド通信市場が急拡大していること，2) 競争ライバルの欧米企業も現地子会社にR&D体制を構築していること，3) インドにおける豊富なIT人材を活用できること，などが挙げられる。現在，インド・華為技術が持つR&D能力は，インドに進出した欧米通信設備企業のそれに負けないほどの規模とレベルに達している，という。

そして，インド市場における対象企業の市場シェアをみると，鉄鋼2社は，本業の鉄鋼生産を行っていないため，市場シェアの統計データはない。〔図表9-5〕に示したように，インド・ハイアールは，わずかの市場シェアしか占めていない。インドの家電市場では，先達の日系，欧米系，韓国系の企業が大きな競争優位を持っているのに対して新規参入したハイアールの市場存在感はきわめて薄い。とりわけ，インド市場における「メイドインチャイナ」のブランドイメージは，「安かろう悪かろう」から脱していない。家電製品の場合，

図表9-5 インドにおける中国企業4社の現地市場シェア

インド中鋼集団	インド・ハイアール	インド鞍鋼集団	インド華為技術
-	冷蔵庫：6～7%	-	電気通信サービス：20%
	テレビ：2～3%		
	エアコン：2～3%		

出所：各社への聞き取りにより作成。

「中国製よりインド製のほうがよい」という認識があるという[3]。結果として，2010年の調査でハイアールの主力製品の冷蔵庫は，6〜7％の市場シェアにとどまっていた。われわれの企業訪問の際には，インド・ハイアールは，現地の人気クリケット選手を起用し，積極的にテレビ・コマーシャルを放送している。また，インドで人気を集めるミセス・インディン・コンテストでハイアールはスポンサーになっている。この一連の販促活動では「メイドインチャイナ」を宣伝せず，インド消費者が持つ中国製品のイメージを打ち破ろうとした。一方，インド華為技術は，かなり高い市場シェアを占めている（通信サービス市場の20％）。インドは華為技術にとって中国に次ぐ第2の大市場である。この市場では，欧米電気通信メジャーを含む10社以上の電信キャリアが同時に電信ビジネスを展開しているため，インド電信市場は，大変競争の激しい市場であると同時に開発しにくい市場でもある。インド華為技術の責任者の証言によると，「この市場の顧客が求めるのは「低価格＋高品質」のコンビだ」。にもかかわらず10年以上の努力によって，インド電信市場におけるインド華為技術の市場シェアは，欧米大手企業のエリクソン社，ノキア社に次ぐ第3位をキープしている。

　以上のように，対象企業4社のR&Dと市場シェアは，それぞれ大きなバラツキを示している。まず，R&Dの体制や経営を重視する程度をみると，〔IT分野＞電子分野＞鉄鋼分野〕という構図になっている。つまり，ITという潜在力の大きいインド市場に進出した中国企業は，本格的なR&D体制を構築することによって現地市場を長期的に攻略しようとしている。有数の途上国大市場のインドは，中国市場に次ぐ存在であるため，インド華為技術は現地での研究開発を最優先の経営課題として推進している。そして，電子分野は，後発者としてのハンディを克服するため，インド・ハイアールはインド市場に認知してもらおうと現地向けのモデルを開発している。しかし，鉄鋼企業2社は，まったくR&D体制を構築していない。

　次に，インド市場における中国企業の全体的シェアはきわめて小さい。今後，インド市場の先発者（韓国系，日系，欧米系企業）とのギャップを縮小するには相当の時間と努力を要する。そして，インド華為技術のケースは，数少ない

成功例であるといってよい。だが同時に，この事例は必ずしも一般性があるわけではない。

3-3 在インド中国企業の経営現地化について

インドに進出した中国企業を調査した時に，企業関係者の証言には，「現地化」（中国語で「本土化」）という言葉がよく使われた。実際，インドだけでなく東南アジアに進出した中国企業も経営現地化が高いレベルに達していることをたびたび強調した。おそらく企業の国際化戦略のキャッチフレーズとして，中国企業はこれを使っているのだろうと考えられるが，筆者は別の指標によって在インド中国企業の経営現地化を測った。これらの指標には，海外現地生産・経営に不可欠の「ヒト」と「モノ」が含まれる。「ヒト」に関する現地化について，親会社からの派遣従業員数（少なければ少ないほど現地化レベルが高い）と現地子会社側の意思決定権限（現地子会社の権限が強ければ強いほど現地化のレベルが高い）の2点が重要であると考えられる。そして，「モノ」の現地化について，主力製品の生産地（親会社か，子会社か），生産設備（現地製か，親会社所在国製か），部品調達（現地調達率の高低），R&Dの有無（現地子会社主導であればあるほど，現地化レベルが高い），などの点は現地化を示す指標であろう。これらの指標によって測られた実態は〔図表9-6〕の通りである。

まず，「ヒト」に関する現地化実態をみよう。対象4社の親会社からの派遣従業員数もしくは現地従業員総数に占める親会社の派遣者比率をみると，大きなバラツキがみられる。既述したように，鉄鋼関係の2社は本業の現地生産を行っていないため，測りにくいが，指標の数値はかなり高いことが特徴的である。インド鞍鋼集団は，1人の駐在員のみで現地従業員を雇っていない。小規模のインド中鋼集団（従業員数42名）の場合，本社からの12名の従業員は子会社の要職に就き，その従業員総数に占める割合は28％に達している。これは決して現地化が進んでいるとはいえない状態である。これに対して電子・IT 2社は，現地化のレベルが比較的高い。現地化がかなり進んでいることを強調したインド華為技術の場合，親会社からの派遣従業員数は，全従業員数の1割に達している。これも決して低い数値ではない[4]。そして，数値上では親会社か

第9章　インドにおける中国多国籍企業の現地生産とパフォーマンス　233

図表9－6　インドにおける中国企業4社の現地化状況

企業名	インド中鋼集団	インド・ハイアール	インド鞍鋼集団	インド華為技術
親会社からの派遣者	12名（12/42＝28%）	0名（0%）	1名（100%）	600名（10%）
子会社側の権限	ほぼすべて親会社が決定	現地販売，子会社ミドル人事	親会社が決定	現地販売，現地人事，訓練，R&D
主力製品の生産	－	親会社で生産，インドへ輸出	－	主要製品は親会社で生産
生産設備	－	買収した企業のものと親会社から	－	－
部品調達	－	90%は現地調達	－	ほとんど親会社から
現地でのR&D	－	一部の開発とデザイン	－	一部

出所：各社への聞き取りにより作成。

　ら派遣された中国人従業員数がゼロになったケースは，インド・ハイアールである。1,400名のハイアール集団の現地子会社を管理・運営するのはすべてインド現地の従業員である。しかしながら，これは決してハイアール本社が望んだ結果ではなく，インドに特有な事情による結果であろうと考えられる。実は，インド政府は，中国企業の直接投資に伴う中国本社からの従業員派遣を厳しく規制している。とりわけ，インドにも存在している業種への直接投資の場合，投資者に対する規制は一層厳しくなるという。インド・ハイアールの場合，本社から管理系や技術系従業員を派遣しようとしたが，インド政府が長期就労ビザを発給しなかったため，本社関係者のインド長期駐在はできなくなった。インド子会社では問題が発生した場合，本社から短期出張の形で技術者や経営関係者を派遣するしか方法がない，という。要するに，インド・ハイアールにおけるヒト関係の「高度な経営現地化」という現象は，本社の経営戦略とまったく関係なく，政治的・制度的規制による結果である。そして，「ヒト」の現地化に関わるもう1つの指標である現地子会社側の意思決定権限をみると，上記の親会社の派遣者比率に類似する結果となっている。現地経営規模の小さい鉄鋼2社の場合，現地経営に関わるすべての意思決定は，「本社側が行

う」という状態であり，現地子会社側は何の意思決定権をも持っていない。これに対して電子・IT関係2社における意思決定権限の現地化レベルは比較的高い。インド・ハイアールは，上記の事情（本社派遣者がいないこと）によって現地子会社側は，意思決定事項の一部を独自で行うしかないが，決定事項は，現地市場の商品販売と子会社の中間管理職の昇進・任命に限る。これ以外の意思決定権は本社にある，という。対象4社のなかでインド華為技術は，現地化の実現に一番力を入れる事例である。インド華為技術は，現地販売，現地人事，訓練，R&Dに関する意思決定権を持つ。そして，「モノ」の現地化について，現地生産を行っているインド・ハイアールとインド華為技術だけが，検証可能なケースである。インド・ハイアールをみると，主力製品（冷蔵庫）は「親会社で生産，インドへ輸出」という市場戦略を採用していると同時に，現地子会社の設備は「買収した企業のものと親会社から持ち込んだもの」の両方を持つ。この2項目だけをみると，高いレベルの現地化からかなり距離がある。ただ，現地工場生産品目の洗濯機などの製品に必要とする部品はインド現地から90％程度で調達されている。したがって，現地市場向けの製品開発も現地子会社の開発チームが担当する。インド進出から6年間という短い期間しか経過していないのに，現地子会社がこれほど多くの自主権を持つということを考えると，「経営現地化」はかなり進んでいるといえよう。一方，インド華為技術は，最も「経営現地化」を重視すると強調しているが，その実態は必ずしもこの主張を裏付けない。まず，電信関係のハードウェア主要製品（端末，ルータ，通信機，基地局設備など）の流通は中国の親会社で生産されてからインドへ輸出する，というやり方である。また，これに関連する部品調達も「ほとんど親会社からのもの」である。したがって，最も重要なR&D開発は，親会社が主導し，現地の開発チームは，その「一部を担当する」ことにとどまっている。

　在インド中国企業における「親－子会社関係」の視点からみた経営現地化はどうであろうか。これまでの先行研究によると（〔図表9-7〕を参照），企業の多国籍化経営の主な3段階——進出開始，事業展開，事業成熟——に合わせて，さまざまな意思決定が次第に親会社から子会社へ移っていく，という（Wilkins［1976］，曹［1994］）。この経験論を根拠にして在インド中国企業を観察

図表9－7　多国籍企業の各発展段階における親－子会社間関係の変化

	進出段階	展開段階	成熟段階
現地市場戦略	親会社主導	親会社主導と現地関与	現地主導
投資関係	親会社主導	親会社主導	現地と親会社
人事関係	親会社主導と現地の関与	現地人事の現地決定	現地主導
生産技術	親会社主導	親会社主導と現地関与	現地主導
設備・部品調達	親会社へ依存	現地・第3国調達増加	現地・第3国調達多し
R&D	親会社へ依存	親会社主導と現地関与	現地主導と親会社支援
子会社組織作り	親会社主導	現地主導と親会社の関与	現地主導
他の子会社との連携	皆無	部分的	活発

出所：これまでの海外調査および下記の資料に基づいて筆者作成。
　　　（1）Wilkins, M.［1976］，（2）曹［1994］。

図表9－8　インドにおける中国企業4社の親－子会社間関係

	インド中鋼集団		インド・ハイアール		インド鞍鋼集団		インド華為技術	
決定サイド	親会社	子会社	親会社	子会社	親会社	子会社	親会社	子会社
現地市場戦略全般	○		○		○		○	
現地子会社組織	○		○		○		○	
現地での投資	○		○		○		○	
現地での生産技術	×		○		×		?	
現地市場販売	○			○	○			○
トップ経営者任命	○		○		○		○	
現地人事	?			○		○		○
R&D	×		○		?	×	○	
従業員の訓練	?		○		?		?	○

出所：各社への聞き取りにより作成。

しよう。〔図表9－8〕は，現地調査の聞き取りに基づいて作成された対象企業4社の親－子会社関係を示すものである。訪問調査時の時間的制約および企業側の都合による情報不開示によって一部のデータは不明であるが，おおむね

4社の親－子会社関係が判明した。そこで鉄鋼2社の現地子会社は，何の意思決定権も持たずに，親会社の指示を仰ぐだけである。この結果は，鉄鋼2社のインド進出期間の浅さによる結果であろうと考えられる。つまり，この2社は2005年以降インドに進出したばかりで，上記の先行研究のいう「進出開始」段階にあたるため，親会社は，ほぼすべての経営事項を決定する。これに対してIT，電子2社における親－子会社関係は比較的にレベルアップしている。しかし，もっと詳細に観察すると，この2社は類似する経営事項に関する経営自主権を持つことがわかる。つまり，現地子会社人事，現地販売，現地製品R&D，従業員の教育・訓練といった親会社が直接コントロールしにくい経営事項が多い。これに対して子会社における最も重要な経営案件――現地市場戦略，子会社組織，投資，生産技術，子会社のトップ人事など――について親会社はしっかりその意思決定権を握っている。

　以上の分析から，在インド対象企業4社の経営現地化の現状と特徴は次の通りになっている。第1に，在インド中国企業の実質的な経営現地化は低いレベルにとどまっている。中国企業の対インド進出開始時期を考えると，これは当然のことであるが，中国企業は最初から「現地化」を今後の優先実現目標として追求しているため，近い将来，現地化のレベルは急速に上がる可能性が高い。

　第2に，中国企業の対インド直接投資は，「進出開始」段階にある。これを裏付ける証拠は，4社の親会社が，子会社に対する絶対的なコントロールと意思決定権を持っていることである。

　第3に，現地生産を展開しているIT・電子2社の現地子会社は一定の決定権を持つが，それは，やむをえない事情によるところが大きい。インド・ハイアールのように，子会社への長期駐在者の派遣がインド政府側の理由によって行うことができないため，現地子会社の経営意思決定権を現地人経営者に譲るしかない。結果からみると，インド・ハイアールの経営現地化レベルが引き上げられた。

3-4　在インド中国多国籍企業の競争優位と競争劣位

　さて，インドに進出した中国企業は，どのような競争優位を持って現地市場で地元企業および先発の外資系多国籍企業と競争しているか。また，中国企業の競争劣位は何か。本節ではこれを検討・分析する。在インド中国企業を訪問調査した際に，筆者は対象企業各社に「貴社の競争優位と競争劣位のトップ3は何か」という質問をした。対象企業から得られた回答内容に基づいて作成された資料が〔図表9-9〕である。以下ではこれに基づいて分析しよう。

　まず，中国企業の競争優位について各社各様で一致するものがない点が特徴である。これまで多くの海外日系企業を訪問調査した経験を持つ筆者は，海外進出した日本企業の共通の競争優位として，製品の高品質と事業運営の高効率という点が挙げられるが，中国多国籍企業の共通する強みは，なかなか検出しにくい。しかも調査対象4社が取り上げた競争優位は共通するものがきわめて少ない。したがって，海外進出する多国籍企業にとっての最もベーシックな競争要素——技術，企業規模，資本，ブランド力，組織力など——の優位は少ない。たとえば，対象企業の鉄鋼2社が「ブランド力」（インド中鋼集団）と「技術」（インド鞍鋼集団）を自社の競争優位として挙げたが，これは現地に進出した他の中国同業ライバルに対する優位であり，決してインド市場に進出した先進国多国籍企業もしくは地元企業に比べた優位ではない。インド中鋼集団の場合，上記の競争優位に関する質問を受けた際に，「これまで全然聞かれたこと

図表9-9　インドにおける中国企業4社が答えた自社の競争優位と競争劣位

企業名	インド中鋼集団	インド・ハイアール	インド鞍鋼集団	インド華為技術
競争優位①	ブランド力	製品	技術	商品力
競争優位②	トータル・サービス	人的資本	品質	スピード
競争優位③	アフター・サービス	本社からのサポート	－	関与力
競争劣位①	資金	パフォーマンス	価格	管理ノウハウとレベル
競争劣位②	文化への理解力	市場イメージ	－	統合力
競争劣位③	垂直統合力	ブランド力	－	文化への理解力

出所：各社への聞き取りにより作成。

がないので，自分たちもよくわからない」という本音が吐かれた。

　ただ，在インド中国企業が取り上げた競争優位のなかでは興味深いものもある。インド華為技術は「スピード」という点を自らの競争優位の第2位として挙げた。たしかに先進国多国籍企業に比べて中国企業のスピーディな経営が世界市場での共通認識として定着している。垂直統合型組織に由来すると思われるトップダウン型の中国企業の意思決定方式は，その競争優位の1つとなっている。ただし，スピーディな意思決定は，プラスとマイナスの両面性がある。つまり，正しく先見性のあるスピーディな意思決定は競争ライバルに勝ち抜ける利器であるが，急ぎすぎる，問題のあるスピーディな意思決定は海外事業の失敗を招く凶器にもなる。実際，これまで後者のケースは少なくない[5]。そして，インド・ハイアールは「人的資本」をその競争優位の第2位として挙げた。訪問調査の際にインド・ハイアールの経営者は自社の優れた人的資本——高度な専門知識と能力を持つ現地人経営陣，優秀な現地人技術者によって構成された研究開発チーム，若くて活動力のある現地人中間管理層，など——をたびたびアピールしていた。これまで筆者が調査した中国多国籍企業は上記の点に共通する傾向がみられる。たとえば，海外進出の最初から子会社のトップ経営者ポストに優秀な現地人経営者を起用したケースもあれば，買収した海外企業の開発チームに最初から重要な技術開発を任せるケースもあった[6]。上記の2点は，中国多国籍企業の独特な競争優位であるといえよう。

　次に在インド中国多国籍企業の競争劣位をみると，多国籍企業のベーシックな競争力に欠けることがわかる。つまり，中国企業は本来，多国籍企業の海外事業の成功に不可欠の競争優位——製品技術，製造技術，資金，ブランド，企業規模など——をあまり持っていない。第2章でサーベイされたダニング（Dunning, J. H.）の「折衷理論」のパラダイム（Eclectic theory paradigm）によれば，企業の海外進出の意思決定に際しては，所有（ownership），立地（location），内部化（internalization）の優位性の源泉となる3つの要素の所在を確認することで，判断するという。そこで，所有特殊的優位（Ownership-specific advantage）と呼ばれるものは，ある企業に固有の技術やマネジメントに関する能力やブランド，あるいはさまざまな経営資源へのアクセスといった能力がある。また，

立地特殊的優位（Location-specific advantage）と呼ばれる優位には，本国から輸出するよりも現地で生産することで，さまざまなコストやリスクを低減できることや，相手国に立地することで原材料などの資源へのアクセスや流通チャネルが手に入ることなどがある。ところが，これらの点こそ，在インド中国企業の競争劣位である。〔図表9－9〕に示されたように，在インド中国企業の競争劣位として，上記の立地特殊的要素にあたる「現地文化への理解力」と所有特殊的要素にあたる「資金」，「ブランド力」，「統合力」，「管理ノウハウ」など重要な項目が挙げられた。とりわけ，「現地文化への理解力」について，各社はインド文化に詳しい人材の不足に苦しんでいるという証言がよく聞かれた。

　以上のように，インド市場における中国企業の競争力の現状をみると，競争優位はかなり不明瞭な状態である。これに対して競争劣位には致命的なもの——ブランド力，価格，統合力など——がある。

4　まとめ

　本章はこれまで，インドに進出した中国多国籍企業がどのような動機を持ち，対外直接投資のどの段階に進み，さらに，どのような競争優位によって現地生産・経営を行っているか，という問題意識によって対象企業を中心にして分析を行った。本節ではこれまでの分析結果およびファクトファインディングをまとめよう。

　まず，中国企業のインドへの進出動機について，最重要動機にあたるものは，「市場獲得」と「資源獲得」の2つである。その次の動機は，「戦略資産獲得」である。この結果は，中国企業の海外進出動機に関する先行研究とほぼ一致している。また，これは本書が提唱する「後発国型多国籍企業」の特徴でもある。やや意外な結果として，国家戦略の「走出去」（海外進出）という動機は，在インド中国企業に当てはまらないことである。いいかえれば，中国政府が企業の海外進出を呼び掛けても，海外に進出するかしないかは企業独自の判断と戦略であることがわかる。

　次に，インドに進出した中国企業の現地市場でのライバル意識について，本

業以外の事業を行う企業は，中国企業同士との競争を強く意識している。やや抽象的に表現すれば，これらの企業の対外進出は，「防衛型対外直接投資（Defensive FDI）」の性格を持っている。これに対して本業をインド市場に展開する企業は，外国多国籍企業をライバルとして強く意識し，「攻撃型対外直接投資（Offensive FDI）」の性格を持っている。

第3に，インドに進出した中国多国籍企業は，多国籍的展開の〔進出 → 展開 → 成熟〕という順序における「進出」という初期段階にある。これを裏付ける証拠は，調査対象企業の現地経営に関わる諸般の意思決定が現地子会社でなく本社によって行われることである。逆に言うと，在インド子会社が行える経営意思決定は，かなり狭い分野に限られている。

第4に，調査対象企業のR&Dと市場シェアは，それぞれ大きなバラツキを示している。まず，R&Dの体制や経営上の重視程度をみると，〔IT分野＞電子分野＞鉄鋼分野〕という構図になっている。つまり，潜在力の大きいインドIT市場に進出した中国企業は，本格的なR&D体制を構築することによって現地市場を長期的に攻略しようとしている。次に，インド市場における中国企業の全体的シェアはきわめて小さい。今後，インド市場の先発者（韓国系，日系，欧米系企業）とのギャップを縮小するには相当の時間と努力を要する。

第5に，在インド中国企業の実質的な経営現地化は低いレベルにとどまっている。中国企業の対インド進出の浅い歴史を考えると，これは当然のことであるが，中国企業は最初から経営現地化を今後の優先実現目標として追求しているため，近い将来，現地化のレベルは急速に上がる可能性が高い。

最後に，インド市場における中国多国籍企業が示した「後発国型多国籍企業」の特徴をみよう。まず，インド市場に進出した中国企業の競争力現状について，競争優位は不明瞭な状態であるが，競争劣位には致命的な劣位（ブランド力，価格，統合力など）がある。中国企業の競争優位について各社各様で一致するものがない点も特徴である。しかも調査対象企業の競争優位は共通するものがない。したがって，海外進出する多国籍企業にとって最も基本的な競争優位——技術，企業規模，資本，ブランド力，組織力など——は少ない。これに対して，在インド中国企業の競争劣位は，多国籍企業としてのベーシックな競

争力に欠けることがわかる。つまり，中国多国籍企業は本来，多国籍企業の海外事業の成功に不可欠な競争優位――製品技術，製造技術，資金，ブランド，企業規模など――をあまり持っていない。ただ，上記の不利な調査分析結果は必ずしも中国多国籍企業の将来性が不利な方向に進むことを意味しない。なぜなら，中国多国籍企業の独自な強み――スピード，人的資本，大胆な現地化方針など――は，先進国多国籍企業にみられず，これらこそ，中国企業を強く支えているからである。前述したように，「後発国型多国籍企業」は，十分な競争優位を持たずに海外に進出する企業行動をたびたびとる。その目的は，海外進出することによって競争優位を獲得することである。インドに進出したハイアール社の事例はこれに当たる可能性が高い。

【注】
1） 一般的には，同一国の企業同士は，同業他社が先に海外進出すると，自分の企業もこれに追随して海外に進出することが考えられる。なぜなら，同業他社企業の海外進出は，自分の企業が持つ市場シェアやブランド力などを奪う可能性があるからである。普段，このような海外進出は「Defensive FDI」と呼ばれる。
2） この「防衛型対外直接投資」について，下記の研究を参照されたい。末廣昭［2000］『キャッチアップ型工業化論――アジア経済の奇跡と展望』名古屋大学出版会，第8章。
3） ニューデリーの日系企業関係者の証言によると，インド家電市場では，日系と韓国系製品は互角の状態である。欧米系製品がこれに次ぐ。中国製品はこれまでインド市場であまり知られなかったので，日韓製品のブランドイメージのレベルになるには，かなり時間がかかる，という。
4） 筆者が関わった海外日系企業の調査研究では，駐在日本人社員数は数パーセントのケースが多く，10パーセント以上は稀である。
5） これについては，最近の事例としてTCLによる対フランス直接投資の失敗例が挙げられる。2004年にTCLのトップ経営陣は突如，フランスのアルカテル社の携帯事業の買収を決定した。しかし，この買収はその後，TCLを経営難に追い込んだ企業行動だとわかった。
6） 筆者が調査した海外の中国企業の事例は次のものである。アメリカのサウスカロライナ州に進出したハイアールは最初からアメリカ人社長を起用した。また，三洋電機

の海外事業を買収したことによってタイに進出したハイアールは進出当初から，三洋電機が作った社内開発チームに現地市場向けの新製品開発を任せた。

主要参考文献

（日本語文献）

1. 苑　志佳［2007］「中国企業の海外進出と国際経営」中国経営管理学会『中国経営管理研究』第6号，2007年5月，27〜43頁（http://rio.andrew.ac.jp/cms/cms006.html）。
2. 苑　志佳［2010］「東南アジア市場における中国企業と先進国企業との間の「非同質性競争」」立正大学『経済学季報』第59巻4号。
3. 苑　志佳［2010］「東南アジアに進出する中国企業の進出動機・競争優位・競争劣位——タイとベトナム現地調査結果による検証——」愛知大学ICCS国際中国学研究センター『ICCS現代中国学ジャーナル』第2巻，第1号。
4. 苑　志佳［2010］「ASEAN：中国現地企業の市場競争パターンの現状と行方」『日中経協ジャーナル』日中経済協会，2010年4月号（No.195）。
5. 苑　志佳［2011］「海外市場に進出した中国系多国籍企業の競争力構築について——東南アジアの事例を中心に——」立正大学『経済学季報』第60巻2号。
6. 苑　志佳［2011］「ASEANに進出した中国系多国籍企業からみた競争力の構築について——イレギュラー競争優位からレギュラー競争優位への転換は可能か」地域研究コンソーシアム・京都大学地域研究統合情報センター・愛知大学国際中国学研究センター『ASEAN・中国——19億人市場の誕生とその衝撃』JCAS Collaboration Series No.1（田中英式・宮原　曉・山本博之編）。
7. 苑　志佳［2011］「中国の対外直接投資の現状，特徴および行方に関する一考察」立正大学『経済学季報』第61巻3.4号。
8. （一般財団法人）海外投融資情報財団［2008］『インドの投資環境』。
9. 国際協力銀行［2008］『インドの投資環境』。
10. 小島末夫［2007］「中国企業の対インド投資」愛知大学「国際中国学研究センター」『中国経済の海外進出（走出去）の実態と背景——中国企業海外直接投資に関する研究とその方法——』。
11. 末廣　昭［2000］『キャッチアップ型工業化論——アジア経済の奇跡と展望』名古屋大学出版会。
12. 椎野幸平［2006］『インド経済の基礎知識』ジェトロ。
13. ジェトロのホームページ（http://www.jetro.go.jp/world/asia/in/invest_01/）。
14. 高橋五郎編［2008］『海外進出する中国経済』（叢書——3，現代中国学の構築に向けて）日本評論社。

15. 曹　斗変［1994］「日本企業の多国籍化と企業内移転」『組織科学』Vol.27, No.3。
16. 丸川知雄・中川涼司編［2008］『中国発・多国籍企業』同友館。

（英語文献）
1. Buckley, P.J. et al. [2007], "The Determinants of Chinese Outward Foreign Direct Investment", *Journal of International Business Studies*, 38, pp.499~518.
2. Cheng, L.K. & Ma, Z. [2007], "China's Outward FD : Past and Future, School of Economics", Remin University of China. Working Paper series, SERUC Working Paper, No.200706001E.
3. Dunning, J.H. [1993], *Multinational Enterprises and the Global Economy*, Addison-Wesley.
4. Li, P.P. [2007], "Toward An Integrated Theory of Multinational Evolution: the Evidence of Chinese Multinational Enterprises As Latecomers", *Journal of International Management*, No.13.
5. Wilkins, M. [1974], *The Maturing of Multinational Enterprises*, Harvard University Press.
6. World Bank [2006], "China's Outward Foreign Direct Investment", FIAS/MIGA Firm Survey, FIAS, (rru.worldbank.org/Documents/PSDForum/2006/job).

終　章

1　本書のファクトファインディング

　これまで本書は，研究蓄積の不足分野——中国企業の対外直接投資——に照準を合わせて実証的・理論的な研究を試みた。本書の副題が示したように，中国企業の対アジア直接投資は，〔進出 → 展開 → 成熟〕という企業の多国籍化プロセスにおける「進出 → 展開」の中間に位置するといえる。つまり，研究ターゲットの中国企業による対アジア直接投資は，段階的な性格を持っていると考えられる。この過程における中国多国籍企業が示した特徴は，この過程に限定するものもあれば，長期的に存在するものもある。本書は中国多国籍企業に関する段階的な研究という性格を持つ。以下では，本書の分析を通じて明らかにされた重要なファクトファインディングをまとめる。

1-1　「後発国型多国籍企業」の鮮明な特徴

　本書が提起した核心コンセプトの1つは「後発国型多国籍企業」である。東南アジアと南アジアに進出した中国多国籍企業に対する分析結果はこのコンセプトを強く裏付けた。まず，先進国多国籍企業の海外進出の標準ルート——〔企業成長 → 競争優位確立 → 海外進出〕の順に沿って多国籍化を図ろうとする中国企業は少ない。本書の分析対象企業における華為技術はこれにあたる数少ないケースであるが，それ以外の対象企業は，〔企業成長 → 海外進出 → 競争優位の獲得〕というルートを経由しているといえる。競争優位を獲得するために海外に進出する，という「特異な戦略」はかつてなかったが，今後，途上

国の企業は，このルートを経て多国籍企業へ変身するケースが増えるかもしれない。次に，「近隣選好」も後発型多国籍企業の特徴であるが，海外進出の立地選択について中国企業は，やはり地政学的に近いアジア地域を最優先して選択している。第3に，企業の競争優位の1つである技術の優位性をみると，本書に登場した中国企業は，ほぼすべて在来技術もしくは導入技術をベースに海外経営を展開している。独自の技術を持って海外進出したケースはタイ同仁堂だけである。ただ，このケースは一般性に欠ける。

　ただし，これまで繰り返して強調したように，製造業を対象とした本書の研究分析には，注意点がある。つまり，自動車や電機・電子産業の分析を通じて得られた結論は，これらの産業に限定される可能性がある。いいかえれば，より広い視野もしくは別の観察視点で中国企業の海外進出を分析すると，別の結論になる可能性があるかもしれない。たとえば，強い「国家競争優位」と「制度的競争優位」を持つ国有石油企業の海外進出は，すでに異なった競争の様相を呈している。

1-2　予想外の海外進出動機順位

　東南アジアと南アジア市場に進出した中国企業の投資動機における「戦略資産獲得」は，典型的な「後発国型多国籍企業」の特徴である。つまり，核心的競争力に欠ける中国企業は，東南アジア地域の既存企業を買収したことによって「立地特殊的優位」や「所有特殊的優位」を同時に獲得しようとした企業行動に出たと考えられる。そして，先行研究が重要視した「自国政府の支持」という企業の進出動機は，意外に「重要ではない」結果となっている。本来，「走出去」を象徴とする政府の呼び掛けと政策的支援は重要な企業対外進出動機のはずであるが，個別の中国企業の視点からいえば，これはあまり重要な意味を有しないものである。この点は，一般的な理解——中国政府の国家戦略（海外進出）に応じて企業は海外に進出する——とかなりのギャップが存在している。ただし，本書が発見した中国企業の海外進出動機の優先順位は，製造業に限定される可能性がないわけではない。今後，これをさらに検証する必要があるので，これからの検証課題として筆者は追跡して研究する。

1-3 「イレギュラー競争優位」から「レギュラー競争優位」へのシフトの課題

これまでの本書の分析によると，アジア地域に進出した中国企業の競争優位は「イレギュラー競争要素」に偏在している。これに対して「レギュラー競争要素」において中国企業はあまり優位性を示していない。この結果は市場参入段階にある中国企業の一時的競争構図であるが，今後，その競争優位の変化が注目される。つまり，世界に通用する多国籍企業をめざす中国企業にとって，現在の「イレギュラー競争要素」に強く「レギュラー競争要素」に弱い状態から，「レギュラー競争優位」に転換することは避けられない。この核心問題——「海外に進出した中国企業の場合，イレギュラー競争優位からレギュラー競争優位への転換は可能か」について，本書は「可能」という認識を持っている。ただし，2つの前提条件が必要である。1つは中国企業自身の正しい能力構築方法である。もう1つはライバル企業の変化である。前者については，「市場参入」の段階をスムーズにクリアして「展開」段階にまで進むことができれば，中国企業は，すでに持っていた「イレギュラー競争優位」に「レギュラー競争優位」を徐々に加えることで，海外市場の強力な競争者になる。後者については，技術変化と国際分業の変化を先取りしてうまく利用すれば，中国企業は独自のレギュラー競争優位を構築することになるであろう。

1-4 中国企業の産業競争力の強化について

常識的に考えると，海外に進出した多国籍企業の産業競争力は，その企業の国内市場で鍛えられた能力の延長である。本書の分析を通じてわかったように，東南アジアと南アジア市場における中国多国籍企業の産業競争力については，優勢の電機・電子産業と劣勢の自動車産業という構図が現状である。具体的にいえば，現在，東南アジア自動車（二輪車を含む）市場における市場シェアからみると，中国企業はきわめて小さなシェアしか占めていない。また，市場に投入された製品グレードは，ローエンドのものにとどまっている。東南アジア地域に実際に進出した自動車企業をみた限りでは，その国際競争力はそれほど強くない。これに対して，海外市場における中国の電機・電子産業は，自動

車産業より比較的強い競争力を持っている。一部の海外市場セグメント（たとえば、テレビのローエンド・セグメント）において中国の電機・電子企業は日韓系企業と互角に競争できるレベルにある。中国企業の海外進出は始まったばかりである。このため、海外市場の進出先発者に比べて「後発者劣位」を持つのは、当然なことである。国際競争力上の低位に位置する中国企業は今後、そのスピーディな優位を生かして先発者をキャッチアップし、さらに追い越す可能性もないわけではない。実際、これまで中国市場でみられた家電産業での国内系企業と外資系企業との逆転劇は、海外で再現するかもしれない。

1-5　海外に進出した中国多国籍企業の企業内分業パターン

本書の分析を通じて海外に進出した中国多国籍企業の水平分業は、それほど発達しておらず、きわめて初歩的なレベルにとどまり、ほとんどの企業がこれを構築している最中であることがわかった。中国企業は同業企業の買収や提携などの水平統合を通じて水平分業を行おうとする傾向があるといわれるが、本書の研究を通じて上記のような企業間関係の存在がアジア地域では一般的特徴として確認されていない。ただし、中国の多国籍企業間における弱い水平分業は、企業の多国籍化の初期段階に特有な現象であるか、もしくは今後も長期的に存続するものであるか。この点については実証的根拠が足りないため、留保するしかない。そして、中国多国籍企業の垂直分業関係について本書は大きな発見をした。つまり、中国企業は、国内市場において多用される中核・基幹部品の外部化・外注化（もしくは垂直分裂化）という慣行を海外に持ち込まず、その代わりに強い垂直統合の傾向（親会社のチャネル経由でこれらの基幹部品を直輸入する）を見せる。また、親－子会社間の意思決定権限の委譲を象徴とする分業関係も強い垂直統合の特徴がみられる。つまり、意思決定の視点から見た中国多国籍企業は、「強い親会社と弱い子会社」という欧米企業のような垂直統合型パターンを示している。

1-6　中国多国籍企業の海外現地生産のパターン

本書の分析を通じて中国多国籍企業は、より強い現地化の傾向を示すことが

わかった。とりわけ，提携関係を持つ外国系多国籍企業との連携に中国多国籍企業はかなり熱心である。その理由は，先進国企業との連携と協力を通して海外現地生産・経営に関わる知識やノウハウの不足を補おうとする企業戦略があると考えられる。一方，海外経営のコアにあたるカネ関係の経営事項——資本増資，買収，再投資など——に関しては中国多国籍企業の親会社が強くコントロールする。そして，中国多国籍企業の海外現地子会社の販売チャネルの特徴について，親−子会社関係には比較的強い垂直分業関係が存在していることが発見された。一般的に，日本多国籍企業に比べて中国多国籍企業はトップダウン型の集権的な統治構造を有するため，親子会社間に垂直的分業関係が形成されやすいと考えられる。また，海外現地生産に必要な部品調達ネットワークについて，中国企業は進出現地の企業買収や進出までに築き上げられた輸出・提携関係などを活用することによって独自なネットワークを作ろうとする傾向を示している。

2 中国多国籍企業の行方

中国商務省の発表によると，2012年通年の中国企業による対外直接投資は772億ドルとなり，前年の投資金額を再び上回った。ちなみに，2005年の対外直接投資額は120億ドルに過ぎなかったのに，7年間で6.4倍の増加となった。現在，海外直接投資のマクロ的条件——膨大な外貨準備高（3兆ドル以上），飽和した国内消費市場，中国商品輸出先の国々との貿易摩擦など——を考えると，中国企業の対外直接投資はしばらく伸びるに違いない。したがって，ミクロ的条件もこれに一致している。これまで本書の分析からわかったように，中国企業の今後の投資動向について，対外直接投資を積極的に行う割合はきわめて高い。つまり，現段階の中国企業は対外直接投資を積極的に推進する意向であり，きわめて強いグローバル意識を持っている。これほど強い海外進出の意欲を持つ理由として，1) 中国市場での激しい競争の存在，2) 企業の過剰生産能力の存在，3) 企業グローバル化レベルの低さ，などの点が挙げられる。

ところが，今後の企業ごとの対外直接投資規模は依然として小規模で展開さ

れていく可能性が高い。上記のシナリオになる理由は，世界市場に通用する「レギュラー競争優位」の欠如にあると考えられる。世界市場での長期的生存条件として，先進国多国籍企業と対等的な競争優位が挙げられる。いいかえれば，現在，日本や欧米系多国籍企業が持つ「レギュラー競争優位」を獲得することは，中国多国籍企業にとって避けて通れない試練である。現在，絶対的な「レギュラー競争優位」に欠ける中国多国籍企業が採用した迂回戦略は，主要市場を避けて周辺市場を攻略することである。この戦略はたしかに一時的に賢い。なぜなら，「レギュラー競争優位」の多寡は，その市場における競争ライバルの数と質にも関連するからである。つまり，市場の競争ライバル状況が全般的に変わると，中国企業の出番が現れる。これについての実証研究がある。筆者のコンセプト「レギュラー競争優位」と「イレギュラー競争優位」を使ってアフリカに進出した中国企業を研究した郝・王［2013］は，下記の意味深い事実を発見した。つまり，中国企業における国際化について，「レギュラー競争優位」，「イレギュラー競争優位」といった視点に照らし合わせると，アフリカに進出した中国大手家電企業における国際化能力の構築と形成については，1) 積極的な現地生産の展開，2) 自社ブランド構築によるイメージ・アップ，3) 現地適応の製品生産や販売ルートの拡大，4) 販売促進とCSR活動による現地社会への貢献，5) 若い国際人材の活用と現地社員との信頼関係の構築との5要素に集約できる。これらの諸要素は，「すべてレギュラー競争優位」になっている[1]。ただし，長い目で考えると，世界主要市場（欧米，日本など）への進出を力強く支える優位は，「レギュラー競争優位」ほかない。

　さて，中国の対外直接投資の今後はどうなるであろうか。これまで繰り返し説明したように，中国の対外直接投資はきわめて短い歴史しかないが，その高い伸び率と勢いはかつての先進国多国籍企業の海外進出の歴史には見られないことである。この「突然」に現れた対外直接投資大国をめぐってはさまざまな見方と認識がある。大雑把にいえば，好意的な姿勢と懐疑的な論調が混じっている。日本にもこのトレンドがある。下記の論調は代表的なものであると考えられる。

　（1）「コスト削減や競争力強化，技術やノウハウの習得，販売市場の確保と

いった理由によって，中国の対外直接投資は引き続き，拡大基調で推移すると見込まれる」[2]。

（２）「中国の対外直接投資は，新興国から新興国へ，新興国から先進国へ，という新たな投資資金の流れの一環として位置付けられる。先進国経済の回復が遅れる中，中国の対外直接投資の受入側では生産力向上，資源開発促進，そして何より中国向け輸出，中国市場参入等の期待が大きい。とはいえ，中国の国益重視に傾いた投資が続けば，対外経済関係は不安定化しかねない。また，特定国や業種への集中的投資が強まる場合，特に経済規模の小さい資源国，途上国など投資先の景気変動リスクを高めかねない点は留意される。中国企業の海外進出は，量的拡大はもとより質的拡充，アジア新興国市場開拓に進む方向性にある。中国企業と先進国企業，アジア各国政府や地場企業との共同事業展開も視野に入れて，新たな競合関係と連携の両視点から，中国の海外進出をとらえる時期に差し掛かっている」[3]。

（３）「純粋経済効果から考えれば，中国の海外直接投資が活発化することは，中国自身，投資先，ひいては世界経済全体にとっても基本的に望ましく，その点ではおそらく関係者間で異論はないはずである。そうした認識を関係国が共有できるようにするためにも，中国自身も認め始めているように，中国が投資先の文化・慣習等への理解を深め，雇用創出，現地化をさらに進められるかどうかがひとつの鍵になろう。それによって，逆に安全保障面での対立，先進国の中国海外直接投資に対する懸念・警戒感なども払拭されることが期待できる」[4]。

（４）「（中国の対外直接）投資金額の増加に加え，ハイテク企業や新エネルギー企業の技術取得や有力ブランドに焦点を定めた中国企業の買収に対して欧米当局や産業界が神経を尖らせている。これまで一貫して警戒を続けてきている米国に加え，欧州当局や産業界からも懸念の声が聞かれる。日米欧市場への進出を図る中国企業の道のりはかなり険しいと言える」[5]。

いずれにせよ，中国の対外直接投資に対する認識は今後，大量の実証研究を踏まえるうえで徐々に深まるであろう。

【注】

1) 郝・王［2013］による。
2) 佐野［2013］による。
3) 住友信託銀行［2010］による。
4) 金森［2011］による。
5) 金［2011］による。

主要参考資料

1. 郝　燕書・王　鳳［2013］「海信南アフリカ──中国企業における国際化能力形成に関する一考察──」電子ジャーナル『赤門マネジメント・レビュー』12巻3号〔ものづくり紀行 第七十九回〕，東京大学。
2. 金　堅敏［2011］「中国企業による対外直接投資の最新動向」富士通総研ホームページ（http://jp.fujitsu.com/group/fri/report/china-research/topics/2011/no-143.html）による。
3. 金森俊樹［2011］「急増する中国の対外直接投資──その国際社会への影響」外国為替貿易研究会『国際金融』2011年10月号。
4. 佐野淳也［2013］「拡大を続ける中国の対外直接投資──統計データが示す特徴と政府の取り組み──」日本総研『環太平洋ビジネス情報』Vol.13 No.48。
5. 住友信託銀行［2010］「中国の対外直接投資の現状と方向性」住友信託銀行『調査月報』2010年12月号。

索　引

A－Z

AFTA……………………………………152
BPO……………………………………199
CKD………………………………73, 110, 134
FTA………………………………156, 206, 207
IDP パラダイム……………………………65
IDP モデル…………………………………64
M&A……………………23, 37, 38, 49, 146, 165
NIEs……………………………63, 64, 66, 203
ODA……………………………………206
OEM……………………………………110, 113
UNCTAD…………………………………1, 21, 22
WTO……………………………………123

ア

アウトソーシング………………………146
アジア選好………………………………9, 23
イレギュラー競争優位………13, 107, 112, 113, 118, 247, 250
イレギュラー競争要素…108, 110, 111, 118
インターナショナル企業…………………73
欧米型多国籍………………………………180

カ

改革・開放………………………………105
カエル跳び効果……………………………69
学習型直接投資……………………………74
革新的結合…………………………108, 115

拡張プロダクト・ライフ・サイクル……66
華人・華僑…………10, 69, 110～113, 141, 153～155, 162, 164, 185, 189, 212, 213, 219
　　　　──ネットワーク………………108
企業間関係…………………………161, 248
企業間ネットワーク…………150, 159, 164
企業間分業………………………………145
企業特殊的優位…………………………10, 70
企業内水平…………………………………14
技術獲得型………………………………199
技術の局地化………………………………67
技術変化の局地化…………………………68
競争戦略型直接投資………………………74
競争優位…………………8, 52～54, 56, 61, 79, 80, 84, 106, 122, 241, 245, 246
　　　　──論………………………3, 53, 107
近隣選好………………5, 9, 12, 25, 48, 246
グリーンフィールド方式…………………49
グローバリゼーション……………………79
グローバル企業……………………………73
グローバル・サプライ…………………177
経験獲得型直接投資………………………74
攻撃型対外直接投資………………95, 228, 240
後発国型多国籍企業………5, 6, 8, 9, 11, 12, 52～54, 77, 80～83, 85, 93, 105, 117, 119, 122, 143, 188, 189, 221, 239～241, 245, 246
国企独大…………………………………125

国家競争優位 10, 246
国家特殊的優位 10, 70

サ

産業競争力 122
資源獲得型 198
資産増大型 60, 61, 84
資産利用型 60, 84
市場獲得型 13, 93
自動車産業政策 125
自動承認ルート 201
資本逃避 70
出走去 206
順貿易型直接投資 58
所有 59
　──特殊的無形資産 55
　──特殊的優位 59, 60, 72, 74, 216, 238, 246
垂直的分業 185
垂直統合 146, 248
　──型パターン 164, 248
垂直分業 14, 146, 150, 162, 165, 183, 184, 189, 248, 249
垂直分裂 155, 162, 163, 166
　──化 165
水平分業 147, 151, 162, 165, 183, 185
制度的競争優位 10, 246
制度的要因 69
政府承認ルート 201
世界の工場 34, 123
折衷理論 59, 64, 238
先発国型多国籍企業 80, 82, 83
戦略的資産獲得型 72

走出去 29〜31, 46, 71, 72, 95, 100, 129, 227, 239, 246
相対的優位 74, 75
ソーシャル・キャピタル 108

タ

地域統合 78
中国型多国籍企業 71
直接投資段階 3
　──説 94
テイクオーバー方式 49
投資発展経路モデル 64
動態的競争優位 61
途上国選好 5, 9, 12, 25, 48

ナ

内部化 57〜59
　──優位 59, 60
　──理論 57, 58
日本型多国籍企業 177, 180
ネットワーク 14, 145, 146, 151, 161, 166

ハ

ハイマー命題 53
場所の優位性 58
比較研究法 170
比較優位 75
プロダクト・ライフ・サイクル理論 55, 56
文化的接近性 10, 69
防衛型対外直接投資 95, 227, 228, 240
貿易障壁回避型 199

マ

マイナーイノベーション……………67, 84
マルチナショナル企業…………………73

ヤ

優位性の命題……………………………54
輸出指向型工業化…………………199, 203
輸入代替型工業化……14, 62, 127, 142, 205

ラ

利潤獲得型直接投資……………………74
立地………………………………………59
　──特殊的優位………………59, 60, 160, 166, 239, 246
リーディング学派………………………57
レギュラー競争優位………13, 107, 108, 112, 118, 119, 247, 250
レギュラー競争劣位…………………113

《著者紹介》

苑　志佳（えん・しか）

1959年9月　中国河北省生まれ。
1998年1月　東京大学大学院経済学研究科博士課程修了（経済学博士）。
1998年4月　立正大学経済学部助教授。
2003年4月　同大学教授，現在に至る。

【主要著書】

『中国に生きる日米生産システム──半導体生産システムの国際移転の比較分析』東京大学出版会，2001年。

『中東欧の日系ハイブリッド工場──拡大EUに向かう移行経済における日系企業──』（編著）東洋経済新報社，2006年。

『現代中国企業変革の担い手──多様化する企業制度とその焦点』批評社，2009年。

『中国社会主義市場経済の現在』（共著）御茶の水書房，2011年。

（検印省略）

2014年2月25日　初版発行　　　　　　略称 ─ フロンティア

中国企業対外直接投資のフロンティア
─「後発国型多国籍企業」の対アジア進出と展開─

著　者　苑　志佳
発行者　塚田尚寛

発行所　東京都文京区春日2-13-1　株式会社　創成社

電　話　03（3868）3867　　FAX　03（5802）6802
出版部　03（3868）3857　　FAX　03（5802）6801
http://www.books-sosei.com　振替　00150-9-191261

定価はカバーに表示してあります。

©2014 Yuan Zhijia
ISBN978-4-7944-3148-6 C3033
Printed in Japan

組版：トミ・アート　印刷：エーヴィスシステムズ
製本：カナメブックス
落丁・乱丁本はお取り替えいたします。

── 経済学選書 ──

中国企業対外直接投資のフロンティア ―「後発国型多国籍企業」の対アジア進出と展開―	苑　志佳 著	2,800円
地域発展の経済政策 ― 日本経済再生へむけて ―	安田信之助 編著	3,200円
「日中韓」産業競争力構造の実証分析 ―自動車・電機産業における現状と連携の可能性―	上山邦雄 郝　燕書 編著 呉　在烜	2,400円
マクロ経済入門 ― ケインズの経済学 ―	佐々木浩二 著	1,800円
現代経済分析	石橋春男 編著	3,000円
マクロ経済学	石橋春男 関谷喜三郎 著	2,200円
ミクロ経済学	関谷喜三郎 著	2,500円
需要と供給	ニコラス・タービー 著 石橋春男 関谷喜三郎 訳	1,500円
福祉の総合政策	駒村康平 著	3,000円
グローバル化時代の社会保障 ― 福祉領域における国際貢献 ―	岡　伸一 著	2,200円
入門経済学	飯田幸裕 岩田幸訓 著	1,700円
マクロ経済学のエッセンス	大野裕之 著	2,000円
国際公共経済学 ― 国際公共財の理論と実際 ―	飯田幸裕 大野裕之 著 寺崎克志	2,000円
国際経済学の基礎「100項目」	多和田眞 編著 近藤健児	2,500円
ファーストステップ経済数学	近藤健児 著	1,600円
日本の財政	大川政三司 大森誠司 大江川雅史 著 池田浩治 久保田昭	2,800円
財政学	小林威光 監修 望月正博 篠原正隆 編著 栗林彦 半谷俊	3,200円

（本体価格）

── 創成社 ──